海洋旅游概论

主　编　黄学彬
副主编　金海龙　刘宏兵

南开大学出版社

天津

图书在版编目(CIP)数据

海洋旅游概论 / 黄学彬主编；金海龙，刘宏兵副主编. —天津：南开大学出版社，2024.10
ISBN 978-7-310-06429-8

Ⅰ.①海… Ⅱ.①黄… ②金… ③刘… Ⅲ.①海洋—旅游—概论—教材 Ⅳ.①F590.7

中国国家版本馆 CIP 数据核字(2023)第 013386 号

海洋旅游概论
HAIYANG LÜYOU GAILUN

南开大学出版社出版发行
出版人：刘文华
地址：天津市南开区卫津路 94 号 邮政编码：300071
营销部电话：(022)23508339 营销部传真：(022)23508542
https://nkup.nankai.edu.cn

天津泰宇印务有限公司印刷 全国各地新华书店经销
2024 年 10 月第 1 版 2024 年 10 月第 1 次印刷
230×170 毫米 16 开本 15.5 印张 267 千字
定价：54.00 元

如遇图书印装质量问题，请与本社营销部联系调换，电话：(022)23508339

资助本书出版者:

海南省国际海岛休闲度假旅游研究基地
海岛旅游资源数据挖掘与监测预警技术文化和旅游部重点实验室
海南省自由贸易港邮轮游艇研究基地

本书系海南省重点新型培育智库—海南热带海洋学院海上丝绸之路研究院科研成果。

前　言

　　党的二十大报告提出，"发展海洋经济，保护海洋生态环境，加快建设海洋强国"。海洋旅游作为海洋经济的重要构成，在丰富海洋业态、培植海洋文化、拉动海洋经济等方面发挥着重要作用。

　　海洋旅游是人类陆地旅游的延伸，是指人们在一定的社会经济条件下，以海洋为依托、以满足人们精神和物质需求为目的而进行的海洋游览、娱乐和度假等活动所产生的现象和关系的总和。早期的海洋旅行是探险之举，更是科学考察之旅，随着交通工具的改进和经济的发展，海洋旅游变得便捷和普及，海滨度假区和邮轮旅游线路逐渐成为大众休闲和度假的热门选择。近年来，在各国政府政策的支持下，海洋旅游产品日益多样化，发展势头强劲，成为新的经济增长点。

　　我国的海岸线超过 3.2 万公里，海洋国土 473 万平方公里，海洋旅游资源非常丰富。海洋旅游近年来发展势头强劲，成为新的经济增长点。目前我国海洋旅游业仍处在发展阶段。为深入了解海洋旅游及促进海洋旅游业的发展，本书对相关概念、定义等进行了系统性梳理并结合具体案例给出开发、保护建议。

　　本书详细介绍了海洋的起源、类型和海洋旅游的定义、发展历程，使读者可以深刻了解海洋的组成，熟悉海洋旅游的含义。通过近几年来的海洋旅游数据介绍了海洋旅游市场，以及海洋旅游产品和海洋旅游所带来的经济效益，使读者了解海洋旅游市场的供给和需求特征，理解海洋旅游产品的概念，认识到海洋旅游对经济和社会的影响。本书介绍了海洋文化和海洋文化产业的发展模式及未来发展方向，使读者可以细致掌握海洋文化相关的基础知识。同时从多角度介绍了海洋生态旅游的相关知识，使读者了解海洋生态旅游的含义和海洋生态旅游开发模式，掌握海洋生态旅游的评价标准和海洋生态旅游保护的本质。本书详细说明了海岛目的地保护开发模式，使读者了解其含义和海岛旅游目的地的规划及开发模式，并且利用实际数据说明了国际海洋旅游目的地区划、世界海洋旅游发展趋势和各海洋旅游区主要代表地的旅游概况，使读者了解国内外海洋旅游区的位置、市场现状和主要优势等相关知识。最后说明了海洋旅游市场法律法规，使读者掌握海洋旅游法律内容和行政法规，并且解释了海洋旅游安全的相关知识，使读者了解安全事故类型及影响因素，掌握海洋旅游安全管理机构和安全防范措施。

各章编著者分别为：第一章杨东伟，第二章张睿，第三章乔淑英，第四章宋红娟，第五章黄学彬、梁源媛、董志文、张建强，第六章郑惠子，第七章刘宏兵，第八章林海丽。金海龙设计了全书的基础架构，黄学彬、刘宏兵、姜文莹、陈方园、张盼盼负责全书的统稿校稿工作。

另外，本书在编写过程中，参考和引用了许多相关教材和有关论著，吸收了许多专家同仁的观点和例句，但为了行文方便，不便一一注明。书中所附参考文献是本书重点参考的论著。在此，特向本教材中引用和参考的已注明和未注明的教材、专著、报刊、文章的编著者和作者表示诚挚的谢意。

目　录

第一章　海洋与海洋旅游

【学习目标】
- 了解海洋的起源和组成，熟悉掌握海洋的类型
- 掌握海洋旅游资源的定义、分类及其评价
- 了解海洋旅游的发展历程及研究进展的四个阶段,为后续研究提供基础和依据

【知识要点】
- 海洋的起源和组成、海洋的类型
- 海洋旅游资源的定义与分类、海洋旅游资源及其评价
- 海洋旅游的发展历程及研究进展

第一节　海洋的起源与组成

一、海洋的起源

海洋是地球上最广阔的水体的总称。地球形成初期，火山活动持续不断，地下熔融的岩浆从地表喷发出来，释放出 CO_2、N_2、CH_4、H_2 和水蒸气，此为地球的脱气过程。随着地球表面逐渐冷却，聚集在大气中的水蒸气以尘埃与火山灰为凝结核，变成水滴，越积越多，转化为一场持续几百万年的滂沱大雨，加上带有冰的彗星不断落在地球上，水蒸气冷却、冰块融化形成液态水，并聚集在低洼地带形成海洋。

关于洋盆的形成，存在多种不同的理论，如地球收缩说、月亮分离说、大陆漂移说、海底扩张说和板块构造说等。目前学术界认可度较高的是 20 世纪 60 年代中后期,加拿大学者威尔逊和美国科学家摩根提出的板块构造学说。板块构造学说已被很多地学现象所证实，该理论认为：刚性的岩石圈分裂成若干巨大的块体——板块，在软流圈上做大规模水平运动，致使相邻板

块相互作用,板块的边缘便成为地壳活动强烈的地区(徐茂泉、陈友飞,2015)。

二、海洋的组成

海洋总面积约为 3.6 亿平方公里,约占地球表面积的 71%,海洋中含有 13.5 亿多立方公里的水,约占地球上总水量的 97%,平均水深约 3795 米。广义上说,海洋是由作为其主体的海水、生活于其中的海洋生物、临近海面上空的大气和围绕海洋周缘的海岸和海底等几部分组成的统一体(徐茂泉、陈友飞,2015)。海洋物质的输入主要有 3 种途径:经由河流;通过大气;来自海洋底部的热液过程。

1. 海水的化学组成

海水中盐分含量很高,一般含量为 33‰~38‰。在海水中浓度大于 1 mg/kg 的成分称为主要成分,如 Na^+、K^+、Ca^{2+}、Mg^{2+}、Sr^{2+} 五种阳离子和 Cl^-、SO_4^{2-}、Br^-、HCO_3^-(CO_3^{2-})及 F^- 五种阴离子,以及主要以分子形式存在的 HBO_3 共十一种成分都属于这一类,其总量占海水总盐分的 99.9%(陶平、邵秘华,2016)。海水除含有上述主要成分以外,还含有 Au、Ag、Ni、Co、Mo、Cu 等几十种微量元素。

海水中溶解有多种气体,其中与海洋生物关系较密切的两种气体是 O_2 和 CO_2,它们主要来自空气和海洋生物的生命运动。在阳光可以穿透的浅水区域,海底植物及漂浮微体植物通过光合作用制造氧气。海水表层 200 米富含氧气,由于海水的水平及垂直运动,氧气还可被运输到海底更深处。同时,海洋动物消耗氧气产生二氧化碳,海底有机物腐烂也需要消耗氧气,因此深海往往比较缺氧,而海水中的 CO_2 一般较大气中丰富,平均可达 45 cm^3/L(徐茂泉、陈友飞,2015)。

2. 海洋生物

海洋是生命的摇篮,是生命的发源地,为海洋动物、海洋植物和海洋微生物提供了生存空间和环境条件。据初步统计,现代海洋中生活的海洋植物约 10 万种,海洋动物约 16 万种。海洋生物按其生活方式可分为三类:底栖生物、游泳生物和浮游生物。此外,海水及海底沉积物中还含有大量细菌,1 cm^3 海水中含有超过 50 万个细菌,1 cm^3 海底沉积物中含有几千万到几亿个细菌(徐茂泉、陈友飞,2015)。海洋生物是人类重要的食物来源,具有重要的药用和工业价值,同时它们还对海洋沉积物、有机质及矿产资源的形成具有重要意义。

3. 海岸和海底

海岸是地球上土地、海洋、空气交界的独特地貌特征，从海岸线延伸到陆地不确定宽度（大概数公里）的带状土地都可称为海岸。

海底地形和大陆地形一样有规模庞大、奇特壮观的高山深谷和丘陵平原等。海底主要包括大陆边缘、大洋盆地和大洋中脊三部分。大陆边缘是大陆底面和大洋底面之间的广阔过渡带，是一个巨大的斜坡带，是大陆地壳与大洋地壳之间的过渡带。而大洋盆地是海洋的主体，占洋底总面积的45%左右，与大陆裙或海沟相连。大洋中脊，也称为洋脊，是横穿世界各大洋线状延伸、遍及全球的海底巨型山脉，面积占洋底总面积的32.8%左右（徐茂泉、陈友飞，2015）。

三、海洋的类型

根据海洋的地理特点，人们把海洋划分为"洋"和"海"。"洋"又称"大洋"，是海洋的主体部分，大洋通常远离陆地，水文特征较稳定，受陆地影响小；大洋水域面积巨大宽广，世界大洋的总面积约为3.35亿平方公里，占海洋面积的89%左右；洋的深度较大，一般在3000米以上，最深处可达1万多米。位于大洋边缘的水体叫"海"，通常靠近陆地，是大洋的附属部分，水文要素变化较大，受洋的支配，又受陆地影响；全球海的总面积约为0.36亿平方公里，占海洋总面积的11%左右；水深相对较浅，平均深度从几米到2～3公里不等。地球上有五个主要的大洋分别为太平洋、大西洋、印度洋、北冰洋和南冰洋。根据性质和所在位置，海可分为三种类型，即边缘海、内陆海和陆间海。

1. 边缘海

边缘海，简称"缘海""边海"或"陆缘海"，位于大陆的边缘，海底地貌以大陆架和大陆坡为主要形态，一侧以大陆为界，但不深入大陆，另一侧连接大洋的主体。边缘海通常通过岛屿、半岛、群岛、岛链等与大洋分隔，通过海峡或水道和大洋相连。其水文在内侧主要受陆地影响，而外侧主要受大洋影响。世界上最大的边缘海是位于澳大利亚的珊瑚海，我国的东海和南海也属于边缘海。

2. 内陆海

内陆海亦称"内海""小地中海"，是深入大陆内部的海。内陆海一般被大陆或岛屿和群岛包围，有狭窄的水道或海峡与大洋或边缘海相连，海底地貌主要与周围陆地地貌相关，其水文要素受大陆的影响比较显著。我国的渤海，以及黑海和波罗的海等都属于内陆海。

3. 陆间海

陆间海亦称"大地中海"，位于相邻大陆之间，海底地貌受周围陆地地貌影响较大，其水一般较深，往往有海峡与毗邻的海洋相通。如欧洲与非洲之间的地中海，南、北美洲之间的加勒比海和墨西哥湾等。

第二节　海洋旅游及研究进展

一、海洋旅游定义与分类

1. 海洋旅游的内涵

科学界定海洋旅游是研究海洋旅游的基础与关键。国际上通常把海洋旅游定义为"离开常住环境而集中到海洋环境下的一些游憩活动"。目前，国内学者尚未就如何定义海洋旅游形成共识。国内学者盛红（1999）、董玉明（2001）与李平（2002）等认为海洋旅游是与陆地旅游相对应的，是按旅游活动按照地域来划分的一个亚类。国内具有代表性的海洋旅游定义简单介绍如下。董玉明（2001）认为海洋旅游是在一定社会经济条件下以海洋为依托，以满足人们精神和物质需求为目的，而进行的海洋游览、娱乐和度假等活动所产生的现象和关系的总和。李悦铮（2001）认为，所谓海洋旅游是指在一定社会经济条件下，以海洋为依托，以海水、阳光、沙滩为主要内容，为满足人们的精神和物质需求为目的而进行的海洋游览、娱乐、体育活动和疗养活动所产生的现象和关系的总和；并认为从地域角度看，海洋旅游主要包括在海滨地区、近海、海岛、大洋、海底等进行的旅游活动。贾跃千和李平（2005）认为海洋旅游指非定居者出于非移民及和平的目的而在海洋空间区域内的旅行和暂时居留而引起的现象和关系的总和。周国忠（2006）根据旅游需求的发展方向和旅游可持续发展的要求，从系统论角度对海洋旅游进行定义：海洋旅游是在一定社会经济条件下，依托海洋自然环境和人文环境，以保护海洋生态环境为原则，所开展的以满足人们精神和物质需求为目的海洋游览、娱乐、度假、体育、教育、探险等活动所产生的现象和关系的总和。张广海和王佳（2013）认为海洋旅游是在良好社会经济条件下产生的，为满足人们精神和物质需求，依托优越的海洋自然和人文旅游资源，凭借滨海地区、海上、海底和海岛的旅游设施开展的观光度假、休闲疗养、深海探险、游艇巡航、康体娱乐等海洋旅游活动及相关海洋旅游商业活动的总和。

综上，我们将海洋旅游定义为：以海洋环境为依托，为满足人们精神和物质需求的和平目的，而开展的旅行活动及暂时居留而引起的现象和关系的总和。

2. 海洋旅游的分类

海洋旅游可以按照不同标准进行分类。

按照依托地海洋环境的差异，海洋旅游可分为海岸带旅游、海岛旅游、海上旅游和海底旅游（周国忠，2006）。

以距陆域的远近为标准，可分为滨海旅游、近海海上旅游和远洋旅游（周国忠，2006）。

二、海洋旅游资源及其评价

我国非常重视旅游业的发展。2013年3月22日，习近平总书记在俄罗斯中国旅游年开幕式上致辞。旅游是传播文明、交流文化、增进友谊的桥梁，是人民生活水平提高的一个重要指标。习近平总书记指出"绿水青山就是金山银山"，并指出要积极探索推广绿水青山转化为金山银山的路径。

绿水青山是宝贵的旅游资源，保继刚和楚义芳（2012）指出，凡是对旅游者具有吸引力的自然存在、历史文化遗产及直接用于旅游目的的人工创造物都属于旅游资源。海洋旅游资源是现代海洋旅游重要组成部分，是海洋旅游的客体。从旅游活动的角度看，海洋旅游资源是人类海洋旅游活动的对象，凡是人类海洋旅游活动所指向的目的物或吸引物，都可以称为海洋旅游资源（国家旅游局资源开发司、中国科学院地理研究所，1992）。本书将海洋旅游资源界定为：在一定海洋环境空间范围内，可以开发利用，并能够吸引游客前来开展观光、休闲、度假、疗养、探险、娱乐等海洋相关旅游活动的自然、文化、经济和社会要素的总和。

目前，世界很多国家都在自己的领海、公海和大洋领域开发海洋旅游资源，建设了旅游基地，开辟海洋旅游项目。党的二十大报告指出，"要发展海洋经济，保护海洋生态环境，加快建设海洋强国"。我国是一个海洋旅游资源大国，发展海洋旅游的条件得天独厚，海洋旅游资源丰富，资源品位较高，资源的自然原生属性、生态环境属性和人文历史属性同各种优良的气候条件高度融合，形成了不同等级、不同层次的旅游资源宝库。

目前，学术界对海洋旅游资源的评价以定性评价为主，主观性较强，缺乏定量分析和较客观的评估研究，并且尚未形成统一的海洋旅游资源评价体系。本书第四章等章节对海洋生态旅游资源进行了定量评价，以现有的海洋生态旅游资源特点和资源所处的生态环境为基础，采用反复过滤法和频度统计法，选择较高频度的指标，确立海洋生态旅游景区评价指标权重，定量评价了海洋生态旅游资源。

三、海洋旅游的发展历程及研究进展

1. 国外海洋旅游的发展历程及研究进展

国外海洋旅游历史非常久远，3000多年前，腓尼基人在地中海游行，很多地方都留下了他们的足迹。1492年意大利航海家哥伦布率领水手接连几次远航，到达了中美和南美的东北角。到了15至17世纪，亨利王子派出船队进行欧洲历史上的首次大规模海上探险，到麦哲伦完成的人类首次环球探险，海洋探险达到了鼎盛时期，西方历史学称这个时期为地理大发现时期。1730年，在英国的斯卡伯勒和布莱顿出现了最早的海水浴场，被认为是世界海洋旅游的开端。现代海洋旅游形成于19世纪中叶，到20世纪中叶海洋旅游发展迅速崛起，并形成一定规模。

国外海洋旅游的理论研究直到20世纪中叶后才陆续出现，进入21世纪以后海洋旅游的研究逐渐成熟。目前国外关于海洋旅游的研究内容主要集中在海岛旅游、滨海旅游、海洋旅游的可持续发展等多个方面。一些学者分别对海岛旅游影响因素、开发规划理念、海岛旅游危机及应对策略、海岛旅游可持续发展等方面进行了深入研究（Vogt et al.，2015；Yang et al.，2016；Mohd et al.，2016；Kurniawan et al.，2016）。有专家针对海洋空间旅游规划（Papageorgiou and Marilena，2016）、滨海整体区域管理（Xie et al.，2013）等方面开展了研究。一些学者分析了海洋旅游对海洋动植物，以及旅游地水土等资源带来的负面影响（Granquist and Sigurjonsdottir，2012；Doironet al.，2014）。

总体来看，国外海洋旅游的研究比较全面，应用方面研究比较充分，而理论方面研究相对不足，海洋旅游领域内的许多概念、范畴、结构、特征等基础理论方面的研究很少，导致一些概念不清，内涵不明。另外，国际上的热点问题研究较多，而对海洋文化旅游、海洋旅游纪念品、海洋生态旅游产品等方面研究不足（蔡礼彬、王晨琳，2018）。

2. 国内海洋旅游的发展历程及研究进展

我国对海洋旅游方面的实践和认识，可以追溯到很久以前的历史时期，但海洋旅游作为旅游学的一个分支被学者专门研究，仅有不足半个世纪的历史。有研究以"海洋旅游、滨海旅游、海岛旅游"为关键词在 CNKI 全文数据库内进行检索，检索到 1978 年以前发表的相关论文仅有 1 篇；检索到 1978—1997 年每年发表的相关论文都不超过 40 篇；检索到 1998—2005 年每年发表的相关论文为 64～275 篇；2006 年以后，相关文献明显增多，检索到每年发表该主题论文都在 400 篇以上，到 2011 年以后每年发表的相关论文基本在 1000 篇以上（刘欢等，2016）。依据我国海洋旅游发展及研究状况，我国海洋旅游发展和研究历程大致可划分为四个阶段：早期起步阶段、缓慢发展阶段、稳步增长阶段、快速发展阶段。

第一阶段（1977 年以前）：早期起步阶段

文字记载中，《竹书纪年》有夏代的航海活动记录，"东狩于海，获大鱼"。《史记》记载吴国水军曾从海上发兵进攻齐国，而齐景公曾游于海上，乐而不思归。公元 1405—1433 年，明朝著名航海家郑和率庞大船队七下西洋，途经 40 多个国家，并在最后一次航行中，穿越南海，横渡印度洋和红海，沿东非前进，发现了马达加斯加岛。中华人民共和国成立初期海洋旅游业主要以政治接待为主，之后随着我国海洋旅游业发展而更加合理。

第二阶段（1978—1997 年）：缓慢发展阶段

改革开放初期，国内旅游业刚刚起步，随着世界各国对海洋产业发展与海洋资源开发的不断重视，我国学者对海洋旅游的研究和关注也逐年增多，但由于该时期国内普遍重视工农业发展，对海洋和旅游产业的关注相对较少，海洋旅游研究尚处于探索阶段，发展相对缓慢。

20 世纪 80 年代以后，一些省或市级范围的地方性海洋旅游研究文献不断出现，有学者对山东省、辽宁省、福建省和海南省等的海洋旅游开展研究，研究内容主要涉及海洋旅游资源的开发与利用、海洋旅游的评价与保护等方面内容（魏成凯，1986；洪启明等，1991；潘建纲，1991；丁玉兰、张瑞安，1992；王德宏，1996）。

第三阶段（1998—2005 年）：稳步增长阶段

1998 年以后，海洋旅游相关文献数量持续增加，研究不断深入。一些学者提出海洋旅游的定义，并从不同角度对旅游资源进行分类（董玉明，2001；李平、盛红，2001；贾跃千、李平，2005）。此外，关于海洋旅游资源及产品开发的文献也不断涌现，成为研究的热点（李平、张军，2002；宋立杰，2004；赵一平、李悦铮，2005；王大悟，2005）。本阶段所涉及海洋旅游的内容较第二阶段明显增多，深度明显增加，研究内容从海洋旅游开发与规划，进一步延伸到开发模式与布局、海洋旅游空间结构等内容（杨效忠等，2004；

董观志，2005），可持续发展理论也逐渐被应用到海洋旅游等方面（陈娟，2003）。

第四阶段（2006至今）：快速发展阶段

随着海洋旅游经济的快速发展，海洋旅游在推动海洋产业繁荣方面的作用越来越明显。特别是我国实施"海洋强国、21世纪海上丝绸之路"国家战略以后，旅游产业与海洋产业进一步融合，在发展滨海旅游、邮轮旅游、海岛旅游等方面取得长足进步。同时极大地激发了国内学界对海洋旅游业的研究热情，研究文献数量激增，该阶段海洋旅游实践和理论都得以快速发展。

2010年3月《中华人民共和国海岛保护法》开始施行，之后我国关于海岛旅游方面的研究明显增多，研究内容主要集中在海岛旅游资源分类和质量评价、海岛规划管理与环境保护、旅游市场分析、海岛生态安全与可持续发展、海岛旅游环境承载力、海岛居民感知等方面（刘伟，2010；李悦铮、李欢欢，2010；肖建红等，2011；任淑华、王胜，2011）。我国把2013年确定为"中国海洋旅游年"。海洋旅游产业已成为沿海地区经济发展的引擎，海洋旅游资源研究、海洋文化旅游研究、海洋经济研究、海洋旅游开发与评价、海洋旅游管理与可持续发展研究等方面研究空前活跃（田敏、周菲菲，2014；马立强，2015；刘欢等，2016）。

习近平总书记有着深厚的"海洋情怀"，他指出"我国是一个海洋大国，海域面积十分辽阔；一定要向海洋进军，加快建设海洋强国"，并指出要关心海洋、认识海洋、经略海洋。目前学术界对海洋旅游研究大多以旅游资源开发为引领，侧重开发对策与发展战略等相关主题研究，处于海洋旅游资源开发、产品设计等初级研究阶段，研究的实践性较强，研究视角以微观研究居多，全局协调发展的宏观研究相对较少，缺乏整体性理论探索和理论深度研究，理论建构研究不足。此外，在海洋旅游环境保护与可持续利用方面，对海洋生态旅游、环境承载力评估、法律与政策保障等缺乏研究。总之，海洋旅游研究中仍有很多内容值得广大专家学者进行深入研究与探索。

思考题

1. 论述海洋的起源和组成、海洋的类型。

2. 结合我国目前的海洋旅游资源分类，对海南海洋旅游业资源进行叙述。

3. 通过了解海洋旅游的发展历程及研究进展，分析海南海洋旅游业的不足之处。

参考文献

[1]徐茂泉，陈友飞. 海洋地质学[M]. 2版. 厦门：厦门大学出版社，2015.

[2]Doiron S, Weissenberger S. Sustainable dive tourism: Social and environmental impacts—The case of Roatan, Honduras[J]. 2014, 10 (10): 19-26.

[3]Mohd H H, Inoormaziah A, Mohd R J, et al. Responsible Tourism Practices and Quality of Life: Perspective of Langkawi Island communities[J]. Procedia-Social and Behavioral Sciences, 2016, 222: 406-413.

[4]Granquist S M, Sigurjonsdottir H. The effect of land based seal watching tourism on the haul-out behaviour of harbour seals (Phoca vitulina) in Iceland[J]. Applied Animal Behaviour Science, 2012, 156: 85-93.

[5]Kurniawan F, Luky A, Bengen D G, et al. Vulnerability assessment of small islands to tourism: The case of the Marine Tourism Park of the Gili Matra Islands, Indonesia[J]. Global Ecology and Conservation, 2016, 6: 308-326.

[6]Papageorgiou, Marilena. Coastal and marine tourism: A challenging factor in Marine Spatial Planning[J]. Ocean & Coastal Management, 2016, 129: 44-48.

[7]Vogt C, Jordan E, Grewe N, et al. Collaborative tourism planning and subjective well-being in a small island destination[J]. 2016, 5 (1): 36-43.

[8]Xie P F, Chandra V, Gu K. Morphological changes of coastal tourism: A case study of Denarau Island, Fiji[J]. Tourism Management Perspectives, 2013, 5: 75-83.

[9]Yang J, Ge Y T, Ge Q S, et al. Determinants of island tourism development: The example of Dachangshan Island[J]. Tourism Management, 2016, 55: 261-271.

[10]陈娟. 中国海洋旅游资源可持续发展研究[J]. 海岸工程，2003，22（1）：103-108.

[11]保继刚，楚义芳. 旅游地理学[M]. 3版. 北京：高等教育出版社，2012.

[12]蔡礼彬，王晨琳. 近年来国外海洋旅游研究综述[J]. 旅游论坛，2018

（4）：31-42.

[13]丁玉兰，张瑞安．发展海洋旅游 振兴烟台经济[J]．海洋开发与管理，1992（3）：59-61.

[14]董玉明．海洋旅游业在海洋产业中的地位与管理对策[J]．中国海洋大学学报（社会科学版），2001（3）：34-37.

[15]董观志．海滨城市旅游发展模式与对策——以深圳为例[J]．社会科学家，2005（2）：133-135.

[16]国家旅游局资源开发司，中国科学院地理研究所．中国旅游资源普查规范（试行稿）[M]．北京：中国旅游出版社，1992.

[17]洪启明，谢在团，陈再生．福建海洋旅游资源开发的前景[J]．应用海洋学学报，1991（04）：96-102.

[18]李平，张军．论青岛海洋旅游产品的设计与开发中国科学院地理研究所[J]．海岸工程，2002，21（1）：45-50.

[19]李平，盛红．海洋旅游研究初探[J]．海岸工程 2001（01）：59-64.

[20]李悦铮．发挥海洋旅游资源优势，加快大连旅游业发展[J]．人文地理，2001（05）：98-101.

[21]李悦铮，李欢欢．基于利益相关者理论的海岛旅游规划探析——以大连长山群岛旅游度假区规划为例[J]．2010，27（7）：108-112.

[22]刘欢，杨德进，王红玉．国内外海洋旅游研究比较与未来展望[J]．资源开发与市场，2016，32（11）：1398-1403.

[23]刘伟．海岛旅游环境承载力研究[J]．中国人口·资源与环境，2010，20（5）：75-79.

[24]陆夫才．海口市海域使用管理走向法制化轨道[J]．海洋开发与管理1995，（01）：43-44.

[25]马立强．海洋文化旅游休闲产业竞争优势构建：产业集聚的视角[J]．东南大学学报（哲学社会科学版），2015(6): 84-91.

[26]潘建纲．海南省海岛旅游开发构想[J]．海洋开发与管理，1991（2）：65-69.

[27]盛红．我国滨海旅游度假区开发的文化问题思考[J]．海岸工程，1999（02）：87-91.

[28]王德宏．论发展辽宁海洋旅游——关于辽宁大旅游战略的一点思考[J]．理论界，1996（1）：18-19.

[29]贾跃千，李平．海洋旅游和海洋旅游资源的分类[J]．海洋开发与管

理，2005（02）：79-83.

　　[30]任淑华，王胜. 舟山海岛旅游开发策略研究[J]. 经济地理，2011，31（2）：322-326.

　　[31]宋立杰. 论海洋旅游开发过程中的外部性问题及其对策[J]. 海洋开发与管理，2004，21（1）：18-21.

　　[32]田敏，周菲菲. 环渤海地区海洋旅游经济发展研究[J]. 经济视角，2014（7）：1-2.

　　[33]魏成凯. 开发辽宁沿海旅游资源[J]. 海洋开发与管理，1986（04）：42-46.

　　[34]王大悟. 海洋旅游开发研究——兼论舟山海洋文化旅游和谐发展的策略[J]. 旅游科学，2005，19（5）：68-72.

　　[35]肖建红，于庆东，刘康，等. 海岛旅游地生态安全与可持续发展评估——以舟山群岛为例[J]. 地理学报，2011，66（6）：842-852.

　　[36]杨效忠，陆林，张光生，等. 舟山群岛旅游资源空间结构研究[J]. 地理与地理信息科学，2004，20（5）.

　　[37]张广海，王佳. 我国海洋旅游发展实践及理论研究[J]. 资源开发与市场，2013（11）：74-79.

　　[38]赵一平，李悦铮. 海洋文化与大连海洋旅游开发[J]. 海洋开发与管理，2005，22（3）：88-92.

　　[39]周国忠. 海洋旅游产品调整优化研究——以浙江省为例[J]. 经济地理，2006，26（5）：875-878+883.

第二章　海洋旅游产业与发展前景

【学习目标】

- 了解海洋旅游市场需求和供给的概念和特征,会自己阐述其影响因素及内容
- 掌握中国海洋旅游在国内外市场中的定位,对我国海洋旅游的开发提出自己的见解
- 了解海洋旅游活动方式的分类，理解海洋旅游产品的概念及分类
- 掌握海洋旅游产品设计的意义、要求和方法,对海洋旅游产品的开发提出自己的见解
- 正确认识海洋旅游开发对经济、社会和生态的影响

【知识要点】

- 海洋旅游市场、海洋旅游市场需求与供给、海洋旅游市场定位与开发
- 海洋旅游活动方式、海洋旅游产品设计与开发
- 海洋旅游的经济、社会和生态效益

　　党的二十大报告中再次明确，我国社会主要矛盾是人民日益增长的美好生活需要和不平衡不充分的发展之间的矛盾，并紧紧围绕这个社会主要矛盾推进各项工作，不断丰富和发展人类文明新形态。而旅游是解决我国社会主要矛盾最有效的工具之一，有助于丰富人民精神世界，满足人民对"美好生活"的需求，其中也包括了海洋旅游。党的二十大报告强调："发展海洋经济，保护海洋生态环境，加快建设海洋强国。"海洋旅游产业的可持续发展将助力于坚定海洋文化自信、加快海洋强国建设、传递美丽中国形象、推动构建海洋命运共同体。

　　这是在我国进入全面建设社会主义现代化国家、实现第二个百年奋斗目标的新发展阶段，对海洋经济、海洋文化及社会发展提出的新要求。

第一节　海洋旅游市场

自 1750 年至 1840 年海滨旅游在西欧发展以来，海洋旅游业已经成为全球旅游发展中规模最大和发展最快的产业部门（特别是在经济和就业方面的贡献）。奥拉姆斯（Orams，1999）认为各种各样的企业、政府机构和其他组织（如体育俱乐部和环保团体等）共同形成了海洋旅游业。海洋旅游活动产品和服务反映了海洋旅游目的地的供给状况，而市场规模反映了海洋旅游的需求状况，二者之间的供需平衡是衡量区域海洋旅游业发展合理性的一个主要标准。

一、海洋旅游市场需求与供给

（一）海洋旅游市场的概念

科特勒（Kotler，2018）认为市场是指某种产品或服务的现实购买者和潜在购买者需求的总和。广义的旅游市场是指在旅游产品交换过程中所形成的各种经济行为和经济关系的总和。狭义的旅游市场是指旅游需求市场或旅游客源市场，特指某一特定旅游产品的经常购买者和潜在购买者。由此，广义的海洋旅游市场是指在海洋旅游产品交换过程中所形成的各种经济行为和经济关系的总和。而狭义的海洋旅游市场是指海洋旅游需求市场或海洋旅游客源市场，即某一特定海洋旅游产品的经常购买者和潜在购买者。

海洋旅游市场具有竞争性、综合性、复杂性、波动性和缺乏自律性这五大特征。由于海洋旅游业是新兴的朝阳产业，其可进入性和包容性很强，其丰厚利润吸引了各方投资纷纷涉足海洋旅游行业（如海洋旅游房地产），市场竞争日益激烈。海洋旅游市场的综合性在海洋旅游业经营主体涉及国民经济多个行业，同时海洋旅游产品由旅游资源、旅游设施、旅游服务等诸多要素组合而成，如多产业协同开发的海洋旅游综合体。现代海洋旅游者已经不再满足于过去阳光、海水和沙滩式的旅游模式，海洋农家乐、邮轮、游艇、潜水、垂钓、海岛度假、海洋体育等产业形态不断涌现，这反映了海洋旅游需求的复杂性和波动性。此外，海洋旅游市场主体和客体仍缺乏自律意识。海洋旅游者的环境保护意识和行为欠缺自律性，而海洋旅游开发商追求短期利益，也很少对环境损耗和维护作出专门的规划和行动，恶性竞争和非诚信经营等问题层出不穷。因此，应加快海洋旅游业立法的步伐，为海洋旅游市场的有序运转和可持续发展提供法律依据。

海洋旅游市场是旅游供给者获取旅游需求信息的主要来源，是连接海洋旅游产品供给者和需求者的纽带，可以起到调节海洋旅游供求平衡的作用，实现社会经济资源的优惠配置。海洋旅游市场所传递的信息（如供求状况）是海洋旅游目的地国家或地区制定旅游业发展规划和经济决策的依据。对海洋旅游市场供需状况的研究是旅游企业调整旅游产品结构、投资结构以适应旅游者需求从而获得较高效益的有效途径。

（二）海洋旅游市场需求

1. 海洋旅游市场需求的概念

旅游市场需求的经济学定义是指在一定时间和区域内，消费者有旅游欲望和闲暇时间，在各种可能的价格下愿意并能够购买旅游产品数量的总和。这一定义强调任何量化的旅游市场需求都是在一定时期和地域内进行测量的。而从消费者行为学的角度考虑，旅游市场需求也可以视为人们对到访某一特定目的地的真实行为意向的总和。例如消费者对旅游目的地形象感知和选择，以及消费方式等旅游行为根据旅游需求的不同而有所差异。

因此，就一般经济意义而言，海洋旅游市场需求或海洋旅游需求是指在一定时间和区域内，消费者有旅游欲望和闲暇时间，在各种可能的价格下愿意并能够购买海洋旅游产品数量的总和，包括消费者已经购买的海洋旅游产品数量，以及他们有意愿和能力购买但尚未实施购买行为的旅游产品数量。而消费者行为意义上的海洋旅游市场需求是指人们对到访某一特定海洋旅游目的地的真实行为意向的总和。这种真实的行为意向是在一定时期内、在一定价格水平下，消费者在参与海洋旅游活动欲望的刺激下所产生的。它可以是群体行为意向，如邮轮旅游的复兴就与邮轮旅游这一特殊消费群体的需求息息相关。日益增长的邮轮旅游需求也反映了整个邮轮旅游活动和产业部门运行的状态和趋势。

海洋旅游市场需求的产生由海洋旅游动机、旅游支付能力和可自由支配时间所决定。海洋旅游动机是形成海洋旅游需求的主观条件，是引发海洋旅游者为满足自身参与和体验海洋旅游活动的需要和欲望而决定采取的海洋旅游行为的内驱力。旅游支付能力的大小是实现海洋旅游需求的基本条件，而可自由支配时间是实现海洋旅游需求的重要客观条件，例如远程海洋旅游活动往往需要旅游消费者付出更多的时间和金钱来参与和体验。

2. 海洋旅游市场需求特征

海洋旅游市场需求的基本特征表现在整体性、多样性、诱导性、时节性、和流动性五个方面。第一，海洋旅游市场需求的整体性可以理解为海洋旅游者所渴望的体验的完整性，如一条完整的海洋旅游线路，提供吃、住、行、游、购、娱等多种服务；第二，多样性是由于消费者个体在经济条件、人生经历、文化水平、社会地位等方面的差异性所导致的，所以他们对海洋旅游产品的要求和旅游意愿也会有所不同，如旅游形式上的海洋探险游或海洋生态游，旅游方式上的自助、半自助或团队游，旅游线路上的长线或短线、集中或跨区，旅游内容上的邮轮嘉年华、潜水、蹦极、攀岩、滑翔、极限运动等；第三，诱导性是指这种高层次的需求可以激发人们旅游消费的欲望，如海岛蜜月时尚游大幅提升了海洋旅游目的地的吸引力，利用各种营销手段，诱发人们的旅游消费欲望；第四，时节性一方面表现在海洋旅游目的地的旅游资源由于地理位置、气候条件、自然等因素的影响所产生的季节差异性，另一方面表现在旅游者的闲暇时间所致的淡季、平季和旺季之分；第五，海洋旅游者的异地消费使得海洋旅游具有流动性，如海南冬季的旅游热就产生了具有节律性的高峰旅游流。

3. 海洋旅游市场需求的影响因素

海洋旅游市场需求的影响因素大致可以分为四个方面，即产品因素、经济因素、消费者客观因素和消费者主观因素。首先，产品因素包括海洋旅游产品的质量和特色。海洋旅游产品最大的特色在于能够帮助人们获得带有反差性的体验。与陆地的坚硬、有限、不动、现代和已知等性质相比，人们在海洋旅游中可以体验海洋的柔软、无限、运动、古老和未知。

其次，经济因素涉及海洋旅游产品及相关产品的价格。一般情况下，走向海洋比走向陆地的花费更大，因此海洋旅游产品价格的变化对需求的影响会表现得更为明显。2019 年春节"黄金周"，重庆接待游客数量位居榜首，成都的旅游收入位居第一，而以往备受人们青睐的三亚不再是国内游客春节出游的首选。三亚在旅游旺季过高的物价及旅游产品价格是造成这一现象的原因之一。

再次，消费者客观因素包括旅游者的收入、闲暇时间、旅游者的生活环境等。收入水平反映了消费者的旅游支付能力、消费水平及构成，以及旅游目的地的选择。如中国西北地区居民的海洋旅游需求强烈，但较低的经济发展水平及个人收入是制约他们实现这一旅游需求的因素之一。在时间保证上，对于在职人员来说，外出旅游的条件之一就是拥有足够数量且连续集中的闲暇时间。而旅游需求也会受到个人身体状况和家庭情况等生活环境的影响。

最后，消费者主观因素是指旅游动机，即为促发旅游者决定去旅游、到何处旅游及如何旅游的内在驱动力。旅游动机产生于旅游需要和旅游欲望。随着时间和历史的演变，旅游需要的层次级别发生了变化。古代早期的旅行活动是商人基于生存需要而产生的；近代人们的旅游需要来自求知、交流、审美等；当代人们的旅游需要表现为尊重和自我实现等高层次的需要。旅游欲望反映了人们参与旅游活动的渴望。现代旅游已成为人们生活中不可或缺的一个部分，这种旅游需要通过各种旅游欲望表现出来，从而形成了不同类型的旅游动机，如观光型、度假型、文化型、商务型、会展型、宗教型、社会关系型和特种海洋旅游动机。

（三）海洋旅游市场供给

1. 海洋旅游市场供给的概念

旅游市场供给或旅游供给是指旅游经营者在一定条件下愿意且能够向旅游市场提供旅游产品的数量。海洋旅游市场供给则指在一定时期内、一定市场上，旅游经营者在一定的价格水平上向旅游市场提供的海洋旅游产品的数量、品种、价格和质量，反映了旅游目的地的生产能力。

海洋旅游供给的要素由两个部分构成：一方面指基本的旅游供给，包括旅游资源、旅游设施和旅游服务，其主要服务对象是旅游者，反映了一个海洋旅游目的地的综合接待能力的大小；另一方面指辅助性的旅游供给，涉及旅游基础设施，如供水、排污、供电、道路、通信、银行、医院、治安管理等机构，其主要服务对象是旅游目的地居民，但也为海洋旅游者提供服务。实际上，海洋旅游目的地的供给是由许多经营部门所提供的，包括旅游交通部门、住宿部门、餐饮服务部门、景点景区、旅游购物部门、旅游娱乐部门等。

2. 海洋旅游市场供给的特征

海洋旅游市场供给具备产业关联度大、综合性强、环境容量大、劳动密集型和文化内涵丰富这五大特征。第一，海洋旅游供给与经济、社会各部门之间有着难以割舍的联系，如造船、运输、养殖、捕捞、工程、贸易等海洋相关产业或部门为海洋旅游供给的实现提供支撑；第二，海洋旅游供给由海洋旅游交通、游览、住宿和餐饮、购物、旅行社、娱乐等多部门构成，部门协同形成了海洋旅游产业链，满足海洋旅游者的全方位需求；第三，海洋资源是海洋旅游供给的源泉，其环境容量大，经济开发程度也大，有利于建设具有一定规模的海洋旅游娱乐区，以满足日益增长的市场需求；第四，为公众提供服务的各部门也支持着海洋旅游的供给，反映了海洋旅游供给的劳动密集程度很高；第五，海洋旅游供给所体现的海洋文化含量较高，如地中海的古希腊和古埃及文化、印度洋的古印度和古巴比伦文化、大西洋的近代商业文化、太平洋的古中国及现代文化，这是其他海洋行业无法相比的。

3. 海洋旅游市场供给的内容

海洋旅游业是由海洋旅游交通运输业、餐饮业、住宿业、休闲娱乐业等构成的一个多元性的行业群体结构。

（1）海洋旅游交通运输业

海洋旅游交通运输业是海洋旅游业产生与发展的前提条件，也是旅游外汇收入的重要渠道，相关产业主要涉及邮轮、游艇、航空、铁路和公路等。从邮轮经济发展需求来看，全球邮轮旅游供给相应地呈现出五大发展趋势：船只容量巨型化，以满足邮轮经济的规模化发展和游客需求；功能多样化；产品主题化；航线短程化；行（企）业联营化。游艇旅游供给体现了传统海洋旅游供给向高端化和消费现代化方向发展的趋势，全球游艇旅游供给呈现出游艇俱乐部、游艇度假酒店、游艇地产、公共游艇码头四大模式。结合海洋旅游市场需求，许多海洋旅游目的地的供给企业或部门与航空公司共同合作开发更多直达航线和廉价航班，打造水上飞机或直升机观光、小型飞机跳伞等高端海洋旅游产品与服务，提高了游客的海洋旅游便捷性、观赏性和体验性。此外，铁路运力对海洋旅游目的地经济的发展及旅游需求的实现也十分重要，如中国海南的环岛高铁是全球唯一的环岛高铁，满足游客的环岛旅游需求。

（2）海洋旅游餐饮业

现代发达的渔业、先进的海鲜贮藏技术、便捷的运输系统、更为多样的烹饪技巧，以及国民对海鲜营养价值全面科学的认知，使得海鲜饮食需求与供给与日俱增。海洋餐饮主要以海鲜美食文化为主，可以有效激发众多陆地游客的海洋旅游动机，也是海洋旅游者行程单上必备的重要目的地活动之一。近年来，海洋餐饮供给朝着本土化和特色化方向发展。开发地方特色品牌菜品，打造就餐方式和环境于一体的海洋餐饮产品，同时强调游客的参与性，如通过参观或参与海鲜的打捞、生产和菜品制作来满足游客的好奇心，弘扬地方饮食文化。此外，餐饮产品与休闲、度假、民宿、海洋运动等相关产品的融合也体现了海洋旅游餐饮供给的多元化，如海洋餐饮与海鲜贸易港口、海鲜加工业、会展业、住宿业、交通业、海钓业等的通力合作，不仅为游客提供综合性的餐饮体验和享受，还可以拉动地区经济的可持续发展。

（3）海洋旅游住宿业

住宿业是旅游市场供给中的核心部分，其收入是整个旅游业收入的重要来源，是赚取外汇和回笼货币的重要渠道。海洋度假型酒店是以海洋景观为核心吸引力的旅游度假酒店。根据酒店与海洋的位置关系，海洋度假酒店类型可以分为临近型、悬架型、岛基型和围合型。21世纪酒店业从标准化向个性化服务发展，海洋旅游住宿供给的独特优势在于讲究亲水设计，主题化明显，强调生态环保和多元层次发展。现代海洋度假酒店充分利用产业集群式发展来延伸价值链，不仅提升自身的市场竞争力，还可以拉动区域经济的发展。海洋度假酒店与休闲娱乐业、交通运输业、餐饮业、会展业、房地产业等产业共同打造的旅游综合体，充分体现了海洋旅游供给市场化联动和社会化协作的发展趋势。2018年，全球第三座亚特兰蒂斯酒店在中国三亚的海棠湾开业，集海洋公园、娱乐、购物、特色美食、演艺、国际会展及特色海洋文化、海洋乐园体验于一体，是典型的一站式度假旅游综合体。

（4）海洋休闲娱乐业

海洋休闲娱乐供给是以海洋资源为依托，为游客提供海洋旅游娱乐产品和服务的产业群，主要由游船业、海洋主题公园、滨海体育休闲产业、休闲渔业等构成。游船业供给主要为游客提供岛屿间、近海海面上或海底观光的游览服务，如欣赏海洋生物、沿岸自然和城市风光等。海洋主题公园是集酒店、购物、餐饮、会展等产业为一体的大型旅游综合体，在这个舒适的娱乐休闲空间中，公众也可以体验科学技术并获得文化知识。滨海体育休闲旅游供给可分为三大类：表演类包括观看海上F1摩托艇、滑水、冲浪、帆船、帆板、沙滩排球等比赛；体验类包括沙滩类的排球、足球、篮球、健美、摔跤、风筝、滑沙、日光浴、高尔夫、游艇、水上滑板、摩托艇、皮划艇、风筝冲浪、水上拖伞、独木舟、划船、激流泛舟、海泳、潜水、滨海攀岩等；会展类主要涉及国际潜水展、潜水博览会、健身展会等。休闲渔业供给包括融鱼类养殖、垂钓、餐饮与旅游度假为一体的多功能复合型产品，以满足游客旅游观光、劳动体验、休闲度假、文化教育等需求。目前，休闲渔业的主要供给产品可分为运动型、体验型、游览型、海鲜美食型和教育文化型休闲渔业。

二、中国海洋旅游市场定位与开发

（一）中国海洋旅游市场定位

市场定位的首要任务是通过评估每个细分市场的吸引力来寻找并选择目标市场，而海洋旅游市场细分的基础就是市场需求分析。

1. 中国海洋旅游入境市场

（1）入境市场需求

旅游市场需求分析是衡量一个国家或地区旅游需求状况的尺度，是旅游经济分析中的重要组成部分。在旅游研究中，用于衡量旅游市场需求的指标有很多。由于作为海洋旅游基础理论入门教科书这一目的所限，本书仅就其中最基本也最常见的衡量指标，即旅游人数和旅游收入对中国海洋旅游入境市场进行简要分析。

20世纪80年代末90年代初，在改革开放背景下，我国海洋旅游业率先在沿海地区得到持续、快速发展，该区域的入境游客和旅游外汇收入逐年增加。进入新千年后，我国海洋旅游市场已初步形成，主要由14个沿海地区构成，即天津、河北、辽宁、山东、上海、江苏、浙江、福建、广东、广西、海南、香港、澳门、台湾。

目前，海洋旅游业在海洋产业中占有重要地位，并成为中国沿海地区新的经济增长点。根据《2017年中国海洋经济统计公报》统计，我国海洋产业继续保持稳步增长，其中第三产业中的海洋旅游业增速（16.5%）最快，高于主要海洋产业平均8.5%的增速。由于受到全球经济的衰退及我国旅游观光服务质量等问题的影响，2013年沿海地区入境游客数量出现大幅下降。而在中国"一带一路"倡议的引领下，全国供给侧结构性改革和中国旅游业"十二五"发展规划等多方面对海洋旅游的重视，使得我国海洋旅游入境市场开始逐渐回暖。而我国海洋旅游的外汇收入逐年上升趋势明显，只有在2003年"非典"时期出现了少许的回落。2000—2016年我国（内地）11个沿海地区入境旅游市场的规模与外汇收入如表2-1所示。

表2-1 2000—2016年我国（内地）11个沿海地区入境旅游市场的规模与外汇收入

| 年份 | 人数总计 | 外国人 | | 港澳台同胞 | | 港澳同胞 | | 台湾同胞 | | 旅游外汇 |
	人次数（万人次）	人次数（万人次）	份额（%）	人次数（万人次）	份额（%）	人次数（万人次）	份额（%）	人次数（万人次）	份额（%）	收入（亿美元）
2000	2197.41	795.68	36.21	1401.73	63.79	1026.49	42.58	375.24	17.08	92.82
2001	2406.61	894.85	37.18	1511.77	62.82	1086.13	41.08	425.64	17.69	103.44
2002	2742.41	1130.62	41.23	1611.80	58.77	1132.09	37.75	479.71	17.49	123.34
2003	2322.23	988.17	42.55	1334.05	57.45	960.89	37.06	373.16	16.07	106.77
2004	3200.74	1539.43	48.10	1661.29	51.90	1208.68	34.46	452.61	14.14	146.96
2005	3878.12	1900.24	49.00	1995.88	51.47	1430.93	33.44	564.95	14.57	179.75
2006	4403.48	2200.80	49.98	2203.28	50.03	1597.27	32.95	606.01	13.76	213.25
2007	5188.99	2610.65	50.31	2584.60	49.81	1897.34	32.81	687.26	13.24	263.07

年份	人数总计 人次数 (万人次)	外国人 人次数 (万人次)	份额 (%)	港澳台同胞 人次数 (万人次)	份额 (%)	港澳同胞 人次数 (万人次)	份额 (%)	台湾同胞 人次数 (万人次)	份额 (%)	旅游外汇收入 (亿美元)
2008	5435.87	2678.14	49.27	2757.72	50.73	2066.17	34.13	691.55	12.72	286.82
2009	5814.17	2780.28	47.82	3033.89	52.18	2266.41	34.83	767.48	13.20	307.06
2010	6915.07	3374.61	48.80	3515.41	50.84	2580.26	33.27	935.15	13.52	377.95
2011	7339.67	3538.52	48.21	3801.14	51.79	2806.69	34.08	994.45	13.55	424.61
2012	7869.78	3771.33	47.92	4098.45	52.08	3013.37	34.00	1085.08	13.79	472.72
2013	5991.16	2548.24	42.53	3442.91	57.47	2711.27	40.43	731.64	12.21	433.77
2014	5956.96	2628.18	44.12	3428.79	57.56	2684.93	40.04	743.86	12.49	463.49
2015	6442.93	2827.63	43.89	3615.29	56.11	2810.32	38.68	804.97	12.49	503.39
2016	6990.60	3228.18	46.18	3762.43	53.82	2853.87	61.80	908.56	16.88	545.02

资料来源：根据各年《中国旅游统计年鉴》数据整理。

据表 2-2 显示，目前我国沿海地区接待的入境外国游客按市场规模进行排序，依次为：亚洲市场（约占 66.49%）、美洲市场（约占 15.70%）、欧洲市场（约占 14.76%），大洋洲市场（约占 3.05%）。绝大多数外国游客来自亚洲市场，而欧美和大洋洲客流占比相对较小，主要原因之一就是客源国与旅游目的地的距离较远。沿海地区入境游市场前后出现过两次低迷状态，这些剧烈的变化均与 2003 年"非典"及 2013 年全球经济衰退和我国旅游服务质量有关。近年来，受到旅游产业综合发展带动及签证便利化、国际航班加密、免退税业务落地、系列旅游年活动开展等积极因素的拉动，我国沿海地区入境旅游市场正在进入全面恢复增长的上升通道。

表 2-2　2000—2016 年我国（内地）11 个沿海地区外国人来华旅游市场的分布

年份	总计 来访人次数 (万人次)	亚洲 来访人次数 (万人次)	份额 (%)	欧洲 来访人次数 (万人次)	份额 (%)	美洲 来访人次数 (万人次)	份额 (%)	大洋洲 人次数 (万人次)	份额 (%)
2000	526.67	376.84	71.55	67.00	12.72	70.59	13.40	12.24	2.32
2001	459.89	331.58	72.10	53.92	11.72	64.07	13.93	10.32	2.24
2002	898.08	662.03	73.72	94.62	10.54	122.59	13.65	18.84	2.10
2003	730.84	547.78	74.95	72.87	9.97	95.31	13.04	14.88	2.04
2004	1198.85	861.32	71.85	150.88	12.59	160.60	13.40	26.05	2.17
2005	1368.16	958.25	70.04	183.06	13.38	192.35	14.06	34.50	2.52

年份	总计 来访人次数 (万人次)	亚洲 来访人次数 (万人次)	份额 (%)	欧洲 来访人次数 (万人次)	份额 (%)	美洲 来访人次数 (万人次)	份额 (%)	大洋洲 人次数 (万人次)	份额 (%)
2006	1611.05	1085.13	67.36	236.09	14.65	243.42	15.11	46.41	2.88
2007	1919.14	1290.60	67.25	272.87	14.22	298.39	15.55	57.28	2.98
2008	1931.77	1290.75	66.82	288.90	14.96	294.32	15.24	57.80	2.99
2009	2001.97	1359.52	67.91	282.64	14.12	298.96	14.93	60.85	3.04
2010	2411.39	1593.17	66.07	349.66	14.50	393.38	16.31	75.18	3.12
2011	2482.93	1607.41	64.74	391.01	15.75	401.96	16.19	82.55	3.32
2012	2571.21	1662.93	64.67	403.12	15.68	416.32	16.19	88.84	3.46
2013	1812.66	1079.70	59.56	342.40	18.89	324.01	17.87	66.55	3.67
2014	1731.85	1109.42	64.06	285.47	16.48	276.62	15.97	60.34	3.48
2015	1838.10	1203.70	65.49	268.60	14.61	307.10	16.71	58.70	3.19
2016	1987.97	1252.05	62.98	314.40	15.82	354.00	17.81	67.52	3.40

资料来源：根据《中国旅游统计年鉴》数据整理（仅包括 13 个重要客源国，即日本、韩国、马来西亚、菲律宾、新加坡、泰国、美国、加拿大、英国、法国、德国、俄罗斯、澳大利亚）。

（2）主要客源市场

对于我国沿海地区入境旅游业务的主要客源市场，多是依据有关该地区来华旅游的人数来进行辨析和认定。自新千年以来，我国沿海地区入境游业务的主要客源市场构成较为稳定（见表 2-3）。日本和韩国是主要的近程市场，马来西亚和新加坡次之；美国和德国是主要的远程市场，法国和英国次之。2014 年韩国超过日本，成了我国海洋旅游首要的近程市场。21 世纪初期，菲律宾、泰国等近程周边市场逐渐被淘汰出十大国际旅游客源国的行列。而到了后期直至近几年，我国海洋旅游的远程市场开始增多，俄罗斯、加拿大、澳大利亚位列十大国际旅游客源国的行列。

表 2-3　2000—2016 年我国（内地）11 个沿海地区前十大客源国市场构成

排序	一	二	三	四	五	六	七	八	九	十
2000 年	日本	韩国	美国	马来西亚	新加坡	德国	法国	英国	澳大利亚	菲律宾
2001 年	日本	韩国	美国	马来西亚	新加坡	德国	法国	英国	泰国	菲律宾

排序	一	二	三	四	五	六	七	八	九	十
2002 年	日本	韩国	美国	马来西亚	新加坡	德国	法国	泰国	英国	菲律宾
2003 年	日本	韩国	美国	马来西亚	新加坡	德国	菲律宾	英国	法国	泰国
2004 年	日本	韩国	美国	马来西亚	新加坡	德国	英国	法国	泰国	加拿大
2005 年	日本	韩国	美国	马来西亚	新加坡	德国	法国	英国	泰国	澳大利亚
2006 年	日本	韩国	美国	马来西亚	新加坡	德国	英国	法国	泰国	澳大利亚
2007 年	日本	韩国	美国	马来西亚	新加坡	德国	英国	俄罗斯	澳大利亚	法国
2008 年	日本	韩国	美国	马来西亚	新加坡	德国	英国	法国	俄罗斯	澳大利亚
2009 年	日本	韩国	美国	马来西亚	新加坡	德国	英国	法国	澳大利亚	俄罗斯
2010 年	日本	韩国	美国	马来西亚	新加坡	德国	英国	法国	加拿大	俄罗斯
2011 年	日本	韩国	美国	马来西亚	新加坡	德国	英国	俄罗斯	法国	澳大利亚
2012 年	日本	韩国	美国	马来西亚	新加坡	德国	英国	俄罗斯	加拿大	澳大利亚
2013 年	日本	韩国	美国	马来西亚	新加坡	德国	英国	法国	俄罗斯	澳大利亚
2014 年	韩国	日本	美国	马来西亚	新加坡	德国	俄罗斯	英国	法国	澳大利亚
2015 年	韩国	日本	美国	马来西亚	新加坡	德国	法国	英国	加拿大	澳大利亚
2016 年	韩国	日本	美国	马来西亚	新加坡	德国	英国	俄罗斯	加拿大	澳大利亚

根据 2016 年我国沿海地区外国游客的人数,位居前十的国际旅游客源国依次为：韩国（448.71 万人次）、日本（402.35 万人次）、美国（281.56 万人次）、马来西亚（160.25 万人次）、新加坡（123.29 万人次）、德国（94.96 万人次）、英国（79.43 万人次）、俄罗斯（73.13 万人次）、加拿大（72.44 万人次）和澳大利亚（67.52 万人次）。因此,我国海洋旅游业入境旅游客源市场可按地理因素将其划分为近程客源市场和远程客源市场两大部分。近程客源市场主要包括中国的港澳台地区、韩国、日本和东盟各国；远程市场则主要以北美、西欧国家和澳洲国家为主。

（3）重点客源市场

对于任何一个旅游目的地来说,要想使有限的营销预算能够最大限度地发挥效用,则有必要将其用于最具有价值或最具有销售潜力的重点目标市场,因此对重点客源市场的选择是一项非常重要的工作。在选择和确定重点客源市场过程中,来自有关客源地的游客数量是需要考虑的现实因素但却并非唯一依据。这是因为游客来访量大不一定意味着带给旅游目的地的收益高,并且有些客源市场目前表现虽然看似良好,但未必能经受住时间的考验。因而,马丽卿（2013）认为在旅游研究中，通常应该用旅游者人数、停留天数、旅游消费额、出游率和重游率等指标来衡量旅游需求。李天元（2015）则提出旅游需求函数模型以用于测量旅游市场的需求量：

$$NA=f（MV，TC，HC，UI，O）$$

其中：NA＝旅游需求量，例如可以用来访旅游人次表示

MV＝市场潜力

TC＝国际交通费用

HC＝在目的国停留期间的全部费用

UI＝目的国的旅游供给形象

O＝其他变量因素

根据以上旅游需求函数模型，在一个国际旅游目的地选择重点客源国时，主要应考虑和分析三大方面的因素：第一，客源国市场潜力，包括决定客源国居民的出国旅游人数、出国旅游人天数及出国旅游消费水平的各种变量；第二，旅游开支，包括往返全程的国际交通费用和在目的地国家停留期间的消费开支；第三，旅游目的地的供给形象，例如该目的地（国家）的知名度、旅游形象、旅游吸引物数量、游客问询服务的便利性、语言障碍程度、气候条件、交通运输及通信服务、公共卫生条件与疫情、饮食适应度、住宿设施的便利程度、人流拥挤程度等。

2. 中国海洋旅游国内市场

（1）国内市场需求

改革开放之后，我国沿海地区的国内旅游市场萌芽，一直以来其发展领先于内陆地区，是深受国内旅游者青睐的旅游目的地。国内海洋旅游需求的增长是我国海洋经济持续快速健康发展的必然产物，是国民生活水准得以提高的真实反映，同时也是社会进步的重要标志。近年来海岛旅游、休闲渔业、邮轮旅游等海洋旅游新业态规模迅速扩大，促使滨海旅游业持续快速增长。据《2017 年中国海洋经济统计公报》显示，我国沿海地区旅游业同比增长了16.5%，占海洋生产总值的 18.9%，对海洋经济贡献最大。2017 年，沿海主要城市接待游客数量同比上升 12.1%，38 个国家级海洋公园重点监测的节假日接待游客数量同比增长 28.0%。

表 2-4 显示了新千年后十几年间我国沿海地区国内旅游情况的相关数据，各省区市所统计的国内旅游人数均包含过夜和不过夜的国内游客数量，仅广东和海南只包含国内过夜游客数量。除了受 2003 年"非典"的影响，我

国滨海地区游客数量均以 15.61% 的速度逐年增长；而国内旅游收入的年均增长率为 17.60%，即使"非典"时期也保持着上升趋势。截至 2016 年，国内海洋旅游者数量已达 44.84 亿人次，旅游收入达 57568.33 亿元人民币，接近全国总量的一半。

表 2-4　2000—2016 年我国（内地）11 个沿海地区国内人次数和旅游收入

年份	人次数（亿人次）	收入（亿元）	年份	人次数（亿人次）	收入（亿元）
2000	5.31	4418.98	2009	19.86	17905.46
2001	6.09	4703.14	2010	24.11	22581.71
2002	6.90	5749.64	2011	26.16	27844.13
2003	6.74	5866.19	2012	29.37	33606.35
2004	7.64	7532.51	2013	33.04	39354.24
2005	9.99	9095.93	2014	36.83	44669.19
2006	11.70	10807.25	2015	39.79	49886.74
2007	13.57	13128.39	2016	44.84	57568.33
2008	15.91	14996.35			

资料来源：根据各省各年的国民经济和社会发展统计公报以及统计年鉴的相关数据整理。

（2）国内市场特点

第一，市场规模大，发展潜力十足。新千年以来，不论是在旅游人次上，还是在旅游消费总额上，我国海洋旅游的国内市场是海洋旅游发展的主体。2016 年，我国（内地）沿海地区的旅游活动规模高达 44.84 亿人次，而入境游客接待量只有 0.7 亿人次；实现国内旅游收入 57568.33 亿元人民币，相当于同年国际旅游外汇收入的 15 倍。目前，我国正在由世界海洋大国向世界海洋强国迈进，海洋资源丰富，国民海洋意识不断增强，大众滨海度假旅游的市场特征显著。

第二，国内海洋旅游市场客源地和目的地集中在东部沿海发达地区和少量中西部地区，这是由各地资源禀赋和经济社会发展水平的显著差异所引起的。早在 2010 年，旅游总收入在 2500 亿元以上的省市有 7 个（江苏、广东、浙江、山东、上海、北京、辽宁），其旅游总市场份额占全国 50% 以上；入境旅游外汇收入在 20 亿美元以上的有 8 个省市（广东、上海、北京、江苏、浙江、福建、辽宁、山东），占全国入境旅游市场份额的 76% 以上。

第三，海洋旅游需求多样化，消费水平较高。"观海"仍旧是滨海旅游目的地最具吸引力的要素，但人们对海洋旅游活动的多样化要求也日益凸显，例如滨海观光、海洋主题公园、海岛度假、邮轮旅游、海洋运动旅游等，以期望能够丰富其旅游体验并提高体验价值。2016 年，我国海洋旅游人均消费水平较高，达 1283.86 元，总体上与我国人均消费水平相当。

第四，有钱有闲的客观条件使得游客市场老龄化趋势明显。根据《2017年中国旅游行业发展现状及发展趋势分析》报告，2016 年以前，我国出游率最高的人群集中在 45 至 65 岁的老年人；而到了 2016 年以后，出游率最高的人群集中在 65 岁以上的老年人。高端邮轮旅游产品大大激发了银发族的旅游动机。

第五，我国滨海旅游服务接待设施日益完善，服务接待水平逐步提升。滨海度假旅游目的地从配套设施、服务、产品等各方面作出努力，2006—2014年沿海地区接待国内游客年均增长 14.73%。2014 年沿海地区的旅行社多达13790 家，星级饭店 5035 家，相比于 2006 年分别年均增长 6.25% 和 11.28%，其中江苏、山东、浙江、广东等地居多。

3. 中国海洋旅游市场定位

（1）国外市场定位

我国海洋旅游的海外旅游市场培育总体空间定位为：首先，巩固以我国港澳台地区和韩国、日本等为中心的入境旅游一级市场，同时积极拓展东南亚等周边市场客源，加大我国海洋旅游对近程海外市场的辐射；其次，将美国、马来西亚、新加坡、德国、英国、法国、俄罗斯、加拿大、澳大利亚、泰国、菲律宾等国家定位为入境旅游二级市场，继续稳定并积极采取措施扩大其市场份额，加大促销力度，提高这些市场的竞争力，促进我国海洋旅游海外客源市场的多元化；最后，在中国"一带一路"倡议背景下，应将中东欧、西亚、南亚、中东等远程市场设为入境旅游三级市场，加强旅游合作，扩大旅游规模，使入境客源市场结构更加重点化、层次化和多元化，进一步提高我国海洋旅游的知名度与吸引力。

在功能定位方面，观光休闲目前是我国沿海城市入境外国游客的主要旅游动机，其次为会议和商务、务工和探亲访友等。据我国文化和旅游部相关数据显示，中国的传统文化比休闲观光对入境游客的吸引力更大。国际游客在华访问的观光休闲动机远没有周边海洋旅游目的地国家强烈。据世界旅游组织 2016 的数据统计，泰国入境游客的休闲观光动机高达 87.5%，印度尼西亚入境游客的休闲观光动机占 57.7%，而在中国的仅只有 38.5%。国际游客海洋休闲度假的欲望强烈，中国海洋旅游的入境市场机会仍很大。以文化为主导的观光休闲度假型产品是我国海洋旅游入境市场发展的重点，因此在功能定位上不仅应该朝着世界一流的海洋休闲度假旅游目的地的方向发展，更应该立足于挖掘具有中国特色的海洋文化，以凸显中国海洋旅游与其他海洋旅游目的地的本质差异，将中国打造成东南亚海洋旅游的新亮点。

在类型定位方面，从年龄构成来看，中国沿海地区入境游客 80% 以上集中在 25 至 44 岁和 45 至 64 岁两个年龄段，其中 25 至 44 岁的入境游客占比最大，因此中国海洋旅游应以吸引中青年国际游客为主，兼顾开拓老年国际游客的市场机会。从收入及消费水平来看，我国海洋旅游入境市场的消费层次定位应以中高等收入和消费的国际游客为主。2016 年，我国（内地）沿海地区整体上国际游客人均每天消费 211.14 美元，高于国内海洋游客的人均消费水平。在其他方面，约有 33.39% 的入境游客选择和家人一起出游，说明家庭旅游市场也是我国海洋旅游的潜在市场。此外，来华入境的游客中大学专科、本科、硕士及以上学历的人数比例最高，合计超过入境游客总数的 90%。可见，高学历的国际游客也是我国海洋旅游目标市场定位需要考虑的重点人群。

在形象定位方面，近年来随着全球海洋旅游重心的转移，东南亚地区的海洋旅游蓬勃发展，多个滨海国家都拥有品牌化的海洋旅游目的地，如泰国普吉岛、马来西亚沙巴州、印度尼西亚巴厘岛和菲律宾长滩岛等。对于中国而言，尽管也拥有特色海洋资源，但其海洋大国形象尚未植入国际游客的目的地形象感知中。同时，许多与周边国家过于同质化的海洋旅游产品也阻碍着我国海洋旅游的国际化发展。由此，在对中国海洋旅游目的地形象进行定位时，务必要突出其资源、环境、区位等方面的特点，并根据入境目标市场的不同需求和旅游产品的不同特色进行形象定位，使目标市场觉得既恰如其分又心之向往。中国的海洋旅游目的地形象应该是多重而非单一的，应该依附于总体国家旅游形象来制定满足不同客源市场需求的多重形象，应该在继承基本海洋主题形象基础上，不断完善特色旅游形象，与时俱进。

（2）国内市场定位

在空间定位上，目前我国海洋旅游的发展重点主要集中在五大区域：环渤海海洋旅游区（辽宁、河北、天津和山东）、长三角海洋旅游区（上海、江苏、浙江）、闽三角海洋旅游区（福建）、珠三角海洋旅游区（广东和广西），以及南海海洋旅游区（海南）。在经济水平与物理距离双重因素的影响下，我国海洋旅游市场空间分布呈东西梯度递减的格局。海洋旅游市场发展潜力及规模主要集中在广东，浙江、上海、江苏和山东次之，而三亚作为我国海洋旅游发展的前沿地带，其海洋旅游的接待规模及收入排名均未进入前五。在市场繁荣度上，我国成熟型海洋旅游目的地有三亚、海口、汕头、珠海、厦门和上海等、明星型海洋旅游目的地有大连、青岛和温州，发展型海洋旅游目的地有锦州、葫芦岛、福州、湛江、泉州和舟山等，而起步型海洋旅游目的地有威海、北海、连云港、汕尾、秦皇岛、宁波等。

在功能定位上，我国海洋旅游功能区划分为四类：优化开发区、重点开发区、引导开发区和适度开发区。海洋旅游优化开发区涉及 9 个城市，即大连、天津、青岛、上海、宁波、杭州、厦门、广州和深圳，是我国优化海洋旅游产业结构、提升海洋旅游国际竞争力的重点培育对象。海洋旅游重点开发区包括 23 个城市，例如南部的汕头、珠海、中山、东莞，海口、三亚和北海等。海洋旅游引导开发区涉及 21 个城市，即锦州、盘锦、葫芦岛、沧州、东营、莆田、江门、湛江、茂名、惠州、汕尾、阳江、潮州、防城港等。对海洋旅游适度开发区应进行保护性开发，重点发展海洋生态旅游，包括滨海国家级风景名胜区、滨海国家森林/地质公园、海洋保护区、滨海湿地和特殊地带等。

在类型定位上，中国 93.5% 的居民有较强的海洋旅游意愿，尤其是西部偏远地区的中老年居民。就出行时间偏好而言，大多数国内游客的出游时间部分集中在寒暑假，凸显海洋旅游避暑及避寒的功能，故亲子游是海洋旅游市场的重要组成部分。相比之下，一般假期时间短，对于国内游客来说并非主要的海洋旅游出行时间。在停留时间方面，大多数游客偏好 4 至 7 天的海洋旅游时长，其次是 7 至 14 天。因此，海洋旅游在中国尚属于半度假娱乐半休闲观光型旅游产品，游客愿意停留更长时间。学生、教师、公务员及企事业单位员工是当前最适合海洋旅游的市场主体。

国内海洋旅游者的旅游活动还是以观光为主，海滨海滩和山水风光类旅游景点最受欢迎，其次是民俗风情、文物古迹、城市风貌、主题公园、宗教圣地等。按照受欢迎的程度来划分活动类型，依次为海景观光、沙滩漫步、游泳浮潜、沙滩娱乐等大众旅游项目；冲浪、摩托艇、海钓、深潜等探险竞技类项目；温泉疗养、消夏避暑、避寒等疗养保健类项目；最后还有渔家乐体验、民俗博物馆参观、宗教朝拜等民俗体验类旅游项目。因此，目前国内海洋旅游市场仍停留在以传统 3S 为主的海洋旅游景观和活动的认知水平上。

在形象定位上，中国知名的海洋旅游目的地主要呈现出南北分异的格局，其中大连、青岛、秦皇岛等北方海洋旅游胜地均以避暑休闲的旅游形象著称；而三亚、厦门、海口等南部滨海旅游目的地，以冬暖休闲的旅游形象知名。此外，上海、江苏、浙江是中国的鱼米之乡，远洋渔业发达，传统水乡特色文化和先进的都市文化相交织，其基本形象为长三角远洋度假旅游区。闽三角地区是海上丝绸之路的起点，拥有众多的历史遗迹、宗教文化、侨乡风情等人文景观，基本形象为闽三角文化休闲旅游区。广东、广西是中国最具中西文化特色的滨海旅游带，集观光休闲、度假娱乐和生态科普为一体，其基本形象为珠三角运动娱乐旅游区。

各区所树立的海洋旅游目的地形象可以作为各区海洋旅游的形象继续使用，但有些形象定位并不适用于未来的发展。现有的旅游形象定位多以旅游资源为基础，未能体现现代化海洋休闲度假旅游目的地和高端旅游产品之特色。各地应不断寻求和挖掘海洋文化特色，避免过多同质化产品，力求在消费者的形象感知中树立正确的、有特色的和具有吸引力的海洋旅游目的地形象。另外，有的形象定位城市气息过于浓重，未能体现自然、乡村、原生态岛屿及蓝海绿岛的自然环境，对于追求自然和舒适的现代人来说吸引力不足。海洋旅游目的地形象的鲜明化应注意与不同市场群体脑海中理想的海洋旅游目的地形象进行对比，力求达到一致，提升游客对海洋旅游目的地的形象感知，拉近游客与目的地的心理感应距离，引导旅游决策。

（二）中国海洋旅游市场开发

自改革开放以来我国海洋旅游业起步发展，新千年后进入中期发展阶段，国内游客需求旺盛，国际客源市场的开拓及争取成绩显著，但仍旧有诸多问题制约着我国海洋旅游业的高速发展。

1. 中国海洋旅游市场开发中存在的问题

海洋旅游国际市场存在的问题：第一，区位偏远，如欧美客源来华的旅游交通费用昂贵，约占全部旅游费用的 1/3～1/2，旅行时间长且手续复杂；第二，市场竞争激烈，如周边国家和地区（日本、韩国、泰国、新加坡等）海洋旅游发展起步早，在供应能力、服务质量、产品价格、交通运输等方面具有一定优势；第三，旅游产品单一，质量有待提升，如团体观光旅游过于单一化，同时旅游基础设施不足或不便、清洁卫生条件差、环境污染严重、旅游日程和交通安排变化多、旅行社经营不善、导游素质不高等，都制约着我国海洋旅游客源市场的扩大；第四，市场营销乏力，近年来我国旅游业的对外宣传和推销已有较大的发展，除了在主要客源地设立旅游办事处外，还积极参加国际旅游博览会和展销会，邀请外国记者来访，制作有关中国海洋旅游的电影、幻灯片、光盘和宣传册等，但在有关的技术问题上仍有不少需要改进之处，许多先进的手段如计算机信息技术等尚未得到充分应用。

海洋旅游国内市场存在的问题：一是海洋旅游市场主体不成熟，观光仍旧是国内海洋旅游者最主要的旅游动机，追求近距离和短时间内游览的景点数量，且消费偏低，主要停留在 1000～3000 元，其中交通、住宿和门票的消费所占比重大，旅游停留时间多以 1 至 3 天为主；二是经营主体职业素养有待提升，经营主体缺少监管机制，各种乱象明显，导致大量高端市场流出国门，选择国外热点海洋旅游目的地；三是国内旅游市场产品及形象雷同性明显，市场细分不具体，定位不明确，以海滩、观光、游泳、摩托艇等海洋旅游产品为主，缺少独特性和特色化；四是海洋旅游市场监测不到位，主要表现为缺乏充分的市场监控统计机制，对于市场的现状、趋势缺少科学有效的分析和判断；五是市场乱收费、高价格现象突出，旅游监管的执法权力偏弱，旅游质监执法机构的性质也不明确，未形成综合治理旅游市场的格局。

2. 中国海洋旅游市场未来的发展方向

党的十八大以来,国家提出的供给侧结构性改革致力于供给质量的提升、灵活适应性结构的改革、健康要素的合理配置、有效供给的增强，最大限度地满足人们需要，促进社会经济健康持续发展。针对我国海洋旅游国内外市场现存的问题，应该多从市场供给的角度来思考今后的市场开发策略。

加强保护海洋资源环境。我国政府出台了一系列相关政策法规来解决海洋污染和去能源等问题，推动了能源节约和海洋资源利用的可持续，其中也包括科学划定海洋生态红线，严格控制开发强度，不得随意填海造田等，同时加强建设和保护海洋生态系统，严格实施休渔制度，修复海洋生态链条，建立海洋生态保护区。

努力开发高科技旅游产品。目前我国海洋旅游仍旧以观光产品为主，缺乏与新科技的融合。比如利用现在的虚拟现实（VR）技术开发创新性产品，拉近游客和海洋景观的距离，提升旅游体验质量。滨海城市尤其是一些大学和科研院所致力于海洋科技教育旅游的开发，积极实施海洋知识的科普教育，促进海洋旅游经济的发展，增强和提高全民海洋意识和素质。

打造海洋旅游目的地国际化品牌。尽管我国海洋旅游资源得天独厚，但在国际营销上尚未建立起真正的具有国际化品牌的滨海旅游目的地形象，亟待有所突破。加大交通承载力度和舒适度，扩大国际机场规模和国际邮轮母港数量，举办国际会议和国际赛事，培育国际旅游医疗健康产业，打造国际旅游消费中心，增强吸引力。

苦练内功，精细化管理。积极打造观光休闲度假混合模式的海洋旅游，开发旅游附加产品，全新思维管理，让国际游客无障碍旅游。面对不同人群和市场的细化开发已经是市场供给主体的常态，而相应的管理必须与时俱进，运用互联网，建立智慧化城市旅游管理平台，把一些不正规的传播信息扼杀于萌芽，同时为决策提供大数据支撑，这就是未来发展的方向。

健全旅游法律法规，提升旅游消费信心。沿海地区各类旅游负面新闻及较高的旅游投诉率，有损于沿海旅游目的地形象，也降低了游客的消费信心。各地景区的旅游投诉点及相关法律法规建设有待进一步加强和完善，从根本上推动滨海旅游消费的健康发展，增强游客旅游消费的信心，提升旅游消费水平。

总体来说，中国海洋旅游业的发展前景广阔，潜力巨大。海洋旅游业亟待营造一个热情、礼貌、文明、好客的"大环境"，这需要旅游从业人员、有关部门及各行各业的通力合作，这是我国海洋旅游业健康持续发展的前提。为协调各方面的关系，政府和各级旅游部门应充分发挥协调、指导和监督作用。

第二节　海洋旅游产品设计与开发

我国社会主要矛盾已经转变为人民日益增长的美好生活需要和不平衡不充分的发展之间的矛盾。这已然对旅游产业提出了更高的要求。目前，海洋旅游在全世界范围内已经成为大众喜闻乐见的旅游形式。旅游者对于滨海度假旅游需求逐渐多样化，不再满足于单纯的休闲娱乐，而是追求更高层次的享受。海洋旅游产品是海洋旅游业的核心竞争能力，是海洋旅游的物质和精神的载体。现代海洋旅游产品开发的意义已不局限于旅游业本身。游客通过购买产品来实现海洋旅游的现实需求，而产品的开发对海洋旅游目的地的经济、文化和社会环境同样意义深远。现代旅游产品设计与开发致力于打造全新的生活体验，通过提供不同的游玩方式，满足人们所向往的生活方式。

一、海洋旅游活动方式与分类

（一）海洋旅游活动方式的单元分类

1. 海滨旅游活动方式

海滨是海陆的交界地，依托海滨地貌、海滨水域和海滨人文等资源，人们可以开展极其丰富的海洋旅游活动，例如海滨水趣、海滨沙趣、海滨泥趣、海滨体育和海滨观光。海滨休闲度假、民俗体验和购物也是海滨旅游活动必不可少的产品。海洋生产、海鲜美食和海洋文明属于海滨民俗体验。目前比较常见的海洋生产体验项目是"渔家乐"。海洋文明体现在通过参观海洋博物馆等来了解、认识和学习海洋文化。海滨购物包括买海货和滨海免税店购物。中国三亚的海棠湾免税购物中心是全球规模最大的单体免税店，汇集了各国特色商品、海南特产、户外运动、美食、顾客服务五大功能分区，兼有娱乐休闲区域。

2. 海面旅游活动方式

海面旅游活动是借助于工具进行的以"游玩"为主的水上旅游活动。例如以休闲娱乐为主的帆船运动、滑水、冲浪、摩托艇、游艇、邮轮和游览海上城市。随着人口的不断增加，陆上适宜的居住地日益减少，人们的生活城区必将向海上扩张，未来的海上城市将是高度发达、高度工业化的新型人类活动社区。早在20多年前，日本就在神户沿海建成一座迄今世界上最大的海上城市。另外，海面旅游方式还有水上飞机、环岛观光、群岛穿梭旅游、大洋航行、环球航行等，这些都将在海洋旅游活动方式的区域分类中予以介绍。

3. 海底旅游活动方式

海底旅游是较新的一种海洋旅游活动方式。随着科学技术的进步，人们潜入水中目睹海底世界已成为现实，现有活动包括潜水、水下观光艇、水底海洋馆、海底旅馆等。世界上第一座水下居住室是1962年法国制造的"海中人"号，用于科学研究，后来发展成海底旅馆。旅馆可以透过房间里专门的墙幕饱览海底美景，体验与海底生物共生息的感觉，其建造资金投入大，技术要求高，所以住宿费用也比较高，但极具魅力。世界上第一家海底五星级酒店"海神酒店"位于巴哈马柳塞拉岛，耗资5300万美元建造。

4. 海空旅游活动方式

海空旅游活动是对海洋上空空间的充分利用，涉及活动有海滨放风筝、风筝冲浪、海上拖拽伞、跳伞、直升机和飞艇观光等。游客乘坐直升机或飞艇观光是近年比较流行的海洋旅游项目。直升机由于空间有限和体积较小，每次承载人数较少，同时较容易受到气流波动的影响，噪音也大。相比之下，飞艇空间和体积更大，比较轻便，可承载的人数相对较多，在空中受气流影响相对较小，噪音较小。目前日本拥有全世界最大的飞艇，飞艇海上观光在日本十分流行。

（二）海洋旅游活动方式的区域分类

1. 海岸带旅游

海岸带旅游是指在地理上的海岸带中有旅游价值的地段和与它紧邻的海域中所进行的旅游活动。在理论上，除了远距离的航行（如环球行）之外，各种空间的旅游活动（海滨、海面、海底、海空）都可以在海岸带发生。但一个地方往往只适宜开展某一空间的活动，或以某一空间活动为主，并由此形成特色。海岸带旅游的特点在于它与陆地旅游的衔接与互补，形成最佳组合，丰富游客的旅游体验。

2. 海岛旅游

海岛是指面积大于 500 平方米的海面出露岸体，小于 500 平方米的被称为海礁。全世界海岛约有 5 万多个，总面积为 1000 万平方公里，占地球陆地面积的 1/15，大于我国的陆地面积。海岛旅游是指旅游者前往有常住人口的岛屿开展旅游活动，包括海滨、海面、海底、海空各种空间的活动。海岛旅游的特点体现于综合型的各种海洋景观和连贯型海陆活动。环岛观光、荒岛探奇（探索式旅游，而非探险）为海岛旅游所特有。攀登海岛上的山峰，也与攀登海山有很大的不同，而海洋风俗、海洋生产和海洋文化的体验也是在海岛旅游的一大特色。

3. 群岛旅游

群岛是指海洋中互相接近的、在地理构造上有内在联系的一群岛屿。世界上四大洋中的主要群岛就有 50 多个，很多群岛都是海洋旅游胜地，如太平洋的马来群岛、夏威夷群岛和马里亚纳群岛，印度洋的马尔代夫群岛，大西洋的巴哈马群岛、百慕大群岛和马德拉群岛，加勒比海的西印度群岛和维尔京群岛等。群岛旅游的整体效应显著，聚集在一起的群岛不仅能满足各种空间活动方式，且又各具特色，穿行于各岛之间的旅游者有着身临海洋水体的丰富体验。

4. 远洋航行

远洋航行通常是大型邮轮开展的旅游项目，这类旅游通常时间跨度长、消费高，但旅游者的收获除了饱览沿线港口的美景之外，还能在船上享受星级酒店中的各类娱乐、健身活动等，得到全面的身心放松，是中高消费阶层度假旅游的首要选择。目前，各大邮轮公司也积极和海滨陆地旅游合作开发短程观光旅游项目，海陆通力合作，多产业融合发展，满足游客多样化需求。

5. 环球旅行

麦哲伦一直被认为是世界上实现环球旅行最早的人，然而最近英国有学者收集证据，认为我国的郑和比麦哲伦早 100 年环行了地球。1831 年，达尔文乘坐"猎犬号"，开始历时 5 年的环球科学考察，为"进化论"的提出收集了重要的资料。在今天，环球航行仍然是探险和科学考察的方式之一，纯粹以旅游、度假为目的的环球航行也凭借大型邮轮而实现。但由于时间和费用的限制，参与环球航行的旅游者不是很多。

6. 腹地旅游

沿海地区拥有广大的腹地，腹地是海洋向大陆延伸的重要地带，形成了临港区、湾区等大尺度空间形态。在生态保护的前提下，沿海腹地旅游发展将海洋与陆地旅游相衔接，开发组合式特色旅游方式。人们以海洋旅游为目的建造的海洋馆、海洋主题公园、人工冲浪池、人工海滩等实现海洋旅游需求。目前世界上最大的海洋公园是美国圣地亚哥海洋世界。我国著名的海洋馆有香港海洋公园、北京海洋馆、大连圣亚海洋世界、广州海洋馆、台北海洋馆等。三亚亚特兰蒂斯水世界为游客提供专业冲浪池及冲浪课程，满足冲浪爱好者的需求。

7. 虚拟旅游

海洋旅游向虚拟世界的延伸主要指借助电视、广播、网络等多媒体手段，展现海洋旅游有形的自然风光、活动项目和无形的海浪声、海鸥声、海风声等。由于海洋的独特魅力，这些图像和声音既满足了部分无法亲身体验海洋旅游的人的需要，也可以随时随地满足人们对海洋的向往。浙江省岱山县的中国台风博物馆内设有 4D 影院和台风仿真模拟系统，旅游者可以身临其境地感受台风的凶、险、奇。悉尼的海洋馆利用现代声音技术，让游客可以听到海底动物的声音，科普教育作用明显。

二、海洋旅游产品设计

海洋旅游活动方式帮助人们实现海洋旅游需要，而海洋旅游产品的设计与开发是开展海洋旅游活动的必要条件。对海洋旅游产品特点的把握和对海洋旅游方式的了解是进行海洋旅游产品设计与开发的首要任务。

（一）海洋旅游产品

1. 海洋旅游产品的概念

迄今为止，学者对旅游产品概念的理解尚未形成统一标准。从旅游目的地的角度理解，旅游产品是指旅游经营者凭借着旅游吸引物、交通和设施，向旅游者提供的用以满足其旅游活动需求的全部服务，是由多种成分组合而成的整体概念，是以服务形式表现的无形产品。从旅游者的角度理解，旅游产品就是指旅游者花费了一定的时间、费用和精力所换取的一次经历。实际上，对于旅游产品的定义无非从供给和需求两个角度出发，但旅游产品在本质上都是一样的，由吸引物、设施和服务这三大要素组成。

根据以上定义，海洋旅游产品是凭借海洋资源，以旅游设施为依托，向旅游者提供用以满足旅游活动需求的有形实体和无形服务的总和。海洋旅游产品是海洋旅游开发的核心，而海洋旅游吸引物、交通和服务是海洋旅游产品的核心组成部分。海洋旅游吸引物是指能够吸引旅游者并满足其审美和愉悦需要的一切海洋旅游资源和各种条件，包括海洋自然、人文、特产和社会这四大类吸引物，它们是引发海洋旅游需要、选择海洋旅游目的地和实现海洋旅游目标的主要动因。

2. 海洋旅游产品的特点

首先是明显的季节性与地域性。在热带或亚热带的冬季，气候温暖，水温适宜，海洋旅游活动量会急剧扩大。不同地域和季节的海洋旅游资源特色和卖点各异。其次，高度的参与性。高质量的海洋旅游体验要求游客通过学习掌握一定技能，如海上托伞、风筝冲浪、高空跳伞等活动具有刺激性和挑战性，更能引发青年游客的兴趣。再次，景观体验的多样性。海岸地貌、海岛植物、海洋动物等海洋自然景观，特色海洋风俗、节庆活动、历史遗迹等海洋人文景观，它们的多样性及亲和力易使人们从心理上对海洋旅游环境产生共鸣，刺激旅游动机，产生旅游需要。最后，助力身心健康。海水、沙滩、阳光对人体皮肤有杀菌和保健的疗效，海洋旅游活动可以起到健身的作用，而良好的海洋旅游环境可以帮助游客放松身心，在整体上达到康养效果。

3. 海洋旅游产品的分类

海洋旅游产品按照不同标准可以划分出不同种类，按照旅游目的海洋旅游产品可分为海洋观光旅游产品、海洋度假旅游产品、海洋特种旅游产品三大类。

海洋观光旅游产品包括海洋自然观光和海洋人文观光旅游产品。按照观光对象性质的不同，海洋自然观光旅游产品可分为四类：地表类观光产品，包括海滨名山、火山、洞穴、岛屿、湿地、岩礁、岸滩、海岸线、海底震迹等；水域类观光产品，包括游憩海域、潮涌、击浪、海火、极地冰川等；生物类观光产品，包括红树林、椰树、槟榔树、棕榈树等植物类和海洋鱼类、鸟类、贝类等动物类；气候气象类观光产品，包括海市蜃楼、海滋、海上日景、月景等。而海洋人文观光旅游产品也可分为四类：海洋古迹观光产品，包括史前人类活动场所和社会经济文化活动遗迹遗址，如古渔村遗址；海洋现代观光产品，包括滨海城市、滨海革命纪念地、社会活动场所、工业（企业或企业产品）、农业（海洋牧场）、海洋大型工程等；海洋人造景观产品，包括海洋博物馆、水族馆、游泳馆、潜水基地、人工沙滩、海坝、礁滩、码头等，以及仿古观光产品（仿古船、仿古渔村等）、网络虚拟海洋景观等；

海洋民俗宗教文化观光产品，包括海滨庙宇、民俗文化村及海洋祭祀、海洋神话和其他海洋节庆活动等。

海洋度假旅游产品虽具有观光游览的性质，却偏重休闲、娱乐、疗养、健身的功能，且持续时间比较长。以休闲娱乐为目的海洋旅游度假产品包括海洋体育旅游产品、海洋购物旅游产品和渔家乐旅游产品。海滩游泳、帆船、游艇、划船、独木舟、滑水、风帆、海钓、潜水等属于体验型海洋体育旅游项目，而海水浴、日光浴、嬉水、沙滩漫步、渡轮、玻璃船等属于休闲型海洋体育旅游项目。海洋购物旅游产品包括海洋知名商品（如海珍品、贝壳类工艺品等）、海洋旅游工艺品（如沙雕工艺品、船模工艺品、海洋风情工艺品等）、海洋旅游日常用品（如泳衣、游泳圈、钓鱼竿、潜水工具等）。渔家乐旅游产品是将一些具有渔村居民特色的渔民住宅进行改造完善之后，为游客提供吃、住、娱、购、游等一系列丰富的产品和服务。此外，在一些文化型渔村进行旅游是游客了解海洋文化的重要途径，如海洋民俗、海洋考古、海洋信仰等。以疗养休憩为目的的海洋旅游度假产品也可分为海洋康体保健旅游产品，如海水浴场、海藻和海泥等疗法；海洋休养型旅游产品，如海上垂钓；海洋旅游景观房地产产品，如海洋度假村、海洋休闲别墅、海洋酒店公寓等。

此外，海洋特种旅游产品是为了满足旅游者特殊偏好，对传统常规旅游形式的一种延伸，因此是一种更高形式的特色旅游活动产品。目前我国海洋特种旅游处于早期开发阶段，其产品可分为三类：海洋旅游产品、海洋生态旅游产品和海岛旅游产品。港湾海上游览、岛屿顺行海上游览、主题派对海上游览、酒店海上游览、长途海上游览和远洋海上游览属于海洋旅游产品；泥滩体验、海滩旅游、渔场体验旅游等属于海洋生态旅游产品；海岛生态观光、海岛休闲度假、海岛康体运动、海岛会议会展、海岛文化体验、海岛专项旅游、海岛主题旅游属于海岛旅游产品。

（二）海洋旅游产品设计

1. 海洋旅游产品设计的概念

旅游产品设计是按照一定的规则，将旅游者需求的旅游主题和完成旅游过程所必需的交通、餐饮、住宿、游览和旅游服务加以合理的组合配置，并以一定的内容、形式和价格展示给旅游者的过程。这种产品的设计需要考虑有形实体和无形实体的双重吸引力，为游客提供全方位的旅游体验和享受。

因此，海洋旅游产品设计是指按照一定规则，将旅游者需求的海洋旅游主题和实现海洋旅游所必需的六大要素合理地进行组合配置，并以一定的内容、形式和价格展示给旅游者的过程。其中，有形产品设计需紧扣海洋旅游目的地景点及特色，而无形产品设计主要涉及服务方面，如海洋旅游线路、导游词、酒店服务及其他相关服务等，形成一条完整的海洋旅游产业链，进而提升海洋旅游目的地的吸引力。

2. 海洋旅游产品设计的意义

产品是某种物质或有偿服务项目的载体，销售产品才能创造价值。旅游产品就是旅游业获得经济效益和社会效益的载体。海洋旅游产品设计是海洋旅游开发最重要的一个环节。海洋旅游产品能不能吸引旅游者大量购买，关键就在于其产品的设计能否得到旅游者的认同并引起他们购买的欲望。因此，海洋旅游产品设计的好坏，直接影响其销售和生产。海洋旅游产品设计得好，不仅能够引导旅游者的旅游需求，同时，由于合理地配置了资源，盘活了供给，还可以带动当地其他行业需求的增长，甚至可以提升当地的政治、经济、社会形象。因此，海洋旅游产品设计对于海洋旅游业发展、区域旅游开发、旅游企业经营与发展、旅游者提升海洋旅游体验、旅游目的地形象与运营效益等方面都具有重要意义。

3. 海洋旅游产品设计的内容及要求

根据市场需求，对海洋旅游资源、旅游设施、旅游活动等进行规划、设计、开发和组合的过程就是海洋旅游产品设计。一般而言，海洋旅游产品的设计涉及两个层面：一是指设计更多的产品种类，而不是增加单一品种的数量；二是设计更多的好产品，即旅游者喜欢的质优价平、有浓郁地方特色、独特视觉感受、可供旅游者积极参与的海洋旅游产品。一个好的海洋旅游产品要在交通、餐饮、住宿、游览和旅游服务等方面深入挖掘可利用的资源，充分发挥海洋旅游产品在时空、内容、成本等特征的多层次变化，并加以合理组合，使这些产品经得起市场的考验。

首先，各种旅游要素要和谐流畅。在海洋旅游产品设计时需要吃、住、行、游、购、娱六大要素密切配合、环环相扣。当旅游人群类型发生变化时，要适当调整这些要素以达到和谐流畅的状态。其次，体现时空特征。海洋旅游活动有时具有这样的特点，即不在特定的时间内去观赏就体会不到这个旅游资源空间的独特，如澳大利亚每年5至11月是观鲸的最好时间。因此，海洋旅游产品的设计就是将不同时空的旅游活动通过不同形式的旅游交通工具相连接，从而组成连续空间，形成不同的旅游产品。在不同时间游客可以去同一个地方旅游，在相同时间游客可以去不同景点旅游。最后，关注成本。海洋旅游产品设计需要合理控制成本，以保证自己在同类旅游产品中的竞争优势，提高旅游产品的竞争力。

4. 海洋旅游产品设计的方法

海洋旅游产品设计，首先通过市场调研、可行性分析，确定有旅游价值的吸引点；其次对交通、住宿、餐饮、游览、娱乐、购物等要素要合理配置；最后将该产品调整到最佳性价比。海洋旅游产品的设计主要有以下两种方法：

（1）创新方法

产品设计创新。随着现代海洋旅游需求的多样化和市场细分的专业化，旅游产品的设计应该创新出更多层次的产品，以满足不同类型旅游者个性化的需要，降低被复制和模仿的可能性。因此，海洋旅游产品的设计创新应坚持五大基本原则：市场导向原则、独特性原则、布局合理原则、可进入性原则和经济性原则。

服务设计创新。人们生活水平的改善和自身文化素质的提高使得服务质量已成为旅游者选择旅游目的地的一个重要因素。服务创新必须不断根据市场变化、旅游者需求开发出为其"量身定做"的服务项目，大力开展"个性服务"和"感情服务"，为旅游目的地赢取更多的经济利益，还能为其赢得良好的口碑，从而提升海洋旅游产品的市场竞争力。

宣传设计创新。海洋旅游目的地的旅游产品，其运营和管理的目的是把它们推销出去，让更多的旅游者了解并接受。除了借助传统的报纸、电视、广播等媒体外，还可以采取其他宣传手段：利用海洋旅游节庆活动进行宣传促销；充分利用现代网络宣传，建立有特色的旅游目的地网站；在一些知名度高的网站上做广告或与之建立友情链接；提供各种优惠政策以提高旅游目的地及其产品在网民中的影响力。

经营设计创新。品牌认知是旅游者在选择海洋旅游产品时的重要依据。品牌战略的实施是海洋旅游产品在激烈竞争中脱颖而出的重要途径。海洋旅游产品的创新要建立在维护和保持品牌的前提之下，通过塑造海洋旅游目的地形象、创造品牌服务商标、品牌旅游产品和服务，来提高海洋旅游产品的竞争力。

（2）借鉴方法

借鉴方法就是通过分析以往海洋旅游产品的特点和市场定位，借鉴别的旅游目的地成功的经验、汲取失败的教训，根据自己对市场的认识和游客的需求，对现有产品进行重新包装，迅速获取收益的方法。旅游产品创新并不局限于开发新产品，实际上对已有产品的重新组合或对已有产品的内涵进行深层次开发也属于产品创新。该种方法的关键在于在改良的过程中认真分析自身的优势，并将自己的优势融入产品之中进行二次开发，最终开发出具有自身特色的海洋旅游产品。

三、海洋旅游产品开发

（一）现代海洋旅游产品的发展趋势

随着世界海洋旅游的快速发展，现代海洋与海岸带旅游发展将加剧海洋不同产业之间的资源和空间竞争。为了不断提升旅游目的地的竞争力，适应新经济下海洋旅游需求的不断变化，海洋旅游产品开发的主导趋势是产品的多样化和丰富度。多样化是根据海洋旅游需求的市场细分，针对不同海洋旅游目的地、不同客源国、不同年龄、不同性别、不同职业等设计的不同系列的海洋旅游产品，构成了一个庞大而完善的海洋旅游产品体系。而丰富度是目前海洋旅游产品开发所关注的新方向，目的在于除了为游客提供品种丰富的海洋旅游产品，更加注重产品的创新性、体验性和文化性，不断提升产品质量，加强旅游目的地的竞争力。

1. 注重创新思维

经济全球化和国际化对旅游业发展影响巨大，经济的重构导致海洋旅游产品从大规模生存到重新组织、推陈出新，不断开发不同的特色产品，以应对旅游消费的求新求异。成熟海洋旅游目的地基础设施日益完善，不断开发新产品来吸引回头客，而新兴的海洋旅游目的地也以崭新面貌出现力争市场份额。这样的竞争模式不断缩短海洋旅游产品的生命周期，使得海洋旅游新产品不断出现，老产品不断更新换代。

海洋旅游产品创新涉及建设传统旅游目的地内部边缘景区景点、重组旅游线路、优化旅游项目和产品结构、提高旅游服务质量、增加旅游产品种类、完善旅游环境和树立旅游品牌形象及延伸旅游主题等。所有创新的过程都必须以海洋旅游市场需求为导向，以更有效地满足旅游需求为目标，通过创新不断增强海洋旅游目的地的吸引力和海洋旅游产品的竞争力，通过创新不断创造需求，引领旅游消费潮流。

2. 挖掘文化内涵

除了产品设计与开发上注重创新性和体验性外，近年来海洋旅游产品的开发更注重产品内部深层次内容的挖掘，更倾向于海洋民俗、文化、科学知识上的开发。海洋人文资源具有丰富深刻的文化底蕴，是海洋旅游产品的重要构成，是海洋文化、文明和精神的重要组成部分。当地民族特色、明显的地域特点与历史轨迹是海洋人文旅游产品之特色所在。提升旅游产品品质、增加市场竞争力的有效手段之一就在于挖掘含有人文特色的海洋旅游目的地。

增加产品中海洋文化的含量是现代海洋旅游产品设计与开发的新要求。在旅游产品的开发过程中，将具有代表性的、自然的、人文的景观提取出来融入旅游产品，才能在旅游市场上独树一帜。近年来在这方面，各国纷纷提出主题旅游年，其中也包括海洋主题文化旅游年。这种依托地域文化特色所打造出来的大型化和集中化的旅游产品有利于旅游目的地对外宣传，提高人们对海洋地域文化的认知，从而树立良好的目的地形象，提升竞争力。

3. 强调体验度

体验经济时代要求现代海洋旅游产品开发必然关注其参与性与消遣性。旅游产品的体验化设计是吸引旅游者消费的重要因素之一。产品参与性越强，旅游者体验就越生动深刻。传统海洋旅游产品参与性的内容在不断增加，新的各种专项海洋旅游也更加注重参与性的融合。海洋旅游目的地能否开发设计出能够满足旅游者消费需求的旅游体验产品决定其最终能否在激烈的竞争中脱颖而出。

海洋旅游体验产品的设计要求深入调查和了解目标游客的需要和期望，确定鲜明的主题，注重产品的个性化和参与性，提供不断创新的体验产品，营造全方位的畅享体验。"畅"代表着产品体验的难易适中，是最优体验标准，而"全方位"要求从视觉、听觉、嗅觉、味觉、触觉各方面为游客提供全面的感官刺激，以调动游客的体验情感，增强体验效果。以参与性的活动为基本内容、融合当地民情民俗的消遣娱乐型旅游产品具有较高的成功率。

（二）我国海洋旅游产品开发现状

目前，我国的海洋旅游产品结构仍以观光度假为主，海洋特种旅游产品的开发刚起步。我国海洋观光资源的优势及滨海度假区功能和各类设施的完善，为海洋观光度假旅游产品的开发提供了一个先天的良好条件，海滨城市观光度假在海洋旅游产品中占主导地位。但我国海洋旅游产品的这种单一结构很难适应国际海洋旅游市场个性化和多样化需求。产品设计相似度高、地域文化特质挖掘有限、低端产品多而高端产品少、陆地产品多而海洋和深海产品少等是我国海洋旅游产品开发面临的问题。

在旅游产品设计方法上，我国多数地区并未深度挖掘自身文化特色，出现海洋旅游产品设计同质化现象严重。就现有的滨海度假旅游的建设和开发来说，滨海度假旅游产品同质化严重，仅凭阳光、沙滩、海水等自然资源作为旅游吸引物，太过于单一，且替代性极强，难以体现不同地区滨海度假旅游的差异性。就海洋国际市场而言，我国海洋旅游产品的开发与宣传仍旧在照搬传统 3S 模式，其长远的发展机制并不完善，因而对国际游客的吸引度并不高。对国际海洋旅游者的消费心理缺乏深入研究和认识，导致海洋旅游产品的文化定位模糊不清，与国外其他海洋旅游目的地的旅游服务相似度过高，影响了我国海洋旅游文化与旅游消费的进一步拓展，不利于海洋旅游产业的可持续发展。

在旅游产品开发水平上，偏低端少高端，偏陆地少海洋。我国现有的海洋旅游产品主要面向大众市场，普及型的观光度假旅游产品仍占据主导地位，技术含量高和有特色的产品开发度低，无法满足高端市场的需求。更多的游客喜爱滨海观光活动，但不热衷于体验海洋体育旅游产品，导致开发者积极性不高。其原因之一就是海洋体育运动类旅游产品的价格偏高，因此也导致了产品开发对滨海陆地旅游产品的关注比海洋或深海旅游产品要多。在地理空间的布局上，多数产品开发局限于近岸水域和沙滩，对海岛、深海等区域的开发力度不足，海陆旅游产品的衔接较少，水路整体联动不到位。

（三）我国海洋旅游产品未来的开发方向

结合现代海洋旅游产品的发展趋势及我国目前海洋旅游产品开发存在的问题，今后我国海洋旅游产品设计及开发的方向如下：

1. 构建多样化的产品体系

海洋观光、度假休闲、文化艺术、海洋运动健身、美食餐饮、康疗保健、节事会展、科教生态、商贸购物和游船游艇将是未来重点开发的十大类型海洋旅游产品。这样的海洋旅游产品集群，使旅游产品内容和形式多样化、层次化，对原有产品结构进行重组，构成海洋旅游产品功能平行互补体系，有利于海洋旅游产品内容的完整性，以方便各区域在开发海洋旅游产品时选择，避免雷同。

2. 重新定位，形成创新型海洋旅游产品

结合我国海洋旅游资源的现状，可将海洋旅游产品重新定位成多种开发模式，如特色风情渔村、海洋旅游产业园、海洋主题公园集群、滨海旅游度假区、邮轮、游艇基地和综合海岛开发等模式，并着眼于打造创新型的海洋旅游产品，包括新技术、新内容等，例如吃、住、行、游、购、娱六大旅游生产力要素的新技术、旅游服务与运营保障系统的新技术、能源节约技术、旅游促销和管理技术等。

3. 坚持地域文化特色的原则

海洋旅游产品的开发设计应注入文化标签，依靠文化品牌的主导力量，保证与自身文化形象的高度契合,进而突出地域文化的差异性,提高吸引力。在学习国外的先进经营理念和方式的过程中,不能一味照搬,要有效利用自身的地域优势构建自身的海洋旅游文化产品属性,这是海洋旅游产品设计与开发时应当遵循的基本原则。中国独具特色的古代航海文化、疍家文化、海洋文化名城、海盐文化、海洋文学、海洋民间艺术等都是独特的文化标签,有利于旅游产品在文化层面有所突破,创造产品的文化价值,凸显产品的文化意蕴,吸引中外游客驻足。

4. 迎合消费者心理需求,提高海洋旅游产品体验度

目前海洋旅游产品的开发在地域文化体验度上明显不足,其根本原因在于海洋旅游产品的开发设计过于宽泛,没有提炼主题,即打着"文化"的牌子走着"观光"的路线,造成了体验度急剧下降。在设计海洋旅游体验产品时,就如上面所说,必须深入挖掘本地的地脉、文脉与史脉,针对主导客源市场的需求来明确一个凸显个性与特色的、充满诱惑力的体验主题。例如,基于仙道文化、海洋文化、精武文化、港口文化等独具特色的文化,山东打造出蓬莱八仙文化主题文创旅游产品,将蓬莱文化与文化创意产业、海洋旅游产业、休闲产业等有机结合,形成具有示范性与推广价值的地域旅游模式。

第三节　海洋旅游效益

党的二十大报告指出,高质量发展是全面建设社会主义现代化国家的首要任务。海洋是高质量发展战略要地,现代化的海洋经济是推动高质量发展的重要支撑。海洋旅游的可持续发展要求海洋旅游目的地在开发、经营与管理的过程中应尊重自然规律,其效果应该是经济效益、社会效益和生态效益并重,但其负面影响也不可忽视。

一、海洋旅游经济效益

海洋旅游对国家或地区经济所产生的影响即为海洋旅游经济效益,包括直接效益、间接效益和诱发效益。直接效益是指游客在景区内的旅游活动中最初消费而产生的第一次经济效益;间接效益是指客的最初消费再次转移到国家经济而产生的第二次经济效益;诱发效益是指游客消费诱发直接、间接效益,以及由此引发的各领域消费支出的增加。这些经济效益都具有两面性,即积极效益和消极效益。

（一）积极效益

1. 增加收入收益

对于一个旅游目的地来说，旅游者的来访不仅为该地旅游业的经营提供了商业机会，而且因此获得的直接旅游收入，还会因其在该地经济中的流转而产生一系列的激发效应，从而对该地经济产生多层面的影响，旅游收入就是其中之一。一方面，海洋旅游的收入效益表现为游客最少单位的消费额给国家生产总值带来最小单位投资额，这实际就是个人的收入效益；另一方面，国际旅游外汇收入无论是对国家还是对有关的旅游接待地区，都是一种外来经济，有助于增加其经济财富总量，而国内旅游消费可以带动资金在国内区域间的流动和重新分配。

2. 增加政府财政收入

海洋旅游开发是增加政府财政收入和促进地方政府经济发展的最直接有效的途径之一。因而，各个地区的旅游开发或旅游产业的兴起恰恰是增加地区税收、促进地区发展的主要战略方针。海洋旅游业的发展可以为政府实现两种类型的税收，即直接税和间接税。直接税是以旅游产业为对象直接从旅游产业征收的税，如各旅游企业缴纳的营业税和所得税及其他税费。间接税是附加在游客消费的财物或服务上的，或者是从供应商利润中征收的税。例如，政府调节基金是海南省政府部门为增强政府对市场的调控能力，促进全省经济和社会事业的发展而向酒店和景点收取的一项基金。该基金由游客及消费者支付，各有关单位负责代收缴。

3. 增加就业机会

海洋旅游业的发展为旅游目的地提供就业机会和解决就业问题的意义重大。一个游客在海洋景区内发生的最小一个单位的消费可创造旅游区若干个就业机会。海洋旅游业的发展可带来三个方面的就业效果：直接就业效果是由游客在海洋旅游中的直接消费所发生的第一次就业效果；间接就业效果是指给海洋旅游产业提供各种原材料的相关产业就业效果，即海洋旅游需求的增加带动相关原材料供给的增加，从而也给相关原材料产业创造就业机会；诱发就业效果是指随着直接和间接就业效果的增加，地区内的消费也随之增加，从而相应地带来相关产业的投资增长。

4. 促进经济结构的多元化

海洋旅游的开发有利于地区和国家经济结构的多样化，意味着产业结构和就业结构的变化。例如，在海洋旅游发展中，渔村的最大变化是渔业这个主导地域经济发展的第一产业被旅游产业和相关服务产业所代替，产生了转型升级，就业也从第一或第二产业转移到第三产业。而这些渔村产业结构和就业结构变化则归因于由旅游开发导致的土地使用权转让，以及旅游产业代替传统产业，创造了新的就业机会。在没有开发旅游业之前，渔业是浙江省舟山市东极岛的主导产业，其产业结构的单一在一定程度上导致了渔业资源的紧缺。随着海洋旅游的开发，餐馆、民宿、酒店及零售店等不断出现，服务行业的从业人员不断增多，改善了当地的产业结构，有效缓解了渔业资源萎缩的压力。

（二）消极效益

1. 物价上涨

随着海洋旅游的快速发展及现代旅游消费水平的不断提高，许多海洋旅游目的地的物价发生了大幅度的上涨，特别是在旅游旺季，导致该目的地的物价上涨。当地居民的利益也势必受到损害，因为这种物价上涨会波及衣、食、住、行等方面的生活必需品。例如，每年10月开始，三亚逐渐进入一年中游客量最大的阶段，消费人群的增加，农家院、私人客栈、小商小贩都紧抓住旅游旺季带来的商机，纷纷涨价。随着海南冬季旅游的蓬勃发展，2019年三亚的房价较之20年前涨了10多倍。物价的上涨也会造成本地客源向其他旅游目的地的转移，造成经济流失。

2. 就业问题

海洋旅游的开发能够为旅游目的地创造更多的就业机会，增加经济效益，但就业增加经济效益并不意味着就业结构就变得合理。例如，海洋旅游的就业中，大部分当地渔民所从事的是非专职工作，都是临时职位或者较低的职位，虽然就业比例高，却出现了雇佣结构严重不合理的现象。同时，由于大部分从事海洋旅游服务工作的报酬高于务农，导致当地大量的青壮年劳动力弃农从旅，客观上也造成了当地产业结构的不利变化。此外，服务人员过低的经验和熟练度及个人素质，会严重影响游客在旅游目的地的体验和对目的地的印象。因此，为了就业职位或业务的均衡安排，应该为旅游从业人员提供能够学到专业技能的教育场所，提升个人素养和职业技能。

3. 经济流失

经济流失是指旅游区的所得中有一部分流到旅游区之外而非流入本地。经济流失现象是随着居民储蓄和缴税及外地人的收入而出现的。海洋旅游的经济流失范围与流失原因因地各异，但大体上源于七个因素：地区与国家的规模、经济结构的多样化、收入政策、供求关系、旅游开发政策、游客的素质和地理位置。准确把握海洋旅游中的经济流失倾向，是准确了解旅游的额外收支效果或所得效果的实际基础。这些流失包括各种税收、业主储蓄、异地原材料款支付、异地雇员工资支出等。其中最主要的经济流失是对异地雇员的工资支付。异地雇员的直接收入是从游客手中直接获取的服务费，而间接收入是旅游产业部门向异地供应商支付的原材料款、服务费等部分。因此，应该具体分析海洋旅游经济流失的发生原因和海洋旅游的实质性经济效果，制定相应的政策尽量减少旅游收入的流失。

4. 财政、企业支出压力大

海洋旅游需求的增加将会导致度假村或海岸等地方海洋旅游设施的过度使用。为了保障海洋旅游资源或海洋旅游设施的质量，需要必要的维持与保修。旅游企业一般将这些费用转嫁到游客费用里得到补偿，但在经济不景气的情况下转嫁到游客身上也不一定能完全得到补偿。即使经营者是公共团体，也只能通过入场费、使用费等形式得到部分补偿。因此在管理海洋旅游时经济费用需求较高，会给旅游企业造成一定的经济压力。而作为海洋旅游区的基础设施，在建设初期必须修建机场、港湾、道路等交通设施和通信设施。由于这些初期投资和后期管理及维修养护费用数额庞大，一般情况下由政府负责出资，这也给当地政府的财政支出带来不小的压力。

二、海洋旅游社会效益

旅游者及其活动对旅游地文化、宗教、道德、治安等诸方面的综合影响属于旅游社会效益。旅游区是居民和游客之间直接、间接接触和相互作用的场所。他们之间的反复接触无形中会形成一种主客关系。这种关系在旅游开发初期往往会因为经济效益而表现为居民对游客欢迎。但随着旅游的深度开发，居民和游客的关系会逐渐出现愤怒、敌对、无视等负面效果，因为游客不文明的行为"示范"会对当地的社会和文化产生不好的影响。

（一）积极效益

1. 增进人类和平与友谊

海洋旅游可以促进人们的相互依存关系，是加深人类和平与友谊的有效方法。从国际角度来看，海洋旅游活动的开展客观上为各国人们的友好交往搭建了平台。不同国度、不同民族、不同信仰及不同生活方式的人们相互直接接触和亲身交往，相比仅依靠网络等中介的间接沟通，更有助于增进不同国家人民之间的相互了解和理解，消除因缺乏了解而产生的误解、敌视甚至冲突。由此，海洋国际旅游活动的开展对缓和国际紧张及促进实现人类和平共处等方面意义重大。此外，海洋旅游业的发展也有利于对外树立国家的海洋形象和整体形象。基于亲身体会的良好口碑经过广泛的传播，其积极作用往往比传统的外交和宣传手段会更加有效。

2. 促进海洋民族文化的保护和发展

现代海洋旅游业的发展为一些传统的海洋习俗和文化的保护与发展创造了一个崭新的平台，很多几乎已被遗忘的海洋传统习俗和文化活动重新得到了开发和恢复。广西北部湾地区的海洋非遗旅游开发成效显著，参与体验型的海洋传统民俗节庆旅游产品有京族哈节、钦州伏波庙会、跳岭头等，体验型与考察型兼备的海洋传统手工艺产品包括北海贝雕技艺、北海疍家服饰制作技艺等。这些海洋文化遗产是海洋旅游目的地独特性及海洋非遗精神内涵之所在，对于促进当地经济发展也有重要意义。同时，对海洋民族文化的保护和发展，不仅为来访旅游者所欢迎，而且会使当地社会对自己民族的海洋文化增添信心和自豪感。

3. 推动科技交流与发展

科学技术的快速发展，特别是交通运输和通信技术的发展，一直都是人们实现海洋旅游需要、开展海洋旅游活动的重要条件。但海洋旅游活动的开展在客观上也推动了很多领域中科学技术的发展。2018 年 10 月，中国科学院海斗深渊科考试验队乘坐"探索一号"科考船顺利返回三亚，第三次完成了对马里亚纳海沟区域地球物理和深渊环境所开展的综合科学考察，多项科考成果取得世界性突破。海洋旅游活动的开展客观上也促进了科学技术的传播与交流。

（二）消极效益

1. 负面行为的"示范效应"

海洋旅游区居民因游客大规模的出现和长期频繁的接触会经历很多变化，其中因游客不良行为产生的示范效应最受瞩目。旅游者的消费行为及态度在一定程度上会刺激和影响当地居民，特别是当地青年人的思想和行为。游客经济上的富裕会使人产生羡慕从而诱发物质上的欲望，因而导致当地居民产生失落感。

2. 各种社会问题的增加

在海洋旅游区的社会问题中，消极的越轨行为多产生于脱离日常生活的游客中，如酗酒、卖淫、赌博、性暴力等行为。这些犯罪行为多是由他们对社会的不满、肉体上的疲劳、精神上的压力等问题所导致的，会破坏当地的传统文化和社会传统美德，助长错误的思想风潮，也造成人与人之间的矛盾。由于旅游区游客的激增，社会诟病现象也会增多，更多地出现在当地居民的行为当中，表现为在社会剧变中引起的各种心理问题和行为，如社会规范被瓦解和社会凝聚力被弱化，从而诱发各种社会矛盾。这些都会对当地社会的长久治安和稳定造成严重的影响。

3. 海洋文化被过度商业化

为了迎合游客的喜好，海洋旅游区的固有海洋文化在发生着变化，即为了提高商品价值只注重文化的表面因素。外来游客对海洋艺术品或工艺品需求的增加是加速固有海洋文化商品化的催化剂，而游客对海洋旅游区文化兴趣和关注度的增高，加快了固有海洋文化商品化的倾向。久而久之，有可能歪曲海洋传统文化的本质，使之变得世俗化，丧失文化的整体性，导致文化发生变异。例如当地海洋传统民间习俗的展现和节庆活动被过度地商品化，改变了传统特定的时间、地点或场合、内容和表现方式，被硬性地搬上"舞台"，并且表演的节奏明显加快，失去了其本身真实的文化意蕴，变为一种纯娱乐性表演，有可能会导致居民对自身文化自豪感的丧失。再者，海洋文化的过度商品化也表现为对海洋传统的手工艺品所进行的机械化式的大批量，产生了很多粗制滥造的赝品，不可避免地损害和贬低了当地文化的形象和价值。

三、海洋旅游生态效益

海洋旅游生态环境效益主要指的是海洋旅游与生态环境之间的共生和矛盾关系。良好的海洋生态环境是海洋旅游发展的基石，而海洋旅游产业对维持和保护良好的生态环境也可以起到教育和引导的作用。党的二十大报告中赋予自然资源及海洋工作新要求，需要统筹好开发与保护两种关系，这为海洋旅游的可持续发展奠定了基础，同时能够增加海洋旅游的积极效益，大大降低消极效益。当旅游产业或旅游活动对旅游区自然环境带来不良影响时，旅游和环境之间会发生否定的关系，产生一系列负面效应。海洋旅游活动所产生的环境问题绝大部分是发生在游客身上的，也不乏旅游目的地在开发建设过程中忽视了对环境的保护和维护。

（一）积极效益

海洋旅游目的地的开发有利于维护、恢复和修整一些历史建筑和古迹遗址，为人们提供了更多的休闲和娱乐场所及相关设施，改善了交通运输服务等基础设施及海洋旅游接待地区的环境卫生。例如，近年来，三亚整顿街道风貌的陈旧杂乱，重新回归骑楼风格，增添了海滨城市情调，不仅改善了居民的生活环境，也大大提高了游客的旅游环境质量。此外，三亚还对破损道路进行了修复，设置机非隔离带，恢复人行道的休闲功能，增加休闲座椅和道路绿化，将人行道上的供变电箱、通信箱等占用道路的设施全部入地，还路于民。三亚有轨车的建设方便了市民出行，在旅游旺季也起到缓解交通压力的作用。

（二）消极效益

1. 水体环境的影响

大量的酒店、餐厅、俱乐部等公共设施出现在海洋旅游目的地的滨海区内，每天产生大量垃圾和污水未经处理直排入海，对海水水质造成严重污染，危害游客健康。在旅游旺季，游船、水上运动、潜水等旅游活动对水体环境影响很大，大批旅游者集中涌入滨海旅游带，过量垃圾残留的堆积导致海水自净能力急剧下降，受洋流影响垃圾又漂向更远的海面，清理难度大、成本高。

2. 气候环境的影响

随着汽车使用率剧增，国内大部分游客都在自驾旅行。由于海洋旅游需求的增加，造成海洋旅游区或度假区内车辆增加，因此旅游旺季时加剧了景区内的污染。

3. 生物环境的影响

随着海洋水体环境的变化，水质营养化，水中氧气数值提高，水质变差，致使水中动植物的数量、种类及其生长受到严重的威胁。海洋生物误食水体中残留的垃圾废弃物容易导致其死亡。由于游览海岸或海里的海洋动物栖息地的游客数量的增加，造成旅游区人口密度的加大，导致海洋动物的栖息地渐渐消失。随着对各种海洋动物纪念品的需求增加，造成过度的旅游商品化。

4. 生态景观的影响

大量酒店客栈、临海别墅、餐厅等建筑物出现在滨海旅游带是对滨海海岸景观带生态环境的极大破坏。海洋旅游活动还会对海边植被产生影响，如随意采摘花草树木致使海边植被的结构发生变化；野外生火或吸烟导致火灾；伐木或搭帐篷造成小树变形；垃圾堆积造成土壤营养成分的变化；旅游设施和交通设施的改建、扩建，造成植被群的改变。

5. 其他

此外，交通工具的增加产生交通混杂的现象；过多的海洋旅游设施的使用和设置，导致地区内供水不足的问题；汽车或飞机的使用增加，导致地区内的交通拥堵和噪声污染。旅游旺季人口的暂时集中，导致地区内文化、娱乐等各种设施和基础设施出现不足等现象，造成了供需矛盾紧张的问题。

以上所总结的一系列海洋旅游的正负面影响，几乎都与海洋旅游开发建设中的政绩化、功利化、低层次化有关。在可持续发展的理念下，海洋旅游的发展应该看到并积极发扬其正面影响，而对于负面影响，不可忽视或回避，需要社会协同治理，保持权力和权利的平衡与协调，使政府、社会组织、社区、商家、旅游者等所有利益相关者共同参与、共管共治、协同行动，形成良性循环，尽量规避负面影响的产生或恶化。而如何使海洋旅游的发展与维护经济、社会和生态环境实现协调，如何有效克服海洋旅游业发展带给旅游目的地的负面影响，仍是未来海洋旅游发展中的核心问题。

思考题

1. 论述海洋旅游需求在市场定位中的作用。

2. 结合我国目前的海洋旅游市场定位，分析海南海洋旅游业的发展现状。

3. 学习海南自贸港建设的相关文件，讨论海南海洋旅游产品的开发与创新。

4. 结合本章有关海洋旅游效益的内容，判断海南的海洋旅游效益。

参考文献

[1]Papageorgiou M. Coastal and marine tourism: A challenging factor in Marine Spatial Planning[M]. Ocean & Coastal Management, 2016, 129: 44-48.

[2]Orams M. Marine tourism: Development, impacts and management[M]. Mark Orams. London: New York, Routledge, 1999.

[3]Kotler P, Armstrong G. Principles of marketing (17th Edition)[M]. Harlow: Pearson Education Limited, 2018.

[4]陈扬乐，谢详项. 旅游学概论[M]. 黑龙江：哈尔滨工程大学出版社，2012.

[5]李天元. 旅游学[M]. 北京：高等教育出版社，2011.

[6]马丽卿. 海洋旅游学[M]. 北京：海洋出版社，2013.

[7]林南枝，陶汉军. 海洋经济学[M]. 天津：南开大学出版社，2009.

[8]张素娟，宋雪莉. 旅游产品设计与操作[M]. 北京：化学工业出版社，2018.

[9]李天元. 旅游学概论[M]. 7版. 天津：南开大学出版社，2014.

[10]李隆华，俞树彪．海洋旅游学导论[M]．浙江：浙江大学出版社，2008．

[11]刘伟．海洋旅游学[M]．北京：旅游教育出版社，2016．

[12]谢彦君．基础旅游学[M]．2版．北京：中国旅游出版社，2004．

[13]张佑印，马耀峰，李创新；国内海洋旅游市场规模特征及繁荣度研究[J]．地域研究与开发，2015，34（6）：98-103．

第三章　海洋文化与海洋文化产业

【学习目标】
- 掌握文化、海洋文化、海洋文化分类等基础知识
- 掌握海洋文化产业概念与分类
- 了解海洋文化产业发展模式
- 掌握海洋文化产业的路径方向

【知识要点】
- 海洋文化、海洋文化产业
- 海洋文化产业的发展模式
- 海洋文化产业未来发展路径方向

第一节　文化与海洋文化

一、文化

"文化"最早见于古籍《周易》："观乎人文以化成天下"，就有关于文化的记载。最早把文化作为一个概念提出来的是英国文化人类学家爱德华·泰勒，在他 1871 年出版的《原始文化》一书中，他将文化的含义表述为："一种复合体，它包括知识、信仰、艺术、道德、法律、风俗，以及其余从社会上学得的能力与习惯。"后来其他国家的社会学家、文化人类学家，如奥格本、亨根斯等对泰勒的定义进行补充修正，补充进了"实物"的文化现象，把泰勒的文化定义修正为："文化是复合体，包括实物、知识、信仰、艺术、道德、法律、风俗，以及其余从社会上学得的能力与习惯。"

一般地，从范畴和内涵上文化可被分为广义和狭义。广义文化分类，有"两分法""三分法"和"四分法"等。物质文化和精神文化属于"两分法"；从物质、制度、精神三方面划分为"三分法"；"四分法"则把文化分为器

物、制度、风俗习惯和思想与价值四个层次。物态化的文化属于器物层面，指可感知的人类物质生产活动及其产品的总和。制度文化层是人类社会实践中建立的经济、政治等各种社会规范。行为文化呈现为人类的日常生活行为，是具有民族和地域特色的风俗习惯。人类的价值观念、审美情趣、思维方式等构成思想价值文化，表现为艺术、宗教、道德等形态等。

二、海洋文化内涵

海洋总面积约 3.6 亿平方公里，占地球表面的 71%。自古以来，人类起源和人类活动，都与海洋密切相关，伴随着人类社会经济的逐渐发展，也创造和形成了丰富多彩的与陆地文明有明显差异的海洋文化。

海洋文化是人类与海洋的互动关系及其产物。人类社会在漫长的社会实践中，在认识、开发、利用海洋的过程中，历经历史发展的各个阶段形成人类有关海洋的物质文明和精神文明。海洋文化由世界范围内海洋各区域、各民族各国的海洋文化呈现出来，各区域、各民族（各国）的海洋文化有其作为一般海洋文化的共性，又有其各自区域、国家乃至民族的千差万别。其具体内涵及其表现形态有共性又有个性。曲金良教授对海洋文化内涵这样解读："海洋文化，就是和海洋有关的文化；就是源于海洋而生成的文化，也即人类对海洋本身的认识、利用和因有海洋而创造出来的精神的、行为的、社会的和物质的文明生活内涵。海洋文化的本质，就是人类与海洋的互动关系及其产物。"中国历史上，中华民族与海洋的互动关系悠久深远。考古发现，在中国黄海、渤海沿岸一带发现了多处被称为"贝丘遗址"的古文化遗存。这些海洋文化遗存是早期人类食用海洋贝壳类生物后堆积而成的，其遗存发现印证了中国山东地区先民靠海吃海的历史。后来人类放养鱼虾、引海水晒盐等实践推动了人类和海洋越来越密切的关系，遗存下很多人类智慧和海洋互动关系中形成的物质文化结晶和载体。与此同时，人类与海洋的互动也形成了关于海洋的宗教信仰、海神崇拜、历史传说、民俗节庆、价值体系、艺术作品等，成为海洋精神文化的重要组成部分。在中国海洋文化中广泛流传和传承的妈祖、八仙过海、精卫填海等神话故事，都是人类源远流长的海洋文化的重要组成部分。

三、海洋文化特点

相对于大陆文化而言，海洋文化是在与海洋相关的独特的环境中生存繁衍的人类社会，经历漫长的历史时期，形成的独特的族群文化。根据王颖

（2010）、尚方剑（2012）、陈涛（2013）等论述，综合学者多方观点，海洋文化的特点如下：

（一）海洋文化具有海洋性与区域性

海洋性是海洋文化区别于其他文化最本质的属性。海洋文化的产生伴随着人类认识、开发利用海洋的始终，是在特殊的自然环境中形成和发展的海洋文化，因海洋浸润而呈现为鲜明的海洋特色。人们常说海洋文化是"蓝色文化"，蓝色的"色彩"属性就是海洋性。就中国而言，不管是"渔盐之利、舟楫之便"所形成的渔业文化、盐业文化、舟船文化、航海文化等物质层面文化，还是历代海疆、海防、行政、海漕、专卖、税赋等内部制度文化都直接或借鉴源于中国海及其相连的世界海。

海洋文化的区域性，指其因为海洋族群所在区域的海洋环境、资源特点及经济发展水平差异形成的特色和特征。15世纪～16世纪的地理大发现、宗教传播、移民与港口城镇建设、海洋贸易、现代科技与油气开发等，组成了大西洋海洋文化的特色内容。地中海文化具有航海发现、掠夺与海外开拓、多语种与殖民地文化、宗教、文艺复兴、多民族结构、农耕、田园与酿酒文化等独特之处。太平洋文化早期是西部的亚太文化——秦、汉、唐、明之儒家文化与佛教文化，向日、韩、东南亚诸国传播。海岛文化是太平洋海洋文化的重要特征，自北向南，跨越不同气候带的众多海岛，历经不同陆地国家不同历史阶段的政治经济影响之后，在种族、语言、文化、宗教与艺术活动等方面形成独有特色，如大和族文化、朝鲜族文化、汉族闽粤文化，以及夏威夷太平洋群岛与澳洲、新西兰等海岛移民文化等。

（二）海洋文化具有开放性和包容性

海洋漫无边际，地球因为海洋各地联通，开放、传播成为海洋文化的本质特征。海洋因为水的流动性而使海洋文明超越陆地限制，呈现为自由和开放状态，浩瀚的海洋是海洋文化的源泉，同时也是海洋文化连接外部的通道和纽带。随着社会的进步和发展，海上交通和海外贸易等经济活动进一步推动了海洋文化的开放性和拓展性。人类历史上，沿海国家依海而居、靠海为生、倚海而富，在劳动生活中形成了各自的海洋文化，从希腊到中国，人类在东西方创造生成了灿烂的具有东西方特点的海洋文明。

与大陆农耕文明的安土重迁不同，在海边的居民劳动与生活本身就具有更强的活动性，漂洋过海使海边居住的人可以碰触和见识更多的其他文明，他们眼界开阔，长此以往，他们也乐于接受新的事物和新的世界。西方海洋文化发源地希腊，从土地资源和气候条件等方面都不太适合农业生产，有限的耕地和单一的作物无法满足人口增长的需求，希腊人就选择与海外其他民族交换产品或移民海外。对本土物产之外的产品的需求，使得海洋社会的人们逐渐习惯和乐于接受外来事物，因此对于与众不同的物品和现象的包容性越来越大。海纳百川，有容乃大，海洋的博大造就了海洋民族宽广、包容的胸怀。历史上海洋文化的对外联系和张力也证明，开放程度越高，发展速度就更快，反之则越慢。

（三）海洋文化具有开拓性和进取性

海洋作为地球重要的构成部分一直是人类探索的目标。海洋变幻多端、自由奔放、神秘莫测，充满着无限风险和未知。船航行在海上，在浩渺航行中发现新的陆地或岛屿，这种发现充满了新奇和收获，鼓舞人类探索更远的海洋和更远的所在，人类的各类探险和发现充满了海洋开发的历史，其中蕴含的是海洋文化的开拓和进取。自古至今，人类在浩瀚海洋的探索发现中表现出各民族的勇气和信念，成为各自海洋文化的一部分。开拓性这一特征从海洋文化形成之始就成为其本质。在不断拓展生存空间中拓展经济活动范围。离开平稳的陆地进入海洋，需要足够的物质准备和精神准备。中外历史上的海洋民族，在征服了临近陆地的近海之后，都是进一步把探索的足迹拓向远方，远离大陆和故土，航向更远更具有未知魅力的远洋和世界。其中，科技的进步是基础和物质保障，但人类的探索未知的无畏和进取精神是引领他们不断前行的精神支柱。海洋文化培养了人类征服海洋的能力，锻造了人们探索海洋不断开拓的精神和创新创造力。

（四）海洋文化具有重商性

海洋文化的重商性，是指人们在开发和征服海洋的过程中，以经济利益为目的。这是由海洋文化的内容决定的。在中国海洋文化传统中，"渔盐之利、舟楫之便"的"八字方针"，就是对海洋文化重商慕利基本特征的高度概括。海洋文化产生的经济基础是海洋贸易、交通、渔业的兴盛，海洋文化因商而兴、因商而盛，海洋文化具备了浓厚的商业经济属性。跨海买卖，将各国与海外世界不同地区的经济物产和经济生活连接起来，将不同地区的文化连接起来。海洋文化的重商性，与自给自足、重农抑商的农业文明有很大差异，这是海洋文化与农业文化的差异。海洋文化在地理大发现时代攀升到顶点，其在美洲非洲所掠夺的大量财富成为日后资本主义发展的重要资本。历史上由古至今，各国争夺海上霸权的根本出发点都是争夺海洋带来的无限利益。17 世纪的荷兰政府将人数众多、对财富充满强烈渴望的商人阶层的爱财之心转化为比王权更强大的武器和力量，将精明的中间商变成远洋航行的斗士，依靠他们去开辟前往东方和美洲的航线。

四、中西海洋文化历史差异

中西海洋文化的差异源于不同的地理环境。在生产力较为低下的古代，航海活动的范围被局限在海流平缓、海岸曲折、岛礁众多的近海区域。对中西海洋文化历史差异，学者刘家沂、肖献献（2012），赵子彦、李强华等（2011），何莹（2007）有不同角度的比较研究，综合观点如下。

地中海是欧洲海洋文化的发源地。处于欧、亚、非大陆之间的地中海是一个陆间海，被称为"上帝遗忘在人间的脚盆"。这个区域陆海交错、港湾纵横，海平面波平浪静，为地中海区域人类从事商贸活动创造了得天独厚的地理条件。地中海中岛屿星罗棋布、海岸线曲折、半岛众多、陆海交织，船只遇到危险时很容易就能找到港湾休整。历史上地中海人的航海业和海上贸易十分发达，形成了向外展拓的海洋文化，地中海成为人类海洋文明的摇篮。地中海周边的北非和西亚，是人类文明的两大发源地，地中海把几大文明联系起来，互相交流、互相促进。由此，地中海区域居民对海洋的认知是：海洋能带来财富，充满了机遇和挑战，搏击海洋可以成为英雄。

地处亚欧大陆东部的中国，大陆地域广阔，内河流域土地肥沃，气候温和，农业文明发展成熟，物产丰富，北方草原的游牧社会、中原的农耕社会和东南的海洋社会形成了成熟的产品交换流通体系，在一定的地域范围内实现了自给自足。而在中国东南的太平洋，浩瀚汹涌一望无际，海外的文明相对于当时的航海能力遥不可及，在古代中国人意识中，出海源于生活所迫，是冒险行为。在这个地域范围内，最先进的文化是中原大河流域的农耕文化，是主流文化，而草原文化和海洋文化始终都只是补充。受主流文化影响，中国海洋文化带有某些农耕文化的特质，相对保守、内向。历史上，中国也有以商品交换为目的的海外贸易。官方组织的海外贸易常带有宣威海外、夸耀富足的政治目的，往往秉持厚往薄来的态度，交换得来的物品一般都是贵族享用的奢侈品。民间的海外贸易在国家政策的夹缝中艰难存续，交换所得的物品多为珠宝、香料和药品，虽然起到了改善中国人生活的作用，但却不是生存必需品。

中、西海洋文化因其共同的海洋文化属性，具有了许多共同特征。同时，由于所处的地理和政治文化环境不同，又各自拥有文化的独特性。西方海洋文化的外向性、商业性和扩张性，成就了近现代欧洲文明。而中国传统海洋文化中的和平交往、平等贸易，符合当代和平、共赢的主旋律。我们了解海洋文化，不仅要了解那些共同的特征，也要了解不同海洋文化各自的独特性，取长补短，才能找到一条既适合于本民族特质又契合于时代精神的海洋发展之路。

五、中国海洋文化主要类型

中国作为海洋大国，渤海、黄海、东海、南海及台湾岛以东太平洋海域都是中国的领海。基于具体内容视角分类方法，席宇斌（2013）把中国海洋文化划分为 6 类：海洋农业文化、海洋商贸文化、海洋军事文化、海洋宗教文化、海洋民族民俗文化和海洋旅游文化。

（一）海洋农业文化

许多专家都认为，中国古人把海洋看作陆地农田的延伸或补充，农业特征明显，因此中国古代海洋文化主要为海洋农业文化。中国古代开发海洋的指导思想是"籍海为活，以海为田"，反映了中国古代海洋农业文化的基本内涵。民以食为天，靠海吃海是沿海农业经济区生产活动的重要内容。沿海活动就一直具有原始采集经济的活动的特点。自古以来，历代沿海先民把耕海作为获取生活资料的一个重要来源，以海为田，史料中关于潮田、蚝田、蛏田、蚶田、鲻池、珠池、盐池、海洋药物的记载随处可见。《黄帝内经》《神农本草经》《本草纲目》也都记载了大量的海洋药物及其功效。源于生产力发展的局限性，中国人的海洋活动始于农业性海洋活动，如海洋养殖与捕捞、潮田、潮闸、盐田、海塘等，航海和海洋贸易产生比较晚，而这些带有农业性的海洋活动应该说是大量、长期和稳定地存在着的。

（二）海洋商贸文化

从事耕海的先民，获取渔、盐、珠，以换取其他生活必需品。海洋商贸文化源于海洋农业文化，海洋农业文化成为孕育海洋商贸文化的土壤，由小及大，繁荣发展，商贸区域也从中国到世界。中国的海外贸易一度对某些朝代的国家财富和政府运作起到了巨大的支持作用。泉州、琅琊、钱塘、番禺和东冶等一批海港城市形成于汉朝沿海与内地商品贸易活动中，唐宋时期，从中国东南沿海到东南亚、印度半岛、阿拉伯半岛乃至东非的海上丝绸之路达到繁荣鼎盛，沿海地区很多都"商舶往来，聚而成市"；明朝初期郑和下西洋进行了大量的海外朝贡贸易、官方贸易和民间贸易，但明清长达数百年的禁海政策，使中国丧失了与世界同步发展的最佳时期。

（三）海洋军事文化

不同国家或地区之间为争夺海洋主导权产生摩擦甚至战争源于耕海或海

上贸易带来的利益诱惑。海洋军事文化，是海洋文化与军事文化交汇融合的产物，是军事文化在维护、捍卫海洋问题上的延伸和深化，是人类社会在海洋军事实践中形成的文化，主要包括人对海洋价值的认识、海洋利益争夺遗存、海洋军事力量、海洋军事科技、海洋军事地理和海洋军事意识等。明朝以来，日本倭寇不断对中国沿海一带进行侵扰，产生了戚继光、俞大猷、胡宗宪和唐顺之等著名的抗倭名将。郑成功也是横跨台湾海峡，利用海水涨潮的自然现象，海陆并攻，打败了荷兰人，收复了台湾，使台湾回到了中国的怀抱。而大沽口之战、中法马尾海战、中日甲午战争等海上战争则见证了清朝的衰亡，甚至连日俄战争也是为了争夺中国的旅顺港。抗倭、抗击帝国主义，一系列的海洋战争留下了众多的遗迹与事迹，谱写了可歌可泣的古代、近代中国海洋军事史。而甲午海战纪念馆、马江海战纪念馆也在提醒着世人勿忘国耻，建设海上强国。

（四）海洋宗教文化

古时海上航行经常由于风浪袭击而导致船沉人亡，因此海员们就将平安航行寄托于神灵保佑，从而形成了具有海洋特点的宗教文化。海洋宗教信仰文化是沿海居民在漫长的历史进程中积淀形成的一种特色文化，是沿海居民生活的重要组成部分，具有极高的历史价值、精神价值和科学价值。

在漫长的历史长河中，不同地区、不同时代的沿海居民形成了多种多样的宗教信仰，影响较广的包括佛教信仰、道教信仰、妈祖信仰、龙王信仰等。妈祖是最受民间敬仰的海神之一。妈祖，又称天妃、天后、天上圣母、娘妈，是历代海洋贸易者、船工、海员、旅客、商人和渔民共同信奉的神祇，许多中国沿海地区及日本、东南亚，甚至欧美地区都有妈祖庙、天妃宫或天后宫。在中国沿海和岛屿地区，"海龙王"也是民间信仰中普遍的海神，从南到北各地多敬称之为"龙王爷"，尽管龙王爷信仰与海神娘娘信仰（南方多称之为妈祖，北方多称之为天后）在功能上互有共通和交叉，但一般而论，龙王爷信仰主要是渔民社会的信仰，海神娘娘信仰则是海商社会的信仰。

（五）海洋民族民俗文化

民俗，即民间风俗，其源于人类社会群体生活需要，在特定民族、时代和地域形成、传播和演变。海洋民俗是形成了流行于沿海地区和海岛等特定区域范围内的民俗，其产生、传承与变异无不与海洋有密切关系。每个滨海的国家和民族，都有各自不同的海洋民俗。

中国沿海地区生活的人们，历代相沿积久而形成了独具特点的风俗习惯，体现在服饰、饮食、建筑、婚丧、语言和禁忌等诸多方面，有些甚至形成了一个民族或特殊群体。为便于海上作业，沿海居民多戴斗笠，身穿短衣短裤且裤腿肥大，如福建惠安妇女服饰。在中国八大菜系中，鲁菜中的胶东菜、粤菜中的广州菜和潮汕菜、闽菜中的福州菜和莆仙菜、浙菜中的宁波菜和温州菜都具有浓厚的"海味"。胶东地区海草房用海草做顶，并以渔网罩之，而大连话更被形容为有一股"海蛎子味"。在人类海洋经济活动中，造船、航海、渔业海洋相关主体行业也形成了行业民俗。

（六）海洋旅游文化

旅游活动是人类离开惯常环境的休闲活动，旅游产品作为满足旅游体验的重要形式，产品开发源于对海洋历史文化的挖掘和提炼。以海洋文化为旅游资源进行开发和利用，在旅游者、旅游目的地和旅游媒介相互作用中形成海洋旅游文化。海洋文化的多样性和异质性对旅游者产生吸引力，海洋旅游与其他主题旅游一样，其吸引力重要因素来源于旅游者对各地海洋地域文化差异的好奇，从而产生体验和消费动机。世界各大洋不同的海洋文化，以鲜明的区别于陆地文明的表现形式催生了世界各地的海洋文化旅游。海洋文化中丰富的物质文化如渔民民居建筑文化、船舶技术文化等与语言、信仰、习俗、艺术等精神文化遗存，成为海洋文化旅游开发重要旅游资源。同时，在人类海洋旅游活动中，通过挖掘和重现，海洋文化因为海洋旅游的开发而更多地呈现为显性要素，反过来推动海洋文化的发展壮大和广泛传播。

近年来，海洋旅游文化发展较为迅速，形式丰富，除在滨海开展旅游活动外，海洋极地馆、海洋主题博物馆和海洋主题公园等分布也十分广泛。中国青岛海洋节、舟山群岛·中国海洋文化节、象山开渔节、莱州国际沙雕艺术节等现代海洋节庆则是人们了解海洋的又一个窗口。目前，中国有多家以海洋为主题的国家旅游度假区、国家风景名胜区、5A 级旅游景区，参观海港码头作业成为部分滨海城市的旅游线路之一，吃渔家饭、住渔家屋、干渔家活为主要内容的"渔家乐"成为都市市民旅游休闲的重要选择之一。2011 年5 月，国家海洋局公布了首批国家级海洋公园，这是开发利用海洋旅游资源的最新形式，也必将促进滨海旅游业的发展，丰富海洋旅游文化的内容。

以上文化分类，从时间顺序来看，海洋农业文化形成时间最早，海产品的交换形成了海洋商贸文化，由海洋所带来的利益是海洋军事文化产生的根源。海洋宗教文化、海洋民族民俗文化则是伴随着沿海人类整个历史活动不断沉淀和积累而形成的，海洋旅游文化以其他海洋文化为土壤，形成时间最晚。各文化之间不可避免地有重叠之处，存在"你中有我，我中有你"的交融关系。

第二节　海洋文化产业概念、特征与分类

　　海洋作为人类生存和发展的基本环境和重要资源，在世界经济进入全球化的当今，扮演着越来越重要的角色，在全球经济活动中发挥着重要作用。海洋蕴藏着极其丰富的具有巨大经济价值的各类资源，为人类社会经济发展提供了广阔的空间。伴随着陆域资源巨量的开发和使用而造成的资源短缺，许多国家把视野延伸到海洋，海洋的开发利用成为各地区国家战略的重要组成部分，2021年3月颁布的《中华人民共和国国民经济和社会发展第十四个五年规划和2035年远景目标纲要》中，第九篇用一个独立章节阐述"积极拓展海洋经济发展空间"，提出：坚持陆海统筹、人海和谐、合作共赢，协同推进海洋生态保护、海洋经济发展和海洋权益维护，加快建设海洋强国。要求：建设现代海洋产业体系，围绕海洋工程、海洋资源、海洋环境等领域突破一批关键核心技术，推进海水淡化和海洋能规模化利用，提高海洋文化旅游开发水平。

　　文化是财富，同时又能产生财富。广阔的海洋国土中蕴藏着巨大的、不亚于陆地的资源，丰富的海洋文化为我国海洋文化产业提供了良好的基础，它随着全球范围内的工业化和现代化产生和发展起来，是一个集中代表现代经济、社会和文化发展的全球性新兴产业。中国海洋文化产业发展的历程，是中国海洋文化产业实现自我建构、自身发展的过程，同时也是中国海洋文化产业战略不断调整、不断提升的过程。从更高的国家层面来看，中国海洋文化产业的发展历程是整个国家宏观战略实现由"重陆轻海"到"海陆统筹""海陆兼顾"历史性转变的一个重要体现。对于中国海洋文化产业而言，发展中国海洋文化产业的意义并不局限于自身。

一、海洋文化产业概念

　　作为有特殊禀赋的海洋文化本身其所包含内容丰富多彩。中国海洋文化有悠久的历史，在当今时代，文化作为资源与产业融合对经济的发展有着越来越重要的意义。海洋文化产业化的过程就是海洋文化物化过程。它基于对海洋文化的挖掘和认识，通过对海洋文化的提炼和创新性再造，开发出市场需要的海洋文化产品，实现海洋文化的产业化发展。海洋文化产业是推动国家文化战略的重要力量，提升海洋文化产业的影响力，对促进国家文化"软

实力"的提升有重大意义，通过发展海洋文化产业，促进中国与其他国家、地区民族之间的文化交流，增进不同海洋文明之间的沟通与融合，在此基础上相互吸收、互相借鉴，在达成共识的基础上促进国家之间、地区之间的互利互惠、合作共赢，是海洋文化产业不可忽视的重要作用和功能。

关于文化产业的概念内涵，联合国教科文组织解释为，文化产业就是按照工业标准生产、再生产、储蓄及分配文化产品和服务的一系列活动。2004年由国家统计局发布的《文化及相关产业分类》中，从统计意义上对文化产业进行了官方权威的界定。分类中明确了文化产业是为社会公众提供文化、娱乐产品和服务活动，以及与这些活动有关联的活动的集合。因此，文化产业是从事文化产品生产和提供文化服务的经营性行业。基于以上对文化产业的解释，结合海洋文化特征，王颖（2010）对海洋文化产业的定义是"海洋文化产业是指从事海洋文化产品生产和提供服务的经营性行业，其本质是海洋文化的产业化"，研究者将这个概念细化为以下含义，具体含义解读如下：

1. 从性质上来说，生产销售海洋文化产品、提供海洋文化服务的经营性行业就是海洋文化产业，其目的是创造经济价值。

2. 从产业过程来说，海洋文化产业是按照产业化的方式和手段经营文化，并将海洋文化产品的生产和分配纳入产业运行的轨道中。

3. 就产业功能来说，满足消费者及市场的精神需求是海洋文化产业的主要功能。海洋文化和产业化两大要素构成了本书所研究的海洋文化产业，其中以海洋文化为基础，产业化是结构，它们分别决定了产业发展的根本动力和经济构成。

二、海洋文化产业的特征

海洋文化产业作为文化产业重要的组成部分，其基于海洋文化的挖掘、利用和提升，既具有文化产业的一般性特征，又具有海洋文化与经济结合的独特性，海洋文化产业的特征为：

（一）文化与经济的结合

文化是文化产业的资本，从文化产业诞生之日起，就注定了文化与经济密切的关系，文化产品的核心价值来源于产品所具有文化禀赋，同时作为经济发展模式的文化产业又反过来推动文化的发展。因为文化具有意识形态属性，它具有教育、审美等导向功能，最终提高人们的思想道德修养、科学文化水平，培育社会精神文明，因此文化产业与经济的结合在当今社会中发挥越来越重要的作用，在其发展过程中，需要把握正确的方向。文化产业既要遵循经济规律研究市场需求来实现经济价值最大化和产业增值，同时在文化产业发展中，要注意其经济效益和社会效益的同等重要性。作为一种独立的产业类型，海洋文化产业基于海洋文化的资源基础，其产品的表现形式如海洋节庆等和开发模式等带有海洋文化的鲜明特点，这也是其区别于其他文化产业的独特内涵和本质特征。

（二）鲜明的涉海性特征

因为海洋文化产业与海洋本质的关联，涉海性成为其本质特征。海洋文化产业获取的经济利益是基于对海洋文化资源的开发和利用，通过产出海洋文化产品而实现的。海洋文化产业依赖于海洋文化资源的开发和利用，依赖于海洋空间的承载，海洋的特性和海洋文化的特性都影响和决定着海洋文化产业的特性，也深刻地影响着海洋文化产业的发展。例如海南省地处热带和亚热带的海岛，具有鲜明的热带海洋性气候特征，在中国大陆大部分地区进入冬季的时候，海南岛成为理想的避寒胜地，海南旅游中以热带海岛和热带海洋为主题的海岛休闲、海洋休闲项目最为吸引人。自 2008 年至今的海南区域发展的国家战略——海南国际旅游岛建设和海南自贸港建设，都是基于海南本地的海岛和海洋资源及其区位优势，经国家综合研判提出的影响海南区域经济发展的区域产业政策。

（三）海洋文化产业具有创新性。

海洋文化产业在自身发展及其与其他产业文化产业并行发展的过程中不可避免面临竞争。据"竞争战略之父"迈克尔·波特对经济发展的四阶段划分法，经济发展需要经历"要素驱动"阶段、"投资驱动"阶段、"技术驱动"阶段和"创新驱动"阶段。文化发展的关键是创新，文化生产的核心是文化内容的生产，文化内容生产的关键就在于创新。虽然每个产业都需要创新，但是文化产业是通过创新来维持整个产业的生机与活力。创新是文化价值、思维方式和心理认知的革命性飞跃，从个人的创造力、技能和天分中获取发展动力的是创新驱动型经济，通常包括广告、建筑艺术、艺术和古董市场、手工艺品、时尚设计、电影与录像、交互式互动软件、音乐、表演艺术、出版业、软件及计算机服务、电视和广播等产业，创新驱动是文化产业发展的关键。中国海洋经济的发展历程正由第三阶段向第四阶段跃迁，这一阶段的显著表现莫过于文化与经济的共生共融。因此，海洋文化产业建立在海洋经济和海洋文化的基础上；发展海洋文化产业既可以促进海洋经济转变增长模式和经营方式，又可以促进海洋文化走上协调和可持续发展的轨道。从文化产业生产流程看，创意引领在先，在此基础上，产品生产、传播、营销、产品创新升级等逐步开展，创新创意一直伴随着整个过程。海洋文化产业也不例外，海洋文化产业是基于海洋文化资源的创意文化生产，最终开发海洋文化产品实现经济效益和社会效益。因此在海洋文化产业发展过程中，创新性创意贯穿整个产业发展历程。

（四）海洋文化产业的生态性

当今世界，经济发展比较好的区域大多处于沿海地带或近海区域，因为经济繁荣带动人口迁移和流动，使这些区域成为人口最密集区域，比如中国的长三角和珠三角区域。人类活动给海洋环境生态带来压力，很多地方人类对海洋开发和利用存在过度问题，环境污染和生态破坏严重。海洋经济发展对人类社会的贡献是有目共睹的，但是许多海滨城市在制定了开发海洋经济开发规划后，其开发过程出现了管理制度不健全、环境意识淡漠、只注重经济利益等问题，对海洋环境造成生态化的破坏和威胁。

基于海洋文化资源开发利用的海洋文化产业，要秉持可持续开发和发展的理念，注重开发与保护的关系和海洋生态可持续，在开发过程中牢固树立海洋生态意识，在开发利用的同时强化对海洋环境保护意识，持续推进海洋生态文明建设。

三、中国海洋文化产业分类

（一）关于海洋文化产业的分类

海洋文化内容复杂多样，不同类型的海洋文化适用的产业化途径也不相同，目前关于海洋文化产业的分类观点较为统一，主要有以下观点：张开城（2007）把海洋文化产业分为滨海旅游业、涉海休闲渔业、涉海休闲体育业、涉海庆典会展业、涉海历史文化和民俗文化业、涉海工艺品业、涉海对策研究与新闻业、涉海艺术业等。参照已有研究文献，海洋文化产业多采用主题分类法，王颖（2010）将海洋文化产业分为海洋文化旅游业（包括海洋自然游、海洋民俗风情游、海洋科技游、海岛游等）、海洋节庆会展业（包括海洋文化节庆、海洋会展、博物馆等）、海洋休闲渔业与休闲体育产业（包括休闲渔业与休闲体育等）、海洋文艺产业（包括海洋艺术展演业、海洋文学、海洋工艺品制作等）。

海洋文化产业是由海洋文化和产业化两大要素构成，其中海洋文化是基础性要素，它是海洋文化产业发展的基础性动力；产业化是结构性要素，它决定了海洋文化产业的经济构成。

（二）海洋文化产业形式介绍

1. 海洋文化旅游产业

根据文化产业和旅游的相关概念定义，我们可以将海洋文化旅游产业定义为：基于海洋文化旅游资源开发，满足人类离开惯常环境休闲、度假、商务等需求，提供给旅游者有关海洋文化的旅游产品和服务，最终获得经济效益、社会效益、环境效益的综合性产业。现代旅游活动伴随人们消费水平的提高与消费方式的转变蓬勃发展，旅游产业具有综合性的特点，这也决定了旅游业对其他产业的带动作用。海洋文化旅游产业中旅游基础六要素的吃、住、行、游、购、娱，推动和带动了海洋主题相关饮食、商业、交通、住宿业、娱乐等相关业态的发展，增加了开发地的就业机会和经济收入，海洋文化旅游产业在整个经济社会中占有重要地位。

以海洋垂钓旅游为例，这是一个融休闲健身和竞技于一体的陶冶情操、有益身心健康的海洋休闲旅游活动。海洋垂钓旅游业发展依托沿海和近海岛礁上相应的设施设备如人工渔礁、游船、游艇、餐饮、旅游服务设施等，供旅游者游览、垂钓、休养。海洋垂钓旅游包括船钓、岸钓、滩钓、休闲养殖采捕等。这些项目满足都市消费者休闲消费的需求，也带动了当地海洋垂钓旅游相关的行业如造船、饵料生产、渔具加工、体育文化、商业网点及餐饮、交通、住宿等的发展。

2. 海洋节庆会展产业

海洋节庆会展业，是基于海洋文化习俗与现代海洋节庆资源通过举办各种形式节庆活动与展览、展销、会议等活动的文化产业。海洋节庆会展业可以提升举办地的知名度，塑造地方节庆品牌，提升海洋文化产业竞争力，对举办地经济发展和社会文化繁荣与交流有重要的促进作用。

节庆指节日与庆典，是在比较固定的时间里，通过特定主题的展示、表演和庆祝等文化活动将民众聚集起来的社会活动。节庆从本质上来看，是一种文化现象，它反映了一个国家、一个民族或一个地区的民众在漫长的历史过程中形成和发展的民族文化和地域文化。中国沿海地区拥有丰富的海洋节庆文化资源，这些节庆文化资源是海洋文化的组成部分，也是海洋节庆产业化的基础。海洋节庆发生于滨海地区的季节性节庆文化活动。海洋节庆产业依托于海洋节庆活动发展形成。随着旅游开发的深入，海洋节庆产业逐渐成为涵盖民俗展示、文艺演出、体育竞技、商贸洽谈、经济文化论坛等各种活动的综合性文化产业活动。山东荣成渔民过渔民节，不仅展现了祭祀风俗，还结合和开展了多样的文化和经济贸易活动，既振奋了精神，又促进了地方经济的发展。节日期间举办了一系列的庆祝活动，比如海上运动项目、大型民俗观光旅游活动、经济技术贸易洽谈会及海洋渔业博览会等，节庆和会展会议的结合是很普遍的举办形式。

中国的海洋节庆活动在各地已经形成海洋节庆产业，它具有一定的综合性，融娱乐、贸易和旅游于一体，一般涵盖开闭幕式大型文艺演出、祭海开船仪式、海鲜美食节和经贸洽谈会等，以"海洋节""开渔节""渔业博览会"等名称命名。海洋节庆会展业可以使餐饮、住宿、交通、商业购物等产业受益，是一业兴百业的产业，在世界上许多发达国家，海洋节庆会展业已经形成了比较完备的体系和运作模式。我国海洋节庆产业起步比较晚，因为其对相关举办地经济的拉动和社会文化民俗文化发展的影响效果显著，所以成为各地海洋文化产业新的增长点。

3. 海洋休闲渔业与休闲体育业

海洋休闲渔业是集渔业、休闲、观赏、娱乐和旅游为一体的产业，它既是第一产业的延伸和发展，又是第一产业和第三产业的有机结合，凡是和海洋生物、海洋渔业、滨海渔村、渔民、渔区等相关的休闲活动，可以统称为海洋休闲渔业活动，由此而产生和形成的行业和产业都可纳入海洋休闲渔业的范畴。

海洋休闲渔业在海洋文化产业中具有重要地位价值。从一般经济价值角度来看，海洋休闲渔业因为投入少、见效快的特点，其创造的经济效益往往是单纯捕捞与养殖的海洋渔业的数倍。海洋休闲渔业可以提升海洋渔业的产业效益，是海洋渔业经济拓展新财源的重要渠道。海洋休闲渔业为渔民转产转业提供了很好的路径。传统海洋渔业捕捞能力过剩在世界范围来看都是一个普遍现象，大量渔民因此会脱离传统海洋渔业，转而到外地从事其他产业，而海洋休闲渔业是实现众多渔民就地转产转业的重要方式。

海洋休闲渔业还可以通过开发具有休闲娱乐价值的海洋渔业资源（自然资源和人文资源）、渔业产品、设备及空间等发展海钓渔家乐等，将第一产业的海洋渔业与第三产业的旅游观光休闲娱乐等内容集合起来，形成集海洋渔业养殖、海钓、餐饮、旅游度假等为一体的新型经营模式，实现资源优化配置，并发挥旅游观光、劳动体验、休闲度假、文化教育等多种功能。

海洋休闲体育产业是文化产业与海洋海上体育休闲活动相结合的产业类型，既可以满足消费者疗养、度假、娱乐的愉悦享受，也可以使消费者感受到体育运动的刺激性和挑战性。海洋休闲体育产业将人们的活动空间从陆地拓展到大海，基于海洋资源开发多样化的海上体育活动项目，给消费者带去极为丰富多彩的感官体验，成为海洋休闲体育产业特有的魅力。海洋休闲体育产业在一些经济发达的沿海国家和地区已经逐渐崛起，在我国海洋休闲体育产业也因其自然、健康、时尚的特征成为热门产业，表现出较大的发展潜力。

海洋体育休闲活动与经济发达和人们生活水平提高后，民众对强身健体、改善生命质量意识的觉醒和提升有密切关系。其具体内容有潜水、水上摩托、沙滩排球、帆船、帆板、滑水、游泳等，同时一些以休闲体育为内容的海上节庆活动也越来越受到欢迎，如龙舟节和海钓节等。海洋休闲体育产业是指基于海洋利用海洋资源，以体育运动方式为载体，为人们提供休闲和娱乐度假的产品及其服务的产业，它是一个集健身运动、休闲娱乐、观光旅游于一体的与人类海洋运动有关的产业。海洋体育活动内容很丰富，常见的有游泳、潜水、帆船、帆板、摩托艇、游艇、龙舟、冲浪、沙滩排球、沙滩足球、沙滩赛车、沙滩骑马、悬崖跳水、海上拖曳伞等。根据海洋休闲体育活动开展场地的差异，还可以分为沙地海洋体育、海上海洋体育、海空海洋体育、岸上海洋体育、船上海洋体育等多种不同的形态。

疗养是以恢复体力或健康为目的的治疗和调养。休闲疗养则主要指以调养的方法达到最佳健康状态，滨海地区具有良好的空气条件。滨海地区丰富的负氧离子对休闲疗养极为有益。滨海地区环境优美，植物茂盛，海洋大气中臭氧含量丰富，海浪撞击能促使空气离子化，对人体健康非常有利，滨海地区的休闲疗养业也成为海洋文化产业的重要组成部分。

4. 海洋艺术产业

海洋艺术产业基于海洋文化艺术资源相关的开发进行产业化的运作，它开发并运营了以兼具审美价值和经济价值的海洋艺术产品，从而促进当地海洋经济发展的。

工艺美术根植于民间的造型艺术，具有很强的时间性和浓郁的地方色彩，受时代、地域、经济条件、文化水平、技术水平的影响，因民族习惯和审美观的不同而表现出不同的特点。海洋工艺美术品以海洋物产和滨海矿产等为原料，或以涉海事物为对象，进行艺术加工所得的产品。海洋工艺美术品的加工对象包括海洋物产，如贝壳、海螺、龙虾、珊瑚等，还包括滨海矿产，如礁石、鹅卵石等，也包括各种陆生材料，如制作木船模型所需要的木材等。海洋工艺美术品加工技艺包括传统船模制造技艺，贝壳类物产雕刻技艺，以及渔具、渔民服饰、渔民画、沙雕画制作技艺等。海洋工艺美术品经过艺术加工以后，不仅具有海洋物产或涉海事物的原有特色，还融入了海洋传统文化元素，形成了独一无二的海洋工艺美术产品，具有很高的审美价值和经济价值。

我国沿海地区有着丰富的海洋物产资源和海洋工艺美术品制作的传统技术，可以借此大力发展各类贝壳饰品、贝雕等贝壳工艺品和珊瑚工艺品、海洋生物画、海洋生物标本等具有海洋特色的工艺品产业。我国禁止大件和珍贵珊瑚工艺品售卖，但普通珊瑚工艺品产业可以开发旅游和收藏市场。珊瑚工艺品的加工和制作在我国有着较长的历史，目前有多家从事珊瑚工艺品制作的公司企业，珊瑚工艺品包括珊瑚首饰、珊瑚摆件、珊瑚化石标本、珊瑚植物标本等。

第三节　中国海洋文化产业发展历程、模式与路径

中国的海洋文化产业发展经历了一个从无到有、从小到大、从弱到强的发展历程。其发展历程可以分为中国海洋文化产业的理论发展和中国海洋文化产业的实践发展两个部分。中国海洋文化产业的理论发展为海洋文化产业提供技术支持，中国海洋文化产业为理论的发展提供案例和现实依据，促进中国海洋文化相关学科的构建和发展。

一、中国海洋文化产业发展历程

根据黄沙、巩建华（2016）《中国海洋文化产业发展历程、意义与趋势》对中国海洋文化产业发展的研究，中国海洋文化发展历程从海洋文化产业研究和实践两个方面展开。

学界对于海洋文化的研究肇始于 20 世纪 80 年代末 90 年代初，这是中国海洋文化研究的起步阶段；经过近十年的发展，20 世纪 90 年代末，中国的海洋文化研究才初露锋芒，成为学界研究和关注的一个领域。在这一时期，中国海洋文化研究专门机构纷纷成立，海洋文化研究进入了一个新的阶段。1997 年，中国海洋大学成立了全国首家海洋文化研究所，此后开设了"海洋文化概论"课程，并出版《海洋文化概论》及《中国海洋文化研究》集刊。1998 年之后，浙江海洋学院、广东海洋大学的海洋文化研究所纷纷成立，不少高校也成立了海洋文化相关领域的研究机构。海洋文化研究在高校学科建设的促进与人才培养的保障下，出现了大量的系统性研究成果。2000 年以后，海洋环境的破坏，对海洋战略资源、海洋产权的归属争夺，以及海洋纠纷的

加剧引发了人们对海洋文化理念的重视。国家海洋局作为国家政府部门开始着力进行海洋文化研究和建设，2006 年开始对全国海洋文化研究发展现状进行摸底，2007 年召开了全国"建设和弘扬海洋文化研讨会"。在这一阶段，海洋文化的研究得到快速的发展，研究的深度和广度得到进一步的提升，海洋文化科学体系也不断完善，尤其是国家"21 世纪海上丝绸之路"倡议提出之后，关于海洋文化与海上丝绸之路之间的研究也受到关注，并产生了一系列的研究成果。海洋文化方面的研究为海洋文化产业研究的产生和发展奠定了坚实的理论基础。

　　20 世纪 90 年代伊始，中国海洋文化产业开始萌发，经过 30 多年的发展和提升，中国海洋文化产业从星星之火已然发展成燎原之势。随着海洋文化产业在国家发展中逐渐占据战略性的地位，海洋文化产业迎来了全面提升的时期。从萌芽、快速发展再到全面提升，中国的海洋文化产业经历了从无到有、从小到大、从弱到强的发展历程。

　　萌芽阶段。20 世纪 90 年代，中国海洋文化产业刚刚起步，严格来说尚未形成现代的产业结构体系，海洋文化的经济价值、海洋文化的重要性尚未被人们所认知，因此大量的优质海洋文化资源在很长一段时间内处于未被开发的状态。

　　快速发展阶段。从 20 世纪 90 年代末到 21 世纪的前 10 年，是中国海洋文化产业的发展快速发展阶段。在这一时期，随着中国海洋文化产业产值规模稳步提升，海洋文化产业受到社会、政府和学界的关注，同时也唤起了人们对海洋文化资源的保护意识。海洋文化产业作为一个独立的产业门类，从海洋经济领域中凸显出来，门类众多、内容丰富、形式多样的海洋文化产业体系也逐步形成。

　　全面提升阶段。2010 年至今是中国海洋文化产业的全面提升时期，这一时期，国家提出建设海洋强国战略，中国海洋产业的地位得到战略性的提升，中国的海洋文化产业成为最具有发展前景的战略性海洋产业。在实施"一带一路"倡议的进程中，面对纷繁复杂的国际国内环境，机遇和挑战并存。如何实现中国海洋文化产业的战略性发展，发挥中国海洋文化产业对国家海洋战略的推动作用，是当前中国海洋文化产业所面临的重要课题。

二、中国海洋文化产业发展模式

　　从当前国内海洋旅游业发展的实践看，结合胡念望（2014）、冯绍栋（2016）研究，中国海洋文化产业发展模式主要表现为以下开发模式。

（一）渔村休闲旅游发展模式

作为非惯常环境的异文化体验旅游活动,新的体验是旅游的核心和本质。渔村休闲旅游兼具文化和经济性,满足人们的心理需求,让旅游者参与和体验渔村生活这种旅游方式不仅仅限于赶海观光、踏浪逐沙,还有让旅游者深度参与和体验渔村休闲的海洋旅游。

滨海渔家乐:滨海渔村都利用渔村风光、渔民风俗和渔业生产等特色资源开发起渔家乐产业,主要内容包括渔村生活体验和渔业生产体验。渔村生活体验侧重让消费者体验渔民的民俗风情,如品尝海鲜、住宿渔家、参与渔民信仰和娱乐活动;渔业生产体验则侧重让消费者体验渔民的生产劳动,如垂钓、赶海、出海捕鱼等。

休闲渔业主题公园:《农业部办公厅关于开展休闲渔业品牌培育活动的通知》文件中,提出的重点任务之一便是"创建认定一批全国精品休闲渔业示范基地(休闲渔业主题公园)",明确了休闲渔业主题公园的目的、方向和内涵:以扩增旅游消费、推广健康生活方式为目标,重点在省级以上休闲渔业示范场所基础上,进一步将传统渔业与现代休闲、旅游、教育、科普等元素相融合,集中打造、创建、认定一批全国精品休闲渔业示范基地。宁波象山,"中国渔村"中一个典型的休闲渔业主题公园,它以石浦渔文化资源为基础,吸收世界各著名海滨旅游区的成功经验,并采用了先进的环保意识和规划理念,集渔业文化、渔村生活风情于一体,成为游客喜欢的以"渔文化民俗游"及"海滨海洋休闲度假"为主题的大型休闲滨海旅游胜地。

（二）滨海休闲旅游产业基地开发模式

一个成熟的滨海休闲旅游产业基地富有一定个性的独特魅力,譬如宜人的气候、迷人的沙滩、纯净的海水等,还有能够提供让人体验不一样感觉的差异性文化旅游产品。虽然滨海旅游资源水平相对于其他沿海地区并没有什么明显的优势,但通过资源整合、创意营销等手段,使得这些地方成为国内外著名的家庭度假胜地,创造了滨海旅游度假区的奇迹,为滨海旅游度假提供了新的发展模式。滨海旅游度假区将在今后很长一段时间都会是我国海洋文化旅游发展的重点,普遍被用于面积为5~10平方公里的滨海地区,既可以是分散的区块,也可以是相对完整连贯的区域,不过对区位条件、交通通达、客源市场与接待容量等有相当高的要求。

2013年7月,《浙江省人民政府办公厅关于印发浙江海洋经济发展"822"行动计划(2013—2017)的通知》将温州滨海休闲旅游产业基地作为浙江省重点培育建设的20个海洋特色产业基地之一,要求积极打造滨海精品旅游线路，深化滨海旅游管理体制改革，争取实施更开放、更便利的出入境管理政策，重点发展邮轮旅游、游艇旅游、人造海滩、高端度假岛四大高端门类，以及慢生活休闲体验、滨海运动休闲、养生养老休闲度假、旅游营地休闲、海钓休闲、人造碧海金沙、旅游演艺、低空旅游、邮轮巡游、海洋主题公园休闲等十大产品。

（三）邮轮旅游与游艇基地模式

游艇、邮轮旅游是经济发展到一定阶段伴随消费者消费升级而兴起的，满足消费者需求的海洋旅游开发新模式。邮轮以消费水平高、设施齐全、服务质量高、亲水、慢游、重游率高等特点受到高端消费者的喜爱。游艇以其浪漫刺激有品位吸引着越来越多消费者。在邮轮旅游中邮轮不局限为某种海上旅游交通工具，其本身就已具有旅游吸引物和旅游目的地特征，设施齐全，可满足旅游者食住行游购娱多方面需求。游艇邮轮产业被誉为"漂浮在海上的黄金产业"。

游艇、邮轮旅游比之其他旅游方式，其平均消费水平相对较高。邮轮被称为"海上流动的度假村"，邮轮旅游是一种组合型多功能的海洋旅游休闲产品。邮轮旅游集海上休憩、观光、度假、健身、会议、婚庆、潜水、探险等于一体，是高端旅游者追求和向往的目的地。游艇旅游消费可以带动游艇码头、驾驶培训、维修、水上运动、餐饮服务、休闲购物，乃至建筑、房地产业的发展。许多沿海城市把建设游艇邮轮基地发展游艇产业作为促进区域旅游开发带动经济发展的重要方式。中国的邮轮游艇基地建设目前主要集中在东部和南部沿海地区，上海、青岛、大连、深圳、厦门、三亚因为其特有的区位优势，成为中国游艇和国际邮轮旅游发展较早的城市。以三亚为例，海洋旅游是三亚旅游核心产品之一，滨海度假、邮轮、游艇、潜水、水上娱乐活动为代表的海洋旅游产品发展迅速。这些城市的游艇邮轮旅游发展模式，将为其他城市提供很好的借鉴与示范作用。

（四）滨海旅游度假区模式

在中国，海洋旅游发展中最常见、最为成熟的一种发展模式是滨海旅游度假区发展模式。成熟的滨海旅游度假区一般具有度假休闲、商务会议、文化娱乐、运动游憩、康体疗养五大功能，除建有滨海特色的旅游娱乐设施外，还需包含与之相关的餐饮、住宿、交通及购物等基础配套设施。以海南三亚为例，目前亚龙湾、海棠湾区域集聚了一大批高端国际品牌酒店，形成了一批以高尔夫、游艇俱乐部、豪华别墅等为代表的高端滨海度假区。亚龙湾、海棠湾为国内滨海旅游度假区建设提供了宝贵的经验。目前，滨海旅游度假区模式仍是我国海洋旅游发展中最主要的一种开发模式，可普遍适用于资源禀赋较高、地理区位优越、交通和市场条件较好的滨海地区。

（五）海岛综合开发模式

中国拥有丰富的海岛资源，开发潜力巨大。很多海岛已经成为著名的海岛旅游胜地。以舟山群岛为例，其海洋文化产业的发展依托普陀山的资源优势发展海岛佛教文化产业，海岛旅游产品开发的内容除了景区之外，还包括各种佛教文化旅游纪念品。除常见的佛珠、佛像、佛经、素食、佛教音像制品之外，普陀山还开发了新的旅游产品，将本地物产与宗教文化密切结合，创造出了佛香、佛兰、佛茶等产品。佛兰是以"芝元、大元宝、碧瑶"等上百种舟山兰花为基础，配以高雅的兰盆，以及详尽的养护说明书，设计了便于携带的精美外包装，形成了独具舟山特色的佛教文化旅游纪念品。佛茶是普陀山产的莲花茶。该茶属绿茶品种，普陀山僧侣曾广泛栽培用以供佛和敬客，所以命名"佛茶"，佛茶产品系列注册了原产地品牌商标。普陀山还组建了一支专业的佛茶表演队，可以为游客进行现场茶艺表演。经过多年的开发，普陀山已经初步形成了一套有特色的以海洋信仰为核心的现代海岛旅游文化产业链。

三、中国海洋文化产业未来发展的路径方向

习近平总书记在党的二十大报告的第八部分"推进文化自信自强，铸就社会主义文化新辉煌"中，对文化产业未来发展方向做了明确的指示："繁荣发展文化事业和文化产业，增强中华文明传播力影响力。""坚守中华文化立场，提炼展示中华文明的精神标识和文化精髓，加快构建中国话语和中国叙事体系，讲好中国故事、传播好中国声音，展现可信、可爱、可敬的中国形象。"作为中国文化重要组成部分的海洋文化未来发展路径应在这一指导思想引领下实施。

海洋经济的发展需要精神的动力和文化的保障，伴随着海洋时代而兴起的海洋文化产业，是经济转型升级的重要力量。而中国海洋文化产业的发展，需要中国自己的海洋文化精神，需要新一代中国人在继承、创新基础上打造中国特有的"蓝色文化"。漫长的海岸线、辽阔的海洋和历史悠久海洋文化特色资源为海洋文化产业的发展提供了坚实的资源基础和空间，海洋文化产业的发展可以推动蓝色文化建设，为海洋经济的发展提供精神动力，为海洋时代赋予崭新的精神内涵。发展以蓝色文化为精神特质的海洋文化产业，必须打开一条创新内容与形式的文化产业发展新路。海洋时代需要新的理念、

新的文化、新的精神动力，发展海洋文化产业需要转变观念，需要科技与文化的融合，需要搭建海洋文化产业研究政策平台，需要区域合作协同创新。

（一）海洋文化产业发展需要理念创新

海洋文化产业既是中国特色文化产业体系，又是海洋强国软实力建设的重要支撑，它可以推动沿海地区加快开发利用海洋的空间维度，加快海上丝绸之路城市间人民的文化同源性交流，提升沿海地区文化的国际竞争力。"21世纪海上丝绸之路"建设和"人类命运共同体"先进理念，为中国海洋文化产业创新经济发展带来新的视野。海洋文化产业发展理念创新，还需要借助于人工智能应用、智慧海洋工程等，为海洋文化产业全球化发展提供了创意、创新、创业新平台。

（二）加强海洋文化产业国家层面发展的顶层规划

2016 年初，国家海洋局出台《全国海洋文化发展纲要》为海洋文化产业发展制定了方向，提出：优化海洋文化产业布局，构建环渤海、长三角、海峡西岸、珠三角、海南岛—北部湾五大海洋文化圈，大力发展海洋文化产业新兴业态，推动海洋文化产业大项目带动和集群发展，增强海洋文化产品与服务的出口能力，扩大海洋文化消费，规范市场秩序。此外还提出：构建"21世纪海上丝绸之路"人文交流平台，加快建设海洋文化推广的传播平台，开展海洋文化国际合作，创新海洋文化国际合作交流机制。对海洋文化理论体系构建、海上丝绸之路与现代海洋文明及妈祖海洋文化的研究、人才队伍建设等也提出要求和目标。

（三）创意引领海洋文化产业发展

创意是海洋文化创意产业的灵魂和驱动力，在海洋文化资源挖掘基础上，基于人类智慧和创意，借助经济和技术手段，使海洋文化资源转化为海洋文化产品和产业，是一个以原创性和创新性为特点的高度增值的过程。各地应在挖掘具有地域特色的海洋文化基础上，创意引领建设一批海洋特色文化产业平台。此外，还需要规划建设一批海洋科技馆、海洋生物珍藏馆等基础文化设施，建设以海洋世界为主的生物博览馆和集休闲、娱乐、观光于一体的海洋文化乐园。构建海洋文化旅游业、海洋休闲渔业、海洋文化会展业等互相融合的海洋文化创意产业集群，扩大文化创意产业发展规模，实现海洋文化与海洋经济的相互促进。

（四）科技引领海洋文化产业发展

海洋文化产业的发展，与科技的发展息息相关。海洋文化是海洋文化产业的基础，科技为海洋文化产业发展带来新的革命。发展海洋文化产业需要将文化与科技相结合，促进海洋经济与海洋科技、海洋文化的融合互动。科技是文化产业化的必要手段，海洋文化可以借助科技的力量形成更具特色的文化产品和服务项目，满足消费者的多元化需求，产生良好的社会效益和经济效益，提升海洋文化产业发展的质量和效益。旺盛的文化需求也驱动科技的研发创新，以满足新的文化展示、传播的需要。科技的发展日新月异，现在已经进入了信息化、数字化、网络化的时代，科技的发展使海洋文化产业的研究方法、开发方式发生飞跃。对海洋文化采用数学建模、大数据管理等科学方法，通过对大量的数据进行科学分析，研究海洋文化产业的发展过程，预测其各个方向的发展趋势，从而指导人们主动介入、引导海洋文化产业的健康有序发展。

（五）打造海洋特色文化品牌

信息时代品牌打造可以提高地方知名度进而促进当地社会经济发展。海洋文化产业发展中，各地应该基于本地区域海洋文化特色，致力于开发和塑造一批立足国内、面向世界的特色海洋文化产业发展品牌。它可以表现为滨海旅游城市的塑造，也可以表现为滨海城市海洋文化节庆品牌塑造，还可以是各类海洋文化相关产品的品牌塑造。通过对品牌文化价值、经济价值、社会价值的彰显和挖掘，促进各沿海区域海洋文化产业发展，促进各区域经济与社会文化的繁荣和昌盛。

中国海洋文化产业是承载海洋文化建设的载体，海洋文化产业的发展可以推进海洋强国建设，形成中华民族海洋文化的自信心和认同感，因此也是国家文化建设和海洋战略的重要组成部分。推动海洋文化资源创造性转化和创新性发展，坚定中国自信，展示中国智慧，体现中国价值。在"21世纪海上丝绸之路"建设新的发展机遇背景下，大力推动海洋文化资源与科技、创意的融合，塑造中国特色海洋文化品牌，促进海洋文化产业高质量发展，对于提高国家文化软实力具有重要的时代意义。

思考题

1. 中西方海洋文化差异分析。
2. 结合我国目前的海洋文化产业模式，分析海南海洋文化产业的发展现状。

3. 学习海南自贸港建设的相关文件，讨论海南海洋文化产业的方向。

参考文献

[1] Edward Burnett Taylor. The Origins of Culture. New York: Harper and Row, 1958.

[2] 孙本文. 社会的文化基础[M]. 上海：世界书局，1932：24.

[3] 曲金良. 海洋文化概论[M]. 青岛：中国海洋大学出版社，1999：7-8.

[4] 王颖. 山东海洋文化产业研究[D]. 济南：山东大学，2010.

[5] 尚方剑. 我国海洋文化产业国际竞争力研究[D]. 哈尔滨：哈尔滨工程大学，2012.

[6] 陈涛. 海洋文化及其特征的识别与考辨[J]. 社会学评论，2013（05）.

[7] 唐晋.大国崛起:解读15世纪以来9个世界性大国崛起的历史[M].北京：人民出版社，2007.

[8] 刘家沂，肖献献. 中西方海洋文化比较[J]. 浙江海洋学院学报（人文科学版），2012（05）：1-6.

[9] 赵子彦，李强华. 中西方海洋文化差异[J]. 职业时空，2011（11）：140-142.

[10] 何莹. 中西海洋文化的比较研究[C]. 中国海洋学会2007年学术年会论文集（下册），2007（12）：298-303.

[11] 席宇斌. 中国海洋文化分类探析[J]. 海洋开发与管理，2013（04）：59-61.

[12] 吴建华. 谈中外海洋文化的共性、个性与局限性[J]. 浙江海洋学院学报（人文科学版），2003，20（1）：14-17.

[13] 宋正海. 中国传统海洋文化[J]. 自然杂志，2005，27（2）：99-102.

[14] 孙关龙，孙永. 古代海耕与今日海洋农牧化[J]. 固原师专学报（社会科学版），2002，23（5）：30-35.

[15] 于广琳.海洋军事文化与海洋权益维护浅析[C].中国海洋学会2007年学术年会论文集（下册），2007（12）.

[16] 李悦铮，李雪鹏，张志宏. 试论城市文化景观的演化与构建：以大连市为例[J]. 辽宁师范大学学报（社会科学版），2010，33（5）：14-19.

[17] 毕旭玲，汤猛. 中国海洋文化与海洋文化产业开发[M]. 北京：东方出版中心，2016.

［18］欧阳友权．文化产业概论［M］．长沙：湖南人民出版社，2007：5-6．

［19］张开城．海洋文化产业及其结构［C］．2005 国际海洋论坛（中国·湛江）海洋经济·文化学术研讨会论文专辑，2005：94-95．

［20］黄沙，巩建华．中国海洋文化产业发展历程、意义与趋势［J］．中国海洋经济，2016（2）：201-219．

［21］胡念望．温州海洋文化旅游发展战略与保障措施研究［D］．舟山：浙江海洋大学，2014．

［22］冯绍栋．洞头县海洋休闲旅游发展研究［D］．舟山：浙江海洋大学，2016．

［23］李思屈，诸葛达维．面向海洋时代的文化产业［J］．文化艺术研究，2012（7）．

［24］曲金良．海洋文化与社会［M］．青岛：中国海洋大学出版社，2003年．

［25］曲金良，纪丽真．海洋民俗［M］．青岛：中国海洋大学出版社，2012．

［26］许桂香．中国海洋风俗文化［M］．广州：广东经济出版社，2013．

第四章　海洋生态旅游开发

【学习目标】

- 了解海洋生态旅游和海洋生态旅游资源的概念，并用自己的语言进行阐述
- 了解海洋生态旅游资源的分类，及其对其生态敏感度进行合理判断
- 掌握海洋生态旅游资源的评价标准，并且会用此标准进行实证分析
- 掌握海洋生态旅游开发模式，并结合运行机制对"模式"进行分析
- 掌握海洋生态旅游保护的本质

【知识要点】

- 海洋生态旅游、海洋生态旅游资源、海洋生态旅游开发模式
- 海洋生态旅游资源生态敏感度及评价标准
- 海洋生态旅游资源保护的根本措施

　　习近平总书记在党的二十大报告中强调："必须牢固树立和践行绿水青山就是金山银山的理念，站在人与自然和谐共生的高度谋划发展。"这是在我国进入全面建设社会主义现代化国家、实现第二个百年奋斗目标的新发展阶段，对谋划经济社会发展提出的新要求。学习贯彻党的二十大精神，深刻把握生态文明建设这个关乎中华民族永续发展的根本大计。海洋生态旅游不仅是一种旅游业态，也是一种保护海洋的价值观。海洋空间发展生态旅游具有得天独厚的优势，扎实推动海洋旅游绿色发展，促进人与自然和谐共生，是人民群众对优美生态环境的热切期盼，也是生态文明建设成效的集中体现。

第一节　海洋生态旅游资源的概念及分类

　　海洋旅游不仅仅是让人放松的海洋活动，比如欣赏海洋景观和在海边晒日光浴，它还强调多样化的活动形式。海洋旅游资源开发潜力评价指标体系

涉及多学科、多领域，类型多、数量多。为了客观、全面、科学地衡量海洋旅游资源的发展状况和发展潜力，在指标的选择和指标体系的建立上应以可持续发展为基础，兼顾开发和保护，具有一定的可行性。海洋旅游资源的开发离不开陆地资源的支持。在评价海洋资源时，必须考虑周围的陆地条件，对资源也必须进行详细和全面的评价。

一、海洋生态旅游的概念

"生态旅游"一词与"可持续发展"一词同时出现。生态旅游是指到未受人类活动污染和未受人类活动影响的自然地方去观赏美丽的风景、野生动植物，以及附加现有的文化特色。与此同时，它不会破坏生态系统的完整性，并使环境保护有益于当地人的经济发展。生态旅游者需要考虑到景观和气候的特点、动植物的丰富和多样性，即自然资源在休闲度假区的选择和旅游中起着巨大的作用。

定义海洋生态旅游并不是一个简单的过程。世界各地的学者和实践者对生态旅游给出了大量的定义，尽管生态旅游在本质上是基于自然的，是可持续的，并包括教育和解释的元素，这是一个正在形成的共识，但如何定义它仍然存在相当大的争议。在这方面，确定什么绝对不是海洋生态旅游可能更容易。海洋生态旅游是海洋自然旅游和可持续海洋旅游的一个子集。海洋生态旅游是发生在沿海和海洋环境中的生态旅游。海岸通常从潮水到达的陆地最高点开始，一直延伸到水下的大陆架边缘；海洋环境可以包括海洋和大型内陆湖泊，包含了从河口、海滩到冰架等游客可进入的特定海岸和海洋环境。

二、海洋生态旅游的内涵

国际生态旅游协会将生态旅游定义为对自然地区负责任的旅游，以保护环境和维持当地人民的福祉。海洋生态旅游是一种专项旅游，以海洋空间为旅游客体，旅游者在其中进行生态观光、生态度假、生态探险等生态旅游活动，包括观赏鲸鱼、海豚、其他海洋哺乳动物和鱼类、鸟类，水肺潜水，沙滩漫步，岩石池浮潜，在海岸小径上散步，以及乘坐水面船、潜艇和飞机观光旅行。主要特点如下：

第一，海洋生态旅游，如果以完全符合可持续发展原则的方式进行，可以为周边地区提供可持续发展的前景。通过以可持续的方式发展海洋生态旅游，可以以一种不太可能对其发生的自然和文化环境产生有害影响的方式促进经济发展。因此，海洋生态旅游可能是一种同时满足今世和后代需求的发展形势。当然，如果海洋生态旅游没有恰当地解决可持续发展的原则，或者只是口头上说说，无论是经济、社会还是环境方面，就不太可能满足当地社区的需求，从根本上破坏自然环境的海洋生态旅游不太可能带来可持续发展。同样，如果海洋生态旅游仅仅是为了保护海洋环境或海洋环境的特定部分而设计的，也将无法真正实现可持续发展，除非它能为当地社区带来额外的持久利益。

第二，海洋生态旅游资源包含许多原始的海岸和海洋资源，这些资源能够对海洋生态旅游者产生重要的吸引力。但核心区潜在的海洋生态旅游资源仍然很少，这主要是因为过去的经济增长（建立了核心区）总是以牺牲环境为代价。地处外围的沿海社区拥有独特的海洋文化遗产，可以作为海洋生态旅游的基础。这些特征给外围地区带来了比较优势，在试图赶上核心地区经济发展水平时，应该发展这些独有的特征。

第三，海洋生态旅游可能被周边社区视为一个资源配置优化和投资的最好选择。开发海洋生态旅游所需的许多人造资源要么已经存在，例如港口设施和更简单的旅游住宿形式，要么可以很容易地转化为海洋生态旅游活动。后者的一个例子可能是将传统渔船改装成观看鲸鱼或海豚的船。事实上，在许多周边地区，这些资源正被释放出来，原因是这些地区的传统经济活动长期衰退，如海上商业捕鱼和传统的海边旅游。通过重新配置这些资源，海洋生态旅游的发展可以缓解这一打击。海洋生态旅游还具有利用资源的巨大潜力，否则这些资源将无法得到开发，因此无法为当地的再生工作作出贡献。

第四，季节性可能是旅游周边地区的一个特殊问题。通常在旅游季节有一个明显的活动高峰，那时资源已经充分利用，然后在淡季有一个同样明显的低谷，那时资源没有充分利用或出现失业。然而，许多海洋生态旅游活动表现出更均匀的季节性，有些甚至在传统旅游的前期（通常是春季和秋季）出现高峰。例如，观鸟者在这些季节通常会很活跃，因为可以看到各种各样有趣的物种在进行每年的迁徙活动。因此，海洋生态旅游是一种季节性不明显的方式，能够在一年中更有效地利用资源。

第五，海洋生态旅游对周边沿海地区可能是一个特别有吸引力的选择，它代表了一种产品多样化而不是市场多样化的战略。一些旅游目的地试图通过尝试一种基本上是市场多样化的战略来促进经济复兴，这种战略包括为目的地提供的现有旅游产品寻找新市场，例如，试图吸引冬季阳光游客前往夏季度假目的地。然而，在许多情况下，这一策略往往事与愿违，因为目的地未能认识到有效的市场多元化也需要有效的产品多元化。这包括确定不同的产品，用不同的广告、外观、包装和定价来吸引淡季游客。然而，海洋生态旅游代表了一种产品多样化的形式。此外，过去尝试过的许多产品多样化战略都失败了，因为它们需要来自外围社区的大量投资。在一些目的地发展高尔夫旅游的尝试就是一个很好的例子。另外，海洋生态旅游可以在小范围，甚至是微观范围内发展，就像世界上许多地方所做的那样，只需要适度的资本投资。

第六，海洋生态旅游对沿海地区的周边社区来说可能是一个特别有吸引力的发展选择，这些目的地往往有支出渗漏的问题。这是一种旅游支出从目的地流出的趋势，其形式是支付产品的费用，例如供游客在住宿中消费的食品和饮料，或必须从直接目的地以外购买的观鲸船燃料。这意味着旅游支出中实际上停留在旅游目的地的比例更小，从而对当地经济产生进一步的乘数效应。小岛屿经济体，如加那利群岛和亚速尔群岛，特别容易有高泄漏因素，因为它们无法生产如此多的东西，需要支持自己的旅游活动，因此被迫进口它们。然而，研究表明，生态游客的消费模式往往更像当地居民，更依赖当地生产的食品和饮料、当地生产的纪念品和住宿类型，这些更容易从当地经济中获得服务。他们也往往是消费较高的游客，为当地经济注入更多的钱，比其他形式的旅游成倍增长。因此，与其他形式的旅游相比，海洋生态旅游在当地经济中具有更低的渗漏指数和更高的乘数效应。

第二节　海洋生态旅游资源分类系统

海洋生态旅游资源主要包括三个方面。首先，吸引力的焦点是自然环境或其特定的组成部分。任何自然环境都可以成为生态旅游的场所。濒危或受威胁物种在该地区的存在可能会为项目提供额外的价值或新意，但这不是生态旅游的基本特征。同样，在生态旅游景点中，土著社区或传统文化的存在可以增强游客体验的地方感。然而，展示这些与自然环境没有任何关系的文化资产不能被视为生态旅游。其次，海洋生态旅游应该强调学习是游客与自然环境相互作用的结果。因此，仅仅利用自然环境作为旅游活动的背景，如一些形式的探险旅游或传统的阳光、沙滩和沙滩活动，即海滩旅游中没有任何教育目标的项目不符合生态旅游的要求。最后，分类应该是可持续的，意味着希望确保资源的完整性不受损害。

一、海洋生态旅游资源分类

生态旅游可以提供一种可持续发展的方法。在这一范围内，海洋生态旅游是一种以自然海洋资源为基础的旅游形式，具有教育性、低破坏、非消耗性和以当地为导向，当地人民必须控制该产业并获得大部分利益，以确保可持续发展。在这种背景下，生态旅游可以被视为一种活动，以促进负责任的旅游到自然地区，为环境保护作出积极贡献，并改善当地社区的福利。海洋生态旅游资源分类应尽量做到科学性和完整性。海洋生态旅游资源具体分类如下（表4-1）：

表4-1 海洋生态旅游资源分类系统

主类	亚类	类型	生态位敏感度		
			可再生	或不可再生	不可再生
旅游和休闲资源	地质地貌景观	湿地、海岸（分平原、基岩、沙粒、生物类），大陆架，深海与大洋底，海岛（大陆岛、火山岛、冲积岛、珊瑚岛）			
	地域水体景观	入海口、潟湖、近海、深海、大洋、极地冰川等			●
	地域生物景观	海岸带生物、浅海生物、深海生物、极地生物，海洋生物化石等			●
	气候气象景观	海市蜃楼、海滋、风暴潮、台风、海中观日月星辰、避寒避暑胜地等			●
	地域非生物类环境	大气环境、噪声环境、岸地环境、海水环境、环境容量			
	生态系统物种环境	栖息环境、有益海洋植物精气、空气负离子、生态容量			
	生态旅游气候环境	康疗气候、小气候、避暑避寒气候、冰雪气候			
社会经济游憩资源	宗教活动场所景观	庙宇、祭祀、经书、神话、礼器等			●
	生态旅游聚落环境	社区人居环境、民族、信仰、传承、社会容量			
	地域文化要素环境	传统工艺、民间艺术、民间习俗、节庆集会音乐、绘画、服饰、传说、饮食			
	历史遗址遗迹景观	考古遗址、文物、古建筑、古遗址遗迹、历史纪念地标			●

主类	亚类	类型	生态位敏感度		
社会经济游憩资源	经济文化场所景观	海洋博物馆水族馆科技馆；人工饲养动植物类；人造海洋陆地景观；人工沙滩、海坝、礁滩、码头等；人造水体景观：游泳馆，潜水基地等；网络虚拟海洋自然景观			●
	地方建筑与街区景观	仿古度假村，商业化海洋风情街区（饮食、购物）；海滨、海岛民俗文化村；商业化海洋、海岛节庆活动；仿古船舶、古遗址、古建筑、古服饰		●	
基础设施资源	地域区位要素环境	地域区位、客源地距离、交通可及性、地域关系			●
	社区经济综合环境	安全友善、文化教育、就业福利、投资环境、经济容量	●		
	地域设施物质环境	生态设施，餐饮、住宿、交通、购物、娱乐等设施容量		●	

二、海洋生态旅游资源的类型

1. 旅游和休闲资源

在自然状态下保存完好的自然综合体较多，对生态旅游的发展具有重要意义。旅游和休闲资源结合了自然和人文（文化）景观，带来了符合社会需求，并有可能将其直接用于旅游和短途旅行服务。自然和游憩资源是指自然地质系统，具有游憩活动舒适属性，可在一定时间内用于组织特定人群的游憩和健身活动的自然现象，包括潜水和浮潜、野生动物、鱼类资源、划船（探险巡航、海上皮划艇、独木舟、海上漂流）、沿海社区、沿海文化古迹、洞穴探险（洞穴勘查）、沙滩和珊瑚礁、沿海露营等（图4-1、图4-2）。

图 4-1　珊瑚礁景观

图 4-2　沙滩景观

2. 社会经济游憩资源

又称文化历史资源，是决定特定地域旅游吸引力程度的重要因素之一。人类长期居住的地区保存着历史、传统和文化。文化历史游憩资源是文教类组织游憩活动的前提，在此基础上，对游憩活动进行总体优化。在文化历史古迹中，历史文化古迹起主导作用，最具吸引力。该类型资源基于文化历史对象的信息本质，即其独特性、典型性、认知和教育价值、视觉吸引力。主要包括海洋文化遗产、海洋村落、海洋建筑、海洋城市遗址、海洋博物馆等。

3. 旅游基础设施资源

旅游地理学的一个基本概念是对地点或对象的旅游吸引力概念。特定地区的旅游吸引力不仅取决于其具有的良好自然条件或历史遗迹，还取决于其具有的发达旅游经济和旅游基础设施。旅游业是一个由多个部门组成的一定综合体，旅游者的到来和停留刺激着旅游业的产生和发展。这种经济由互补的产业组成，只能作为一个综合体来满足游客的需求。旅游业分为直接旅游业和间接旅游业两大类。直接旅游业指专门为旅游者服务的机构和物品：旅游基地、旅馆、疗养院、旅舍、交通中心等。间接旅游业指旅游者部分或定期使用的非旅游目的地的机构和物品，主要包括港口码头、船舶设施、低空装备、海洋运动设施等。

第三节　生态旅游景区资源评价标准

与其他产业一样，以自然为基础的旅游业也受到供需关系的影响。本书以自然资源基础为重点，研究了旅游系统的供给组成部分。Mitchell（1989）认为，资源是评价的一种表达，代表着一种主观概念。什么是基于自然的旅游资源，以及什么因素提高或降低资源质量，可以通过系统地评估资源潜力来回答。首先要查明、分类和评估资源，这是本书的主题。

一、需求法

旅游资源评估的一种常用方法是通过需求法进行游客调查。例如，费拉里奥（Ferrario，1979）的一项研究利用专家知识结合旅游意见对南非的旅游景点进行评估。同样，道林（Dowling，1993）利用游客的意见、专家知识和居民的意见来评价澳大利亚西部加斯克因地区的生态旅游景点。相比之下，经济学家可以使用市场评价技术采访游客，以确定游客为资源支付的意愿。虽然需求方法在确定资源潜力方面是有用的，但它们不足以提供自然旅游资源的质量和数量的详细清单。

从旅游供给的角度对休闲资源进行分类，有几种方法可以描述为以自然为基础的旅游。最早的资源分类之一是由克劳森等（Clawson & Knetsch，1963）完成的，他们根据位置、面积大小、主要用途和人工开发程度来区分娱乐和机会。在这个系统下，休闲区域被放置在用户导向的公园（如城市公园）和资源导向的区域（如国家公园）之间，中间领域介于上述两类之间。

美国户外娱乐局（US Bureau of Outdoor Recreation）使用了一个类似的模型，根据自然娱乐特征、开发水平、管理、使用强度和预期的行为类别对资源进行分类。该系统将资源划分为高密度游憩区、一般户外游憩区、自然环境区、独特自然环境区、原始地区和历史文化遗址 6 大类。

二、景观评价法

基于自然的旅游资源可以利用景观评估技术在景点或风景质量的基础上进行评估，目前有三种一般的方法。第一种是景观共识，由一组专家根据实地工作、航拍照片和其他资料分析，划定具有高景区价值的区域。这种方法在英国被用于确定优质的自然美景地区，在美国被用于国家野生旅游区和风景河流项目。

第二种方法是景观描述研究，由专家对几个或所有的景观实体进行调查和描述。通常制作一幅地图来定位一个地区风景资源的存在和性质。利顿（1968）基于这种方法的第一个模型。他将景观描述为一个物理实体，然后利用专家的意见建立对景观质量的视觉偏好。利顿设计了一个基于地形和土地利用的评估系统，并将其应用于苏格兰。他根据地形起伏划分了 6 个类别，根据土地利用的程度划分了 7 个类别。利顿也给每个类别进行赋值，并制作地图。另一个被广泛引用的例子是利奥波德（Leopold，1969）的研究，他用一种定量的方法描述了景观，以帮助有关环境替代用途的决策。他认为自然、生物和人类特征与景观美学有关，并制定了 46 条标准来描述景观的特征，并将其应用于爱达荷州的河谷。

景观评价的第三种方法是景观偏好，这种方法旨在确定环境的哪些方面被认为是有吸引力的。这种方法可以是直接的，通常使用照片对个人进行采访。例如，汉密尔顿等（Shafer Hamilton & Schmidt，1969）最早的一项研究使用了 100 张照片来确定美国人对风景的偏好。给每张照片赋值，然后对其进行排序，利用照片进行景观评价已被广泛应用于风景美学评价。景观偏好方法也可以是间接的，其中偏好是从文学、艺术和其他来源推断出来的。

景观评价经常采用的技术是详细的，并关注小的土地区域，而不是整个区域，它们被批评为主观的。景观评估也是识别和描述哪些区域可能需要保护的有用技术。景观评价可以提供有用的清单，并构成土地利用规划和环境影响评估的重要组成部分。一般来说，这些模型仅以吸引力为主要指标，不足以评价资源的自然旅游潜力。吸引力对自然旅游至关重要，但更多的特点需要考虑。

三、综合评价法

科克林（Cocklin，Harte & Hay，1990）确定了一种新西兰休闲和旅游资源评价技术，将风景评价与基于活动的评价相结合。该方法采用航空摄影和实地考察的方法，以植被为基础划定资源边界。在确定景观质量时，他们使用一个主观指标来评价资源的高、中、低景观质量。这项研究认识到，需要根据自然资源的属性，评估休闲和旅游的潜力，以支持活动的能力。该研究采用了一个五点量表，反映了一个资源单元对以活动为基础的休闲和旅游的整体适宜性，以及它在全国范围内的休闲和旅游潜力的重要性。利用森林、野生动物和土壤保持要求的研究也纳入了保护价值。

单靠清单本身无法进行系统的资源评价，加罗德（Garrod et al.，2002）开发了一种方法来评价以自然为基础的旅游资源。它很简单，可以应用于各种资源类型。该方法包括编制一个矩阵来评估和分类资源。评价包括吸引力多样性、可达性、支持基础设施和环境退化程度在内的四个主要类别，每一类都由一套矩阵形式的指标组成。每个矩阵使用一套不同的指标，与被评估的类别有关。这些矩阵有一个共同的评估框架，每个资源场址都有一个加权分数，以说明该指标的重要性。得分越高表示重要性越高。评分系统使资源分类和数据集成到 GIS 中。结果显示在一系列地图上，反映了资源的空间分布，以及支持基础设施、可达性和环境退化程度等属性。

（一）吸引物评价

为景点的评估确定类别是困难的。一个沙滩是否比周围的山丘对一个地区的吸引力价值贡献更大，这总是主观的。根据某一特定地点的主要吸引力，利用以下 10 个指标对沿海地区的资源进行评价：

1. 植物多样性（植被群落物种多样性程度）；
2. 景观多样性（与景观特征相关的多样性水平）；
3. 娱乐机会（参加娱乐活动的机会，如游泳、散步、骑自行车、漫步丛林）；
4. 冒险机会（参与冒险或危险活动的机会，如在陡峭地形上的四轮驾驶、沙板、滑翔等）；
5. 海湾或内陆水体（受岬角或湖泊、湿地保护的海岸线）；
6. 岩石海岸线/断崖（海岸线由岩石露头，岬、断崖、浪蚀平台主导）；
7. 沙滩（以直沙滩为主的海岸线）；
8. 良好的远景（可以看到较宽风景的区域）；

9. 科学上有趣的（具有不寻常特征的地区，如岩石露头、地面上的深洞或具有土地所有权的地区，表明生物多样性很高，如自然保护区）；

10. 地质特征（洞穴、大岩石、露头、石灰石柱）。

每个指标都被分配了一个从 0 到 10 的值，以反映其重要性。例如，一个地点可以在植物多样性和拥有良好的沙滩方面获得高分。一个站点可以分配的最高分数是 100 分。最终得分高的地方包括有多个景点的地区，而得分低的地方表示吸引力水平低。与大多数景观评价技术一样，该方法具有主观性，但通过对其的持续应用，可以将资源划分为低、中、高多样性吸引物。

（二）可达性评价

可达性与目的地的物理到达的便利性有关，也与目的地本身作为旅游产品享受的便利性有关。利用道路类型和车辆等级这两个指标评估可达性。这些指标的值从 0 到 5，因此每个资源站点的最大值为 10。例如，通过沙土轨道进入的区域得到了很低的分数，因为它的道路质量差，需要四轮驱动车辆。在此基础上，将资源分为低可及性、中等可及性和良好可及性三大类。

（三）支持基础设施评价

虽然以自然为基础的旅游依赖于自然景点，但设施的存在可以提高游客的享受。此外，旅游景点设施的缺乏可能会阻止人们去一个地方或阻止人们回访。虽然以自然为基础的游客主要对自然地区感兴趣，但提供一些设施对维持环境质量也很重要。本研究采用以下 7 个指标对游客基础设施进行盘点：

1. 卫生间设施（包括各类卫生间、淋浴间、更衣室）；

2. 野餐桌（有座位的餐桌）；

3. 座椅/长椅（如简单的公园长椅）；

4. 烧烤（烹饪设施，包括可能生火的地方）

5. 垃圾桶（各类垃圾处理单位、回收站）；

6. 残疾人通道（任何设施，如为残疾人设计的坡道）；

7. 遮阳/遮蔽处（凉亭、兽皮、植树等设施）。

除遮蔽处外的所有指标都得到 0 或 1 分。0 表示设备不在，1 表示设备存在。住所被赋予更重的权重来代表重要性。气候本身就是一种重要的旅游资源，极端条件可能会禁止一些自然旅游活动。例如，海南属于热带海域，炎热或强风会使该地区不舒服。因此，对遮蔽处指标进行加权，从 0（没有掩蔽物）到 4（存在适当的建筑）打分。天然植被覆盖良好的站点得 3 分。每个站点的得分最高可达 10 分。得分高的地方表示有足够的自然旅游基础设施。

（四）环境退化程度评价

环境质量是指生态系统的健康状况，对生态系统的充分评价需要进行详细的科学审计和深入分析。本研究以旅游产品作为体验资源。因此，实地调查没有记录物理环境的详细要素，而是集中于环境退化的程度。注意到视觉上明显的退化因素，因为这些因素可能会减少以自然为基础的游客的享受。评价环境退化程度的指标有以下 10 个：

1. 凋落物（数量、种类及密度）；
2. 杂草（外来物种入侵的程度）；
3. 疾病（存在影响生态系统的疾病，如枯死病）；
4. 火灾的影响（由非自然事件引起，如露营、临时焚烧）；
5. 侵蚀（游客造成的轨道、河道的侵蚀）；
6. 践踏植被（植被复合体的物理结构状况）；
7. 沙丘的破坏（游客造成的沙丘不稳定的程度）；
8. 地貌的侵蚀（地貌健康的表现）；
9. 履带（非四轮驱动车辆制造的专用履带）；
10. 已建建筑（非旅游基础设施，如棚户区）。

这 10 个指标中的每一个都被分配了一个从 0 到 10 的值，因此每个资源站点在这个类别中可以获得 100 分的最大值。得分较低的资源站点表示人类干扰最小的区域。在这一类别中得分较高的站点表示需要康复和/或游客管理。

四、实证研究——西澳大利亚州中部海岸

（一）西澳大利亚州中部海岸概况

旅游业在西澳大利亚州中部沿海地区并不是一个很发达的产业，然而，政府文件强调了建立旅游业的必要性，因为该地区被认为具有发展旅游业的巨大潜力。该建议指出，旅游业应根据该地区的自然和人文景点，通过建立一系列生态可持续的旅游和休闲区域活动，促进该地区的经济多样化。该地区明确需要海洋旅游业规划将旅游业的好处最大化和负面影响最小化。

该区域面积超过 20000 平方公里，包括地方政府机构。中部沿海地区的主要特征包括独特的、未受破坏的景观和稀疏的聚落格局。该地区的保护价值非常高，在 9 个国家公园和分布在整个地区的大约 30 个自然保护区中，包含了西澳大利亚州申报的稀有植物的 10%。该区域还有一条基本上未开发的海岸线，南北延伸 235 公里，沿岸有 10 个小渔村（西澳大利亚规划委员会，

1996）。该地区南部距离西澳大利亚州首府珀斯不到 1 小时的车程，这是该地区旅游业发展潜力的另一个重要优势。随着 2003 年沿海岸的新高速公路的竣工，整个地区将在 2 小时内到达珀斯地区。

以自然为基础的旅游是世界旅游业的重要组成部分，对澳大利亚的重要性与日俱增。澳大利亚以自然为基础的旅游业的规模和增长的长期数据是没有的，但从旅游统计数据中可以清楚地看出，澳大利亚广泛的未受破坏的自然环境对这种旅游活动有很大的贡献。以自然为基础的旅游在国际和国内游客数量及创造就业方面都很重要。随着世界人口的增长，开放空间正在减少，澳大利亚相对未受干扰的地区，如西澳大利亚州中部海岸地区，可能成为一种独特的商品。十多年来，澳大利亚的以自然为基础的旅游业有潜力成为出口收入最高的产业。

（二）以自然为基础的目的地活动

以海洋旅游为基础的旅游目的地差别很大，国家公园和自然保护区等自然地区构成了最大的组成部分。在西澳大利亚州，常见的自然旅游活动包括沙滩漫步、背包旅行、观赏野生动物、露营和钓鱼。更有冒险精神的自然景观包括越野驾驶、攀岩和潜水。中央海岸地区拥有开阔的空间，拥有海洋和陆地环境中的各种自然资源。

（三）西澳大利亚州中部海岸资源评价

1. 中央海岸地区景点的多样性

从分析中确定了 65 个资源站点。该区域基于自然的产品多样性是可变的。低类别的所有地点都有一个单一的吸引物，在大多数情况下是野餐地点或类似的二级资源地区。超过一半（58%）的旅游资源被划分为中等多样性类别。这些地区至少有两个主要的吸引力特征。具有多重吸引物的地方主要包括沿海地区，占全港资源的 52%。例如，典型的沿海地区有岩石海岸，具有视觉上的刺激作用，而小块有庇护的沙滩则提供了许多娱乐机会。此外，这些地区有不同的沙丘形成和植被群落。

2. 支持性旅游基础设施

一般来说，区内的旅游基础设施水平很低，进一步阻碍了自然旅游业的发展。有基础设施的地点往往是野餐和休息的地方，而不是潜在的自然旅游景点。这些地点也靠近封闭的道路或定居点。超过 20% 的站点拥有一些基础设施，27% 的站点什么都没有。该地区经历了漫长的炎热的夏季，由于强烈的海风，这些时间伴随着多风的时期。除了在一个国家公园的两个地点外，整个珀斯地区没有提供任何遮蔽物。有遮阳和遮蔽物的地方包括一些野餐地点和一些由自然植被提供充足遮蔽物的内陆地区。

3. 自然资源环境退化程度

该区域的自然旅游资源与几个小城镇有关，整个区域的人口约为10000人。尽管如此，这项调查的结果表明，该地区已经经历了过度使用的问题，特别是在沿海地区。当地人和/或现有的旅游人口对资源进行了开发，而这些现有的利用可能无法长期持续。这些地区主要是沿海地区，那里有棚户区或非正式用于露营的地方。

在海岸附近，对植被的践踏尤其明显，这些都是由四轮驱动车辆和/或露营者造成的。杂草泛滥是一个小问题，问题地区包括棚户区和农场附近的地方。最有可能影响本区域旅游资源的植物病害是枯梢病。这个问题与内陆的旅游资源有关，那里植物群的多样性构成了主要的吸引力。此外，沿海地区的四轮驾驶是不受控制的，需要某种形式的监管。另一个问题是，需要通过有效的沿海管理实践来合理化不必要的路径。事实上，四轮驱动车是区内最主要的管理问题。可以观察到，群体和个人在创造新的轨道中寻求他们的冒险。内陆地区的地貌侵蚀不如沿海地区明显，沿海地区的地貌往往看起来需要修复。

该地区的独特之处在于，它拥有许多在澳大利亚其他地区已不复存在的沿海棚户区。一些定居点修建了几百座建筑。它们简单的构造，不符合标准的建筑规范，特殊的放置意味着它们降低了自然景观的质量。有棚屋的地方比海岸其他地方有更高的侵蚀率和植被践踏率、更多的垃圾和不受控制的轨道。这可能发展自然旅游业的资源贬值。

第四节　海南海洋生态旅游产品开发

一、海洋生态旅游产品开发的应用理论

（一）旅游业可持续发展理论

可持续发展源于生态学，是人们逐渐了解和关注环境问题而提出的，具有扎实的科学基础，是一个非常全面和多维的概念。可持续性包括两个主要部分：资源及其使用。资源的使用（从更经济的角度来看）涉及在不损害其动态或功能的情况下，人口可能增长并长期由环境维持的最大限度（即限制资源的使用）。从资源本身的角度考虑不可再生资源在时间和空间上的分配，

以及由其再生产率所决定的可再生资源的合理使用。将可持续性概念应用于旅游活动，趋向于实现游客数量和类型的特定组合，以及这些活动对目的地环境的影响。这样，可以在不损害环境质量的情况下利用开展这些活动的地区。因此，旅游业发展政策正处于十字路口。一方面是企业家和投资者群体的经济压力，人们迫切的就业需求，以及为该地区创造收入的必要性。另一方面，还有自然和文化遗产的保护。自然资源、生态系统和当地人口等因素往往决定这方面的使用限制。这种限制可能会使资源和人为因素具有足够的稳定性，以便及时保持和确保环境的可持续性，同时保持当地习俗和生活质量。沿海海洋旅游的可持续未来需要创新管理方法和治理，通过在组织结构和供应链中引入新的元素，可以改变现状，获得更好的结果。海洋生态旅游创新范围广阔，涉及产品创新、服务创新、工艺创新、管理创新、市场创新等领域。

（二）生态伦理学理论

"伦理学"起源于希腊，是对道德现象、自然和科学发展规律的研究。生态伦理被不同学派的学者从程度上分为浅绿色、中绿色、深绿色。穆雷·布钦认为浅绿色生态伦理是以人类为中心的，只赋予自然界非人类实体工具价值，把人类的生存和繁荣作为环境政策的唯一目标和基础。彼得·辛格认为中绿色生态伦理是一种个人主义的、以更大的价值假设为基础的伦理，即虽然自然界中的非人类实体具有内在价值，但人类具有更大的内在价值。奥尔多·利奥波德认为深绿色生态伦理是以生态为中心的和整体的，将内在价值赋予自然界的个体有机体和整体实体（如物种和生态系统），并允许人类利益有让位于非人类利益的可能性。

由于海洋环境的不可逆转性，深绿色生态伦理的思想是帮助旅游开发者坚守的最好原则之一，做到以生态为中心的整体性开发。

（三）知识管理理论

知识管理是为了一些有目的的结果而获取、分配和有效利用知识的过程。这一概念随着知识的扩展而发展，现在被认为是一种通过数据库、文档、政策、程序和人们的经验等工具来确定、捕获、评估、检索和共享信息的综合方法。信息和通信技术（ICT）革命对经济发展的各个方面产生了深远的影响。这在旅游业中非常突出，因为现在旅游目的地的选择很大程度上依赖于提前获取相关信息。对于沿海和海洋生态旅游来说，知识管理对于使这一部门多样化和根据不断变化的现实进行调整尤为重要。不同国家在旅游部门取得了不同程度的进展。它们保护了旧的旅游目的地，开发了新的旅游目的地，并建立了利用海洋生态旅游资产的具体机制。信息的传播和协同网络在他们发展这个产业以促进国民经济的过程中扮演了至关重要的角色。在此过程中，共享、使用和管理知识有助于避免重复工作和冗余工作。相反，采用经过测试的方法，并通过以效率为导向的创新对其进行微调，应该是有益的。这将节省时间和资源，以促进任何部分的生态旅游。

为了使可持续旅游从知识管理发展起来，知识管理应该包括所有相关的知识，这些知识可以培养应对特定情况或变化所需的能力和倾向，并以新的方式发展思维，以推进可持续的结果。值得注意的是，知识管理中 ICT 工具的使用不仅包括现代科学知识，还包括本土社会的知识、实践和创新（传统知识）。

第五节　海洋生态旅游资源开发模式

在评价海洋旅游资源开发潜力后，需要对海洋旅游资源进行有机整合，实现效益最大化。旅游资源整合是指某一特定区域作为一个相对独立的整体。这个整体是通过一个具有逻辑关系的系统连接起来的。通过整合，充分安排区域与周边地区的旅游资源，形成互补的格局。这种整合增加了旅游资源的整体价值，并通过旅游规划控制了系统的有序发展。各方感兴趣的领域在本地区共同展现出强大的生命力。在保持整体资源完整性的同时，避免了因恶性竞争导致游客分流的现象。一体化产生了规模经济和集聚效应，形成了区域内完整的旅游产业链和产业体系，确保了旅游资源的可持续性。

一、海洋生态旅游开发原则

许多海洋生态旅游开发人员已经放弃了基于最大允许使用估计的规划方法，转而考虑可以持续一段时间的可容忍的阈值水平。其中一种为可接受变化限度（LAC）的技术，是为条件的迭代分析和目标的重新考虑而设计的，已被推荐用于海洋环境。简单地说，LAC 有 10 个步骤：

（1）明确界定开发目标。

（2）界定开发问题和关注点（国家、区域、地方）。

（3）界定和描述"开发机会"（或潜在的使用区域）。

（4）选择资源和社会条件的指标。

（5）盘点现有资源和社会状况（基线状况）。

（6）制定每个开发机会的特定标准。

（7）确定其他机会的分配。

（8）确定每个机会分配的管理措施和成本。

（9）评估（如对关注事项的反应和区域考虑的关系），并进行选择。

二、海洋生态旅游资源开发模式

海洋生态旅游开发所依托的主体包括城、镇、村、滩、岛五大类，在不同的海洋旅游区，包含的主体类型不同，所能够开发体验的产品也就不同，最终形成的旅游区类型也具有较大的差异性。

（一）以资源为导向的开发模式

虽然海洋资源种类丰富，但区位优势不高，所以旅游市场相对封闭，所以这类地区的海洋旅游产品主要依靠特色资源进行开发。建立一个有特点的岛旅游小镇，以独特的海洋文化旅游为优势产业，通过优化和集成各种可用资源，不再盲目地追求旅游的增长数量，但提供准确定位，保证优秀的质量，实现海洋旅游资源的共建共享。

（二）以人文体验为基础的海洋旅游开发模式

在总体价值上适合利用海洋资源，地理位置优越，旅游市场广阔，海洋旅游产品的开发依赖于当地文化的融合和人工开发的有吸引力的体验式旅游。打造海洋文化体验游，集滨海度假、钓鱼观光和海洋民俗为一体。为游客提供全新的海洋旅游体验，使游客实现感受、情感、认知的全覆盖，注重旅游体验营销策略的推广。

（三）综合性海洋旅游开发模式

海洋旅游资源的整合开发需要基于区域整体内部规划和市场供求。由其针对性和突出优势，提升海洋资源旅游竞争力，整合当地各种资源要素，将各部分整合到整体规划中，采用系统开发和互动开发的方法，使之成为目标明确的统一单元，从而实现区域旅游资源市场价值最大化和整体效益最大化的过程。海洋旅游资源整合首先需要政策引导，结合市场调控作用，明确海洋旅游的目标和方向，协调规划各景点间的旅游资源，协调安排旅游产品的设计，使海洋旅游资源既统一又差异化，既能产生经济效益又不浪费旅游资源。通过整合，实现特色突出、共生发展的跨区域海洋旅游，在设施优化、客源集中的前提下，实现共赢发展的最终目标。

适用于海洋资源和区位不占主导地位的地区，充分挖掘和整合区域内的资源进行开发。完善旅游人才培养体系，引进海洋旅游相关专业人才，进而提高海洋旅游的专业性，最终实现旅游服务的高品质愿景。例如，可以开发以城市为主体的海洋旅游开发，以大连和上海为代表，融合城市旅游的特质与海洋旅游的特征，形成依托都市的生态型、休闲型海洋旅游区；以小城镇为主体的海洋旅游开发，往往是将小城镇的商贸、区域民俗聚集地的特征与海洋旅游有机结合，形成风情万种的休闲化海洋旅游区；以村落为特色的海洋旅游开发，是将村落的渔业生产生活民俗与海洋观光、休闲有机结合的发展方式，形成最具乡土气息和人性化怀旧氛围的民俗型海洋旅游区。

三、海洋生态旅游资源开发模式的运行机制

海洋生态旅游的理想形态是旅游与海洋、海岸自然环境的共生关系。海洋生态旅游作为生态旅游的一个分支，在经济、社会、文化和环境等方面具有重要的全球意义。然而，现实中海洋生态旅游的规划和管理与实际开发存在很大的差距。此外，将属于海洋生态旅游一般参数范围内的任何旅游活动自动等同于可持续发展是不可靠的。当然，世界上有很多被描绘成海洋生态旅游的活动，但并不符合可持续发展的最低要求。因此，一个特别的挑战是解决运行机制问题。海洋生态旅游资源的开发涉及多种因素，其运行机制也是复杂而动态的。以下对运行机制的分析主要是从生态教育、社区参与、生态环境补偿（反馈）和海洋生态旅游环境（协调）的角度出发（图4-3）。

（一）诱导机制

在许多诱导措施中，海洋生态教育和旅游业培训应该是最关键的。本书着眼于教育和培训在基于生态安全的海洋生态旅游资源开发中的诱导作用。相对完整和独特的海洋生态旅游资源大多位于贫困落后的偏远地区，当地居民教育水平低，文化素质、思想落后，权利和责任不明确，缺乏专业知识和技能参与旅游业的开发和管理，应合理引导和教育当地居民和相关管理人员。

（1）地方政府的海洋生态教育

教育是一种有效的管理工具，可解决保护区的旅游影响。如果做得好，它可以在旅游业和自然保护之间架起必要的桥梁，创造两者之间的共生关系。它还可以在体验过海洋的游客、资助者、立法者和当地社区中为海洋保护创造支持。在海洋旅游业中，大多数进入海洋的途径都涉及私营部门，这可以成为海洋和海洋管理局管理人员的优势。如果带潜水员、浮潜者、观鲸者等潜水者的私人经营者能够提供良好、有效的环境信息，他们就可以为通常过度紧张的管理人员提供一份工作，并为他们提供的经验增加价值。保护区当局和私营经营者之间的良好关系对管理的成功至关重要，可以通过教育方面

的合作加以促进。

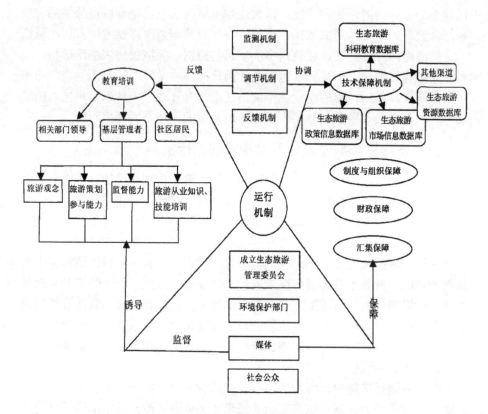

图 4-3　海洋生态旅游开发模式的运行机制

生态旅游的实现不仅依赖于旅游本身，还需要全社会的支持。旅游者作为旅游的主体，其行为在我国建设低碳旅游中也有着巨大的影响，要想真正实现旅游业的可持续发展，我们需要全社会的共同努力。利用各种手段进行全国生态环境保护教育，强化环境保护意识，特别是对景区的环境保护宣传工作，如严格培训导游人员，提高导游人员素质；设施需要突出景区的概念，使游客在欣赏美景的同时能够放松心情；定期组织相关人员学习交流。只有提高实施质量和生态理念，生态旅游才能真正得到发展，发挥其巨大的潜力。

（2）通过营销塑造形象

营销是另一个可以通过精心设计和执行来补充规划措施的领域。不优先考虑环境保护的营销可能会损害即使是最精心规划和管理的海洋生态旅游活动。这是因为海洋生态旅游体验的营销可能与相关的规划和管理目标相矛盾，特别是它很可能导致游客数量过多或游客的不当行为。社区参与营销过程也是如此，因为除非社区对活动的营销有足够的控制，否则营销很可能与正在推广的活动的规划和管理背道而驰。在这种背景下，负责任的营销应该包含环境和社会文化管理的概念。无论如何，海洋生态旅游的营销应与规划和管理工作一样符合可持续性原则。

（3）社区居民参与管理

大多数海洋生态旅游的定义强调的原则是，当地居民应该在其发展的每个阶段和每个方面的决策中发挥积极作用。纳入这一原则无疑反映了从最早的生态旅游开发项目中吸取的经验教训，例如在东非野生动物保护区引入野生动物观赏旅游，这些项目大多是自上而下的规划方式。在理想的情况下，当地人不应该仅仅是生态旅游的受益者：他们应该成为生态旅游的参与者，参与决定发展生态旅游的成本和收益以及如何分享的决策。最近在东非实施的生态旅游项目（如津巴布韦的 CAMPFIRE 项目）取得了广泛公认的成功，很大程度上归功于赋予当地人民参与规划和管理生态旅游进程的能力所取得的成功。

（二）监督机制

持续监测可以协助评估海洋生态旅游是否正在有效地规划和管理：不仅是在目标动物的行为方面，而且也在商业经营者遵守规定的程度方面，也有必要通过监测过程系统地审查任何监管或自愿机构。从海洋生态旅游的短期、日常效应来看，法规带来的运行条件可以成功地保护海洋生态旅游资源基础。然而，海洋生态旅游的长期影响也需要受到监测和定期审查。就资源和社区利益而言，评估可能产生的长期累积影响仍然是所有海洋生态旅游利益相关者面临的挑战。有必要采取某种程度上说明性的措施，但这些措施总是在当地背景下与当地利益攸关方一起解释，没有他们的积极支持和参与，海洋生态旅游就不会是真正可持续的。

各级最有效的规划工具往往包括支持海洋生态旅游的适当政策，同时确保规划官员（以及编制计划和发放许可证的当选成员）充分了解海洋生态旅游的性质和价值。成功与否可能取决于在任何新项目出现时，海洋生态旅游项目的发起人、规划当局和其他利益相关方之间的早期联系。在理想的情况下，地方规划决策者和地方海洋生态旅游项目的发起者将审查规划政策的背景，在所有情况下，重要的是确保任何国家和区域规划文书都支持适当的海洋生态旅游。

尽管区划作为一种规划措施存在诸多问题，但在大型海洋生态旅游的一些地区，分区制度已经产生积极效应。在大堡礁海洋公园，分区使需要永久保护的地区免受潜在威胁。针对密集使用或特别脆弱的岛屿和珊瑚礁群体，以及保护脆弱物种或生态群落，制定了具体的管理规划。这些规划通过解决特定珊瑚礁上的区域、物种或群落的问题，补充了分区规划，比更宽泛的珊瑚礁分区规划更详细。

（1）环境监督

监测是管理海洋生态旅游业务的一个特别重要的方面。运营商有很大的机会通过创新的监测项目来促进对其赖以生存的自然和文化环境的保护。现场工作一开始，监测工作就应立即开始。理想情况下，监测程序应该在第一次现场调查和清理开始时就开始。用于监测的指标将以在评价阶段收集的数据为基础，生物和也许是社会特征的基线，它将作为一种固定的标准，从中可以测量由于发展而发生的变化。在某些情况下，原始地点可能不是原始状态，需要加以补救，因此，有时需要根据邻近的财产或历史记录来估计用来测量所有变化的标准。

首先，利用基准来监测浪费、水和能源率。探索潜在的替代技术产品和流程，例如堆肥厕所、雨水收集、太阳能、人工湿地、风力发电、低消耗电器等。制定官方的公司环境政策，定期进行环境审计。对员工进行可持续废物、水和能源管理实践的培训。

其次，制定废弃物处理指南。回收办公用纸，尽可能利用含有可回收内容的纸张，重复使用纸张的背面作为办公室的备忘录或笔记。尽可能避免使用化粪池系统，最好使用堆肥厕所和人造湿地。实施减少浪费的采购计划，例如，购买散装或很少或没有包装的产品，利用散装软饮料分配器，以减少罐和瓶的浪费。确保海洋生态旅游运营废弃物得到妥善处理。尽量减少在园林绿化中使用化肥和杀虫剂，减少海滩清理工作，最大限度地减少对自然海滩过程的影响，只使用手工工具。

最后，能源管理。安装节能节水设备，如流量最小的淋浴喷头和带计时器的电灯开关。使用风扇和交叉通风，避免能耗空调。维护公用系统，例如，堵住热水龙头的漏水，采用低能耗电器。将燃料和其他有毒物质储存在适当的容器中，并采用二次密封策略。减少水的使用，使用雨水或其他可持续供水。将海水淡化厂的含盐重水排放到合适的近海位置，也就是远离珊瑚礁的位置。培育本地植被，而不是外来物种。

（2）生态监督

为了发展真正可持续的海洋生态旅游活动，必须量化旅游活动对正在开发的资源和景观的影响，并评估其影响。这一信息对于确定承载能力至关重要，承载能力是指一个物种或栖息地在不影响其长期生存能力的情况下可以承受的活动量，也是限制海洋生态旅游活动的生物框架。在实践中，量化承载能力是极其困难的，而这在世界上任何一个海洋生态旅游地点都没有实现，尽管一些地点正在试图解决这个问题（如澳大利亚的鲨鱼湾）。

（3）游客行为监督

为了确保景点不受负面影响，并使游客获得有益的体验，一个重要步骤是建立游客管理计划，通常通过日常业务运作。这也有助于减轻对环境和文化的负面影响。一个访问量过多或对访问者缺乏控制的网站很快就会退化，不再对访问者有吸引力。在到达目的地之前向客户简要介绍是减少负面影响的最好方法。

出发前的信息引导：

·　准备游览景点的指南，概述什么行为是合适的，并在到达之前分发给生态游客。

·　指定导游为游客讲解景点，并监督任何不当行为。

·　指导员工如何以积极的态度监督现场访客的行为。

·　不断对导游进行环境教育、解说、导游等方面的培训，使他们能够更好地管理游客。

现场行为引导：

·　控制访客可以进入的区域，限制他们进入敏感地点，并将其置于指定位置。

·　使用标识来影响行为。仔细考虑应该传达什么信息（一个与该地点相关的历史故事，或者可能关于该地点的警告）。确保站点反映了标识上的信息。保持信息简单，尽量少用文字。评估它在传递信息的同时如何有效抓住游客的注意力。

·　在现场提供环境教育和解释，以改变游客的行为，减少游客的出现带来的负面影响，鼓励游客在当地餐馆和酒店进行消费。

（三）保障机制

（1）制度保障

制定生态审计制度。审计是另一种形式的评估，通常用来评估公司本身，而不是它所依赖的资源。审计可以用来评估各种公司相关的因素，包括产品的盈利能力、能源和废物管理系统的效率，以及客户满意度。简而言之，审计是通过衡量环境、社会和财务业绩、业务风险和机会来促进更好管理的一种工具。海洋生态旅游审计主要包括环境审计和文化审计。环境审计涉及土壤保持、家畜控制、淡水系统、废水管理、化学使用和固体废物管理、鼓励本地物种和支持本地动物种群的植被种植计划，并为未来管理建立基准。文化审计强调的关键问题包括：必须优先满足当地村庄的需要（如学校和保健设施升级），必须将社区项目的决策从度假胜地转变为社区，与当地社区建立真正的伙伴关系，有必要在社区成员和度假村管理者之间就如何管理该岛及度假村和社区共享的宝贵社区资源加强对话。

（2）资金保障

可持续发展的海洋生态旅游活动需要长期的资金承诺。国家机构不太可能为长期的海洋生态旅游活动提供资金。"污染者自付"的原则已经应用于整个欧洲的工业发展，或许也适用于海洋生态旅游活动。海洋生态旅游产业可以通过向经营者协会收取会员费或征收旅行税来筹集必要的资金来监测其活动。一些组织如观鲸运营商协会资助研究，为他们提供信息，他们可以用来教育游客、公众和自己。在新西兰的群岛湾，与海豚一起游泳的经营者也要缴纳一笔费用，用于资助研究和监测。基金由一个委员会管理，该委员会由运营者、科学家和新西兰保护部的工作人员组成，虽然这项征税没有法律约束力，但运营者免费捐款，因为他们可以决定资助什么研究。

若干研究表明，如果资金确实用于研究和监测，按征税计算的支付意愿就会高得多（Orams，2000）。研究、教育和监测不应被视为奢侈品，而应被视为可持续观鲸管理的必要组成部分。这类活动应视为经营海洋生态旅游活动所涉及的业务间接费用的一部分，类似于船只燃料和保险。除非将研究、教育和监测的资金投入海洋生态旅游的运营成本中，否则，海洋生态旅游不太可能真正实现可持续发展。

（3）法律保障

现有的法定和其他正式机制在规划和管理真正可持续的海洋生态旅游方面发挥着重要作用。但是，重要的是要认识到，这些措施往往需要得到一系列非正式和自行措施的补充，以便在自上而下和自下而上办法之间取得平衡。自我调节是海洋生态旅游规划的重要组成部分。在某些情况下，由于大量的支持、承诺和游说，非正式条例已演变成法律规定。例如，南极海洋旅游方面缺乏政府立法，导致旅游经营者之间进行合作自我管制，并制定和遵守了管理原则。邮轮运营商后来成立了一个联盟，即国际南极旅游运营商协会（IAATO），该协会发布了指导方针和行为准则。后来，《南极条约》为游客发布了正式的建议，并制定了自己的指南，这是由行业而不是监管机构率先制定了监管的先例。最近，一些运营商已经超越了 IAATO 的指南，制定了自己的优质实践手册，符合条约规定，在条件允许的情况下预计未来可以立法。

因此，缺乏（或现有的限制）法规的情况有可能缓解，特别是在旅游业的经济利益可以与保护相结合的情况下。以单行条例补充法定办法，可以解决正式的管制结构在规划海洋生态旅游固有的独特问题方面往往表现出来的缺点。

（4）协调机制

协调也是开发海洋生态旅游产品的重要手段。真正的海洋生态旅游的开发、规划和管理都是一个复杂的问题领域，需要合作，甚至不是简单的合作。与海洋生态旅游相关的问题非常复杂，任何个人或组织都无法解决。因此，如果要开发真正可持续的海洋生态旅游，问题领域的利益相关者之间的合作是必不可少的。在澳大利亚的大堡礁海洋公园和联合国教科文组织世界遗产地，规划通过一个由 GBRMPA 管理的综合管理系统进行。没有众多相关机构的合作，就不可能监测、规划和日常管理如此庞大且多样化的海岸公园。规划涉及广泛的理事会、机构和委员会，尽管 GBRMPA 是联邦政府的主要顾问，但许多其他政府机构和非政府组织也积极参与了海洋公园的管理。

许多沿海规划部门的模型建立在海洋生态旅游产品开发是一个零和游戏的假设之上，在这个游戏中，开发商和政府为赢得开发游戏而陷入战斗。现在人们普遍认为，开发商、政府及私人和公共部门都必须获益，才能让人们从新的投资中受益。像海洋生态旅游这样的活动，依赖于高质量的自然资源，可以从双赢的谈判系统中获得相当大的收益，但不幸的是，双赢的概念还没有被广泛应用到规划、协调和准许生态旅游发展的实际过程中。例如，圣卢西亚苏弗里埃尔地区的经验表明，双赢规划过程可能是有效的，当地居民、渔民、酒店业主和规划师，以及各种政府机构成功地参与了主要的、长期的旅游发展规划过程中，各方增强了海洋生态旅游认同的同时，自身价值和利益也得到应有的体现。

如图 4-3 所示，海洋生态旅游资源环境保护与游客体验的协调机制主要由三部分组成，它们分别是：监测机制、调节机制与反馈机制。海洋生态旅游资源开发首先通过监测机制得到监测信息，在必要时通过调节机制对系统进行调节，而后由反馈机制得到反馈信息，当出现偏差时，调节机制对系统进行再调节，然后再反馈，通过这样的不断循环，最终实现系统理想的协调目标。另外，监测机制除了为施控者提供初始信息外，还反复长期地为反馈机制提供信息。

第六节　海洋生态旅游资源保护

沿海资源有各种各样的利益相关者，如地区政府、渔业、私营公司、研究者等。这些利益攸关方往往以不同的目标运作，导致使用上的冲突，对可持续管理构成严重威胁。

一、海洋生态旅游资源保护中存在的问题

海洋生态旅游者进行的活动大部分要借助相应的设备完成旅游活动，配套产业，及其在旅游活动中购买的基本需求产品包括餐饮、住宿、交通等，成为海洋生态环境的主要污染源。主要有以下 4 方面的问题：

1. 海洋环境退化

这是最常见的与保护区旅游业相关的问题。游客可能会破坏他们前来参观的资源。退化以多种方式和不同程度发生。许多旅游业对自然资源的破坏是显而易见的：被践踏的珊瑚礁、海水的侵蚀和凋落物。游客对海洋区构成了其他的威胁，除了对表面的破坏，它们还会影响到自然界复杂的运作方式，造成微妙的变化和问题，包括改变海洋动物的饮食习惯、迁徙和繁殖等行为。许多变化难以察觉，但所有这些变化都是自然资源健康状况的重要指标。

2. 拥挤

无论是在社区还是在自然环境中，拥挤感都可能是一个问题。游客可能会开始与当地居民争夺空间。在一些有商业中心的大型社区，杂货店门前的队伍可能会变长。居民们可能不得不在当地餐馆等待晚餐。拥挤的人群也会让游客感到厌烦，因为很多游客都在寻求一个安静的自然之旅。国际游客可能会因为长途旅行被其他游客打扰而感到失望。

3. 资源开发同质化严重，动力不足

目前的产品基本上是"沙滩+酒店"，资源和产品整合度很低。空间上仍然有限，仍以滨海度假、沙滩观光为主，面向海面的海上运动产品、邮轮产品、海岛产品等仍未完全走向大众。尽管有三亚、厦门等具有品牌的目的地，但相比国际知名的海洋旅游目的地，如夏威夷、东南亚等国家地区，国际化程度仍然较低，大部分滨海旅游仅仅作为一个景点，对周边旅游、生产、消费等带动作用很小。

4. 管理冲突明显

海洋环境中的旅游管理可能对海洋科学过程和野生动物特性的了解非常有限，而且不同物种和不同管理者的管理方法可能不同。海洋和沿海物种、生境和景观从严重管理不善中恢复过来的能力有限。在研究和监测方面，缺乏多学科方法，管制和自行结构的效力往往没有得到监测，关于海洋物种容忍和阈值的研究有限或缺乏。

生态旅游对其他行业的存在尤其敏感，这意味着部门间和部门内的整合并不容易促进。当旅游活动影响到许多不同的产业利益时，海洋生态旅游的部门间容易产生冲突（即兼容与不兼容产业的问题），很难对规划采取综合办法。缺乏部门与利益的整合并非海洋生态旅游所独有，但由于其陆海界面，在海洋生态旅游规划与管理中往往难以实现最高程度的整合。此外，陆地沿海地区的规划和管理结构不能与海洋资源管理结构相辅相成，甚至可能完全冲突。

二、海洋生态旅游保护的具体策略

（一）合理评估空间游憩承载力

传统上，空间承载能力研究仅限于几种类型的区域：纵向空间、特定设计的空间（步道等）、私有空间（牧牛场等）、特定物种的栖息地、建筑和城市空间（历史中心等）。在定义地理空间时，基本上有开放和封闭两种类型，它们都可以被置于自然、乡村和城市三个领域。室内空间由于其设计的有限容量而存在一些使用限制。因此，确定其使用阈值较为简单。在这些情况下，承载能力的确定将主要与访问的安全性和感性方面有关，这将由游客对娱乐活动体验质量的期望来定义。有些游客对匆匆的参观感到满意，其他人可能想要一个详细的解释和全面的旅行。对于户外空间，分析是非常复杂的，因为背景通常更大、更多样化，从特定的地点（观景点、步道等）到广阔的地形（沼泽、潟湖等）。在这方面，必须考虑所有的娱乐设施，即使它们是人工建造的（野餐区、兽皮等），因为这些在评估承载能力时可能被忽略。

在海洋生态旅游休闲环境中，除了在建筑或设施（解说中心、生态博物馆、自然教室、历史建筑等）内进行的活动外，几乎所有的活动都将在室外的自然环境中进行。确定研究区域是接近承载力分析的第一步，因为这决定了工作的空间尺度。通常情况下，对一个旅游目的地的分析都是从一个整体的角度进行的，而对目的地内的旅游区进行更具体的分析。在对威尼斯和其他城市历史中心的研究中看到，应用线性规划可以确定游客承载能力。

（二）科学评价资源的脆弱性

在确定承载能力方面，资源因素也是基本因素，在分析资源为旅游活动提供的主要服务时，也应铭记这一点，即呼吁因素、对活动的支助和废物的接收。从一开始，就应特别注意资源的脆弱性。除景观外，海洋的主要吸引力在于其动植物，以及重要的文化遗产和民族资源。随意开发某些旅游区往往导致资源和景观的旅游整体吸引力下降。在这种情况下，人们可以在改变现状的过程中停下来，但一般来说，很难否认享受自然的权利，也很难放弃任何形式的旅游可能产生的收入。

（三）提高海洋旅游资源利用率

丰富海洋旅游类型，实现区域海洋旅游资源的整合。一是要避免出现单一的海洋资源开发模式，不断创新思维模式，营造独特的旅游生态环境和人文环境；二是积极推进经济增长方式转变，提升海洋旅游质量。

（四）增强海洋旅游的人文情怀和历史细节

在群岛旅游的辐射范围内，以独特的海洋文化为主导的旅游产业，通过对区域内各类可利用资源的优化整合，为游客提供定位准确、品质优良、独具特色的海洋旅游产品，以达到群岛海洋旅游资源共建共享的效果。规范海洋旅游市场，优化旅游管理模式，为海洋旅游的发展提供良好的环境。开发特色海岛旅游产品，创新旅游宣传方式，形成区域旅游优势。积极开发群岛特色旅游产品，打造人文情怀与自然生态相结合的海洋旅游品牌，结合各旅游景点，形成独具群岛风情的旅游链条。

改善群岛海洋旅游区发展不平衡，走各方合作之路，实现智慧旅游。完善海洋旅游基础设施建设，优化旅游环境，实现海洋旅游产业可持续发展。我们致力于提升海岛旅游功能，优化海岛旅游环境，营造宜居的海岛生态环境。在增加配套服务设施方面，相关部门要加强对旅游景点的调查检查，建立不定期检查机制，同时落实群众性监督管理措施，真正打造以人为本的海洋旅游服务。

三、海洋旅游资源保护——泰国模式

1962 年，Khao Yai 被指定为泰国第一个国家公园，泰国建立了保护区制度（PAS）。自那时起，该系统不断扩展，包括 319 个不同类型的保护区，覆盖 108064 平方公里，超过国家陆地表面的 21%。它包括 145 个陆地和海洋国家公园、69 个森林公园、53 个野生动物保护区和 52 个非狩猎区（国家公园、野生动物和植物部，2003）。这些不包括广大的分水岭保护区，因为它们经常与上述保护区重叠，不可能作为单个单位加以区分。目前的 PAS 还排除了一些小型保护区，如野生动物繁育中心、植物园和植物园，虽然这些保护区也有重要的生态旅游开发价值。

（一）保护区机构和管理结构

泰国的保护区系统目前由自然资源和环境部的国家公园、野生动物和植物部（以前是农业和合作部下属的皇家林业局）管理。国家公园、野生动植物部（DNP）由三个主要办事处组成，分别是国家公园办事处、野生动物保育办公室和流域保育办公室，每个办事处都负责依法管理其权责范围的资源。所有这三个办事处都设在曼谷的该部总部，并直接向总干事报告。值得注意的是，在国家公园办公室下，有处理休闲和自然解说、游客设施开发和自然资源管理的行政部门，所有这些都是自然旅游/生态旅游发展的基础。

除上述办事处外，还有 21 个区域办事处将正式命名为保护区管理处，位于各省级城镇。每个办事处的任务是与曼谷的这些办事处协调，并协助监督其负责的保护区单位的管理活动。

（二）保护区立法和法规

泰国的保护区管理主要依据三部现行法律，即 1961 年的《国家公园法》、1992 年的《野生动物保护法》和 1964 年的《国家保留森林法》。可以说，所有这些立法都被用来执行和支持所有保护区类别的管理活动。该部发布的若干规范性条例加强了这些规定。因此，它们在许多方面，特别是在资源保护方面，都是强有力和有效的。由于这三部法律都是在很久以前颁布的，因此不能跟上不断变化的形势，因此，如果需要，环保署可以用 1992 年的《加强和保护国家环境质量法》和其他法律来支持其活动。

《国家公园法》为管理所有用于休闲和自然教育的海洋公园提供了指导，因此，海洋国家公园可以成为所有保护区类别的领先者，成为真正的生态旅游目的地。此外，泰国旅游局在过去十年左右的时间里，努力在该国推广和开展了一些与生态旅游相关的活动。

（三）海洋旅游现场管理

正如前面提到的，泰国的保护区具有休闲和生态旅游的内在价值，因此它们对生态旅游的发展是可行的，特别是海洋国家公园。具体做法如下：

（1）大多数国家公园都采用了生态旅游的概念和原则作为旅游开发和管理的框架。它们严格遵循保护区体系的总体指导和行政监督。大部分公园的旅游开发和管理都符合泰国的生态旅游政策，并反映了政府的现行政策。

（2）大部分国家公园（145 个公园中约有 40 个）都有管理计划。公园管理计划通常包含管理区域，以指导资源和环境保护、娱乐及游客使用设施开发的整体活动。国家公园管理局目前正在考虑扩大努力，为所有剩余的国家公园制定管理计划。

（3）公园管理计划有一个主要的章节或部分专门用于娱乐和旅游。它包含了关于娱乐活动、旅游服务、设施发展、教育或解释计划的详细的具体行动。诸如娱乐和旅游项目的内容、地点、方式及由谁提供等问题通常会在计划中加以描述。一些管理计划甚至决定了在不影响其生态系统和组成部分的情况下，公园在特定时期（承载能力）可以吸收的游客数量。还有一些执行和实施了游客影响管理计划。

思考题

1. 区别海洋生态旅游资源与传统大众旅游资源。

2. 学习"一带一路"倡议，结合本章海洋生态旅游开发理论，讨论海南省的海洋生态旅游产业该如何创新。

3. 结合本章海洋生态旅游资源分类方法，判断海南海洋生态旅游资源生态敏感性，并提出符合海南海洋生态旅游开发的具体措施。

参考文献

[1]Newsome D. Marine ecotourism: perspectives and sustainability[C]. In: International seminar: 1st Fisheries and Marine Industrialization, 2012, 27-28 September, Pekanbaru, Indonesia.

[2]Cocklin C, Harte M, Hay J . Resource Assessment for Recreation and Tourism: a New Zealand Example[J]. Landscape and Urban Planning, 1990, 19(3): 291-303.

[3]Orams Mark B, and Brons Anouska. Potential Impacts of a Major Sport/Tourism Event: The America's Cup 2000, Auckland, New Zealand [D]. Visions in Leisure and Business, 1999, 18 (1): 13-28.

[4]卢云亭. 海洋生态旅游与可持续发展[J]. 经济地理，1996，16（1）：106-112.

[5]王建军，李朝阳，田明中. 生态旅游资源分类与评价体系构建[J]. 地

理研究，2006，25（3）：10.

[6]张丛. 海洋生态旅游资源开发战略研究[D]. 青岛：中国海洋大学，2009.

[7]刘颖. 南江县米仓山国家森林公园牟阳古城景区生态旅游资源评价研究[D]. 成都：成都理工大学，2008.

[8]许海华. 鲁运河城市带旅游资源整合开发研究[D]. 扬州：扬州大学，2008.

[9]张云松. 基于 WebGIS 的承德地区旅游资源评价系统的设计与实现[D]. 石家庄：河北科技大学，2012.

[10]彭江. 产业园区协调发展战略研究[D]. 上海：复旦大学，2006.

[11]黄羊山. 对旅游产品的几点看法[J]. 桂林旅游高等专科学校学报，2001，12（1）：3.

[12]王跃伟. 舟山市海岛旅游发展战略研究[D]. 大连：辽宁师范大学，2015.

[13]董晓英. 浙江省普陀山风景名胜区海洋生态旅游开发研究[D]. 重庆：西南大学，2010.

[14]汪朝辉. 山岳型森林公园生态安全评价研究[D]. 长沙：中南林业科技大学，2012.

[15]李绮华. 基于生态安全的生态旅游资源开发研究[D]. 厦门：厦门大学，2009.

[16]国家旅游局、国家环境保护总局关于进一步加强旅游生态环境保护工作的通知[EB/OL]. http://www.law-lib.com/law/law_view.asp?id＝105493.

[17]尤兵兵. 同安生态旅游业发展战略研究[D]. 厦门：厦门大学，2009.

[18]张健华，余建辉. 森林公园环境保护与游客体验管理的协调机制研究[J]. 福建农林大学学报（哲学社会科学版），2007（06）：38-42.

[19]杨桂华等. 海洋生态旅游[M]. 北京：高等教育出版社，2000.

第五章 海岛旅游目的地保护开发模式与实施路径

【学习目标】
- 了解海岛保护开发模式的目的及意义
- 掌握海岛旅游目的地规划的内容
- 了解海岛旅游目的地常见开发模式

【知识要点】
- 海岛旅游目的地开发模式分类
- 海岛旅游目的地开发的阶段
- 海岛旅游目的地规划的概念、内容

第一节 海岛旅游目的地保护开发模式概述

一、海岛旅游目的地保护开发模式概念

我国海岛数量多，绝大多数是无居民海岛，小岛屿占极高比例。根据《我国近海海洋综合调查与评价》专项海岛调查确认，全国海岛总数为 10312 个。其中，有居民海岛数量为 569 个，其他均为无居民海岛，无居民海岛约占海岛总量的 95%。我国小岛（面积小于 5 平方公里）和微型岛（面积小于 500m²）数量最多，约占我国海岛总数的 98%。

我国早期的海岛开发利用，缺乏法规或部门规章依据，存在生态破坏和环境污染问题，海岛防灾减灾能力弱和开发层次不高。2010 年 3 月 1 日施行《中华人民共和国海岛保护法》，是我国第一部全面加强海岛保护及合理开发利用，明确监督检查主体和违法违规处罚条款的法律。以此部法律的施行为元年，我国的海岛开发进入了海岛保护开发的新时期，盲目开发、破坏海岛

及周边海域生态系统、不注重环境保护、违规违法的开发行为都受到更多制约和禁止，追究刑事责任。

习近平总书记在党的二十大报告中提出："推动绿色发展，促进人与自然和谐共生。"习近平总书记指出，大自然是人类赖以生存发展的基本条件。尊重自然、顺应自然、保护自然，是全面建设社会主义现代化国家的内在要求。必须牢固树立和践行绿水青山就是金山银山的理念，站在人与自然和谐共生的高度谋划发展。中国式现代化是人与自然和谐共生的现代化。人与自然是生命共同体，无止境地向自然索取甚至破坏自然必然会遭到大自然的报复。我们坚持可持续发展，坚持节约优先、保护优先、自然恢复为主的方针，像保护眼睛一样保护自然和生态环境，坚定不移走生产发展、生活富裕、生态良好的文明发展道路，实现中华民族永续发展。

海岛旅游目的地保护开发模式是在保护海岛生态、环境、资源的前提下，以海岛地区可持续发展为目标，科学进行海岛保护与利用规划，合理利用海岛资源，为后代人预留足够的海岛资源及发展空间，开展低影响的旅游开发活动的开发模式。①

二、海岛旅游目的地保护开发的目的和意义

海岛根据传统成因类型可分为大陆岛、海洋岛和冲积岛三大类（张耀光，2012）。海岛的生态系统具有海陆二相性、资源独特性和系统完整性。

1. 海陆二相性，是指海岛具有陆地和海洋两种生态系统。部分海岛具有陆地的森林、雨林等植物和一定的陆生生物。海岛具有周围海水所承载的海洋生态系统，包括潮间带、浅海、半深海带和大洋带的海洋生物群落及海洋环境。

2. 资源的独特性。产生原因是海岛与陆地被大洋长期分隔，例如南太平洋上的群岛距离陆地均十分遥远。随着时间的演进，部分海岛上的生物在大陆上是不存在的，如南太平洋海岛的岛陆巨蟹、小笠原岛的迷你蜗牛。

---

① 可持续发展理论，可追溯到 1973 年达斯曼等阐述可持续经济发展原则的论文。1980 年，世界自然保护联盟（IUCN）将可持续发展的理念加入《世界自然保护战略》，该理念获得全球关注。1987 年，世界环境发展委员会发布《我们共同的未来》，分析了世界范围内粮食、环境、能源和居住等领域面临的问题，指出应改变经济和社会的发展模式，建议可持续发展模式，提出可持续发展的定义，为"既满足当代人的需要，又不构成危及后代人满足需求的能力的发展"。可持续发展概念的 5 条关键原则：整体规划；保护自然生态系统，尤其是生物多样性；保护人文遗产；给后代留有发展的资源；达到社会、经济和生态三者的可持续发展。

3. 系统完整性，是指海岛陆地及周围海域共同构成了一个既独立又完整的生态系统（刘康，2012）。

海岛生态系统的独特性和观赏性，让部分海岛具有开发为旅游目的地的潜力；海岛周边海域的渔业资源，也使得渔业养殖成为其重要产业之一；海岛的特殊区位，使得部分海岛发挥着保卫国家权益、军事国防、航标或测控用途；部分海岛也为工业、能源等领域开发利用。

同时，海岛的生态环境具有脆弱性及易损性，一旦破坏，修复难度大，恢复周期长，使得海岛的利用价值下降，同时造成海岛资源的破坏，甚至海岛的消失。

海岛旅游目的地保护开发具有如下目的和意义：

第一，海岛保护开发有助于科学合理利用海岛资源。部分海岛资源具有开发价值，在保护的前提下的开发可发挥其经济和社会价值。海岛保护开发前期制定海岛保护与利用规划，将确定海岛发展定位与发展目标、海岛保护与利用分类、海岛分区保护、海岛重点工程建设、海岛保护与利用的专项支撑体系（张志卫等，2017）。海岛保护开发实施阶段，可以科学合理利用海岛资源，有效杜绝了海岛盲目开发造成的海岛及其周围海域生态环境破坏的问题。

第二，海岛保护开发前期将明确海岛生态系统的健康程度和海岛资源环境的承载力，有利于对海岛生态系统的保护与维护，以及对已破坏的海岛生态系统的修复。海岛开发应在前期对海岛生态系统有科学全面的评估，并有完整的生态保护和修复方案，在后期实施时应避免对海岛生态系统造成严重破坏，在维护生态系统平衡下进行合理开发，使得海岛的资源价值持续发挥作用。

第三，海岛保护开发有助于对海岛自然资源有效保护和海岛人文资源的保护和传承。不合理的旅游、养殖、工业、建设等活动对海岛自然资源具有威胁性，应杜绝和禁止。同时，海岛保护开发对海岛的人文资源，如语言文字、文化艺术、民俗文化、历史传说、遗迹遗址等，具有保护和传承的意义。

第四，海岛保护开发前期对海岛生态环境的研究和规划，将明确海岛的灾害预防措施，并合理规划开发项目，减少海岛灾害对后期项目运营期的经济损失，有助于人员及设施设备安全保障，降低海岛灾害损失。

第五，海岛保护开发模式是可持续发展模式，促进社会、经济和生态三者的可持续发展。海岛保护开发模式核心是可持续发展理念，将有利于实施保护开发模式的海岛地区的可持续发展。

三、海岛旅游目的地保护开发模式影响因素

海岛保护开发模式的选择与以下因素密不可分：

1. 资源禀赋。海岛自身资源禀赋，包括自然资源和人文资源，是影响海岛开发模式选择的核心因素，在选择用何种模式进行开发之前，需分析海岛资源特色属性。

2. 生态环境承载力。良好的生态资源、优质的环境资源是海岛开发的物质基础，不同的海岛生态环境承载力不同，将影响海岛保护开发模式的选择。

3. 区域经济。一般情况下，区域经济发达的地区，对外沟通联系紧密，基础设施较好，能为旅游者提供较为便捷的外部交通方式。同时，区域经济的发达程度，与当地居民的旅游消费能力联系密切。

4. 客源市场需求。客源市场定位是开发模式选择的重要影响因素之一，客源市场的规模和质量是保证旅游业可持续发展的关键因素。

5. 交通条件。旅游交通是连接旅游者与旅游目的地的桥梁和纽带，在选择海岛旅游开发模式时，必须考虑旅游交通基础设施条件。交通成本是旅游者选择旅游目的地的重要影响因素，交通成本的降低有利于吸引较远客源地的游客。

四、海岛旅游目的地保护开发模式分类

海岛旅游目的地保护开发模式分为优化型保护开发、协调型保护开发、限制型保护开发、禁止开发四类。

1. 优化型保护开发

可以进行开发中保护，已经成为居民居住区域、政府办公地、医院、学校等公共部门，或者已经开发为大众旅游的目的地，此区域应该严格对现有生态和人类活动对于环境的影响进行科学的计算和预测，得出可以承载的人口和活动，保证此区域社会、经济、生态的可持续发展能力。

2. 协调型保护开发

可以进行保护中开发，此区域拥有生态旅游资源，生态承载力较强，既可作为生态旅游产品或活动的所在地，又可承受少量旅游接待设施。此区域应严格执行环境监控和生态补偿措施，达到生态的可持续发展。

3. 限制型保护开发

可以进行保护前提下的限制性开发，生态系统处于健康阶段，在生态可以承载能力之内进行限制性的研究、参观等对生态影响较小的活动，但是需

要对导游、游客进行环境保护教育并规范其行为，以免对生态环境造成不良影响。

4. 禁止开发

生态系统脆弱或处于生态修复阶段的区域，在保护区的严格监控和保护之下，除在控制之下的研究和保育活动外，禁止人类活动。

第二节　澳大利亚菲利普岛保护开发模式案例研究

菲利普岛位于澳大利亚最南端的墨尔本附近，以观看小企鹅归巢的生态旅游闻名于世界。菲利普岛的生态旅游获得过多项环境和旅游奖项，被生态旅游领域的专家认可。菲利普岛自然公园获得澳大利亚 2008 年度生态经营者奖、2013 年海岸杰出奖之自然环境奖，以及第六届维多利亚旅游奖。澳大利亚的生态旅游行业处于全球领先地位，其先进的开发与管理理念和经验值得借鉴。该国政府积极推进生态旅游战略的实施，制定法律和认证标准。该国目前旅游业的模式大部分是生态旅游，让旅游者欣赏原生态的自然和土著文化，是世界上重要的生态旅游目的地，是全世界 65% 的生态旅游者的目的地。

一、菲利普岛生态旅游发展概述

维多利亚州政府于 1996 年创建了菲利普岛自然公园（Phillip Island Natural Park，PINP），约 18 平方公里，是全球最大的野生企鹅保护区、澳大利亚最大的海豹保护区。

该自然公园所处位置是海洋动物的迁徙地和繁殖地，每年有 3 万多只企鹅到此进行陆地繁殖，3 万多只海豹在海豹岩附近活动，是 40 种海鸟的家乡。此外，公园的湿地、林地和海岸线也具有生态旅游的开发价值。该公园的生态旅游开发模式是以野生动物观光为核心，带动海岸地貌、文化遗产等其他生态旅游产品的模式。

身高仅 30 厘米的小企鹅是菲利普岛自然公园的核心卖点，辅以海豹、海狮、考拉等野生动物观光产品，以及海岛地貌、湿地、澳洲农场文化等一系列生态旅游产品，形成多产品线经营，既丰富了游客的旅途，又加强了盈利能力。菲利普岛生态旅游产品体系如图 5-1 所示。

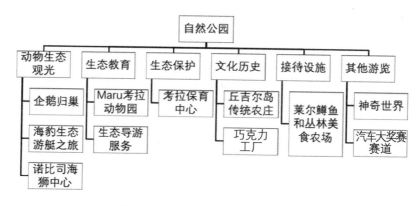

图 5-1　菲利普岛生态旅游产品体系

公园主营业务收入来源是门票、活动、餐饮和纪念品，非营业收入有政府拨款、NGO 捐款、企鹅基金会接受的捐款。

2013—2014 年的公园财报显示，菲利普岛自然公园共接待游客量 122.4 万人，比上年度增长 4%，包括游览收费景点的游客 90 万人和游览免费景点的游客 32.4 万人。付费游客占总游客量的 73.5%，其中参加企鹅观看活动的游客增长率为 9.3%，参加此活动的中国游客的增长率高达 23.2%。PINP 接待的海外游客量占比为 56%，来自中国的游客数量增长最快。

菲利普岛自然公园的财务健康运营，保持较快增长。2013—2014 年度的主营业务收入为 2044.3 万美元，增长率为 13.5%，净利润为 197 万美元，增长率为 43.8%；收到的政府拨款和 NGO 捐款共计 72.9 万美元；投入生态环境保护的资金共计 360.3 万美元。该年度的收入增长主要来自国际市场，尤其是中国市场的收入增长。

二、菲利普岛经营管理和环境保护措施

菲利普岛自然公园是非营利性组织，所有者是维多利亚州政府，经营主体是由州政府环境、国土和水资源部（DELWP）任命的董事会。保护区的日常经营由董事会任命的 CEO 主导，下设科研部、环境管理部、设施维护部、销售和客服部、企业活动组织部、生态教育部、餐饮部、管理运营部。截至 2014 年 6 月，共计 213 名员工，是菲利普岛最大的企业。

保护区的环境保护措施系统且严密。研究部门提供科研成果，生态教育部进行传播，环境管理部及志愿者团队执行。公园制定了严密和细致的保护措施，请见表 5-1。

1. 菲利普岛自然公园的研究部门非常专业而且实干，主要工作是对小企鹅、海豹、海鸟、岛上野生动物等进行科学研究，其成果是制定生态保护策略的依据。研究团队专职人员共计7人，由专家学者、技术执行和在读硕士生、博士生组成。研究团队与大学和研究组织密切合作，团队经理彼得出任墨尔本大学的研究员；研究部门也为大学培养硕士、博士、博士后；2006年至2015年在国际期刊上发表论文108篇，出版书籍3本。

2. 生态教育部开发教育课程和组织教育活动，传播生态知识，唤起人们对于生态环境的保护意识。

3. 环境管理部门的主要工作是保护公园的自然环境，对野生动物进行保护、救援、抚育，制定和执行环境保护规定。

4. 志愿者团队帮助公园观察野生动物数量，协助接待游客、环境清理和修复工作。2013—2014年度，志愿者参与的工时累计超过6000小时。

表 5-1 菲利普岛自然公园管理措施

序号	项目	内容
1	居民搬迁	当地政府将岛上6000～7000人常住居民搬离企鹅保护区，集中安置
2	车辆让路	企鹅每天上岸时段，保护区附近封路，防止车辆误伤企鹅
3	限制游客数量	每天晚上观看企鹅归巢的席位控制在4000人
4	禁止的游客行为	禁止游客对企鹅进行拍照，以保护小企鹅的眼睛。提供手机应用，游客可在此下载企鹅图片
5	禁止的居民行为	对于遛狗的时间、地点、行为方式均有严格的规定 对于飞行的高度、区域进行规定，防止飞行器的频率和噪声影响保护区的野生动物
6	制定公园管理规定	Crown Land Reserves（PINP）守则 2010
	罚金规定	对于违反公园管理[Crown Land Reserves（PINP）守则 2010]的行为，公园可以按照州政府制定的罚金金额 141.61 美元开具罚款单
7	消防行动计划	防止火灾发生
8	狐狸和野草管理计划	狐狸是小企鹅的天敌，公园每年都会进行狐狸清除工作

2006年，公园成立企鹅基金会，募集的资金将全部投入小企鹅的研究和保护工作中。公众可以通过官网支付75美元的费用认养小企鹅，认养费用计

入基金会。

三、菲利普岛案例分析及借鉴

（一）开发模式

菲利普岛实行的是限制型保护开发模式。

首先，公园控制游客量。每天观看企鹅归巢活动的游客数量最多不超过4000人，每天开展的海狮游艇之旅的次数也有严格的限制。

其次，公园实施分区管理。岛上的居民住宅在岛的东侧，小企鹅和海狮的保护区处于岛西南角的夏之地半岛。保护区的海岸线有严格的划定范围，对于居民的遛狗行为有严格的时间和地点规定，对于飞机的飞行区域和高度均有具体限定。

最后，公园有生态环境保护措施。1985年，维多利亚州政府将夏之地半岛的产权赎回，此时该半岛有183处居民住房、1处宾馆和1处博物馆，由于人类的活动、动物天敌的威胁和火灾等原因，小企鹅的数量迅速下降。公园实施严格的生态保护举措，将居民和宾馆、博物馆搬离保护区，每年有计划地消灭小企鹅的天敌——狐狸，严密控制火灾等自然灾害，对于人类的活动进行限制，控制参观保护区的人数等。在有效的措施下，过去30年，小企鹅的数量翻倍。

（二）经验借鉴

1. 清晰的顶层设计

❑ 指导思想

菲利普岛自然公园的愿景是成为世界一流的生态保护区，并提供卓越的和真正的生态旅游体验。在其开发过程中，将生态环境保护放在首位，注重生态旅游资源的可持续利用，关注当地社区的可持续发展；建立了专职的动物学专家学者团队，进行科研工作，研究成果指导环境保护、生态补偿、生态教育、生态营销、生态产品开发等工作。同时，使用太阳能等技术节约能源。和当地社区、大学、组织、志愿者、政府建立良好沟通互动关系，使各方积极支持公园的发展工作。

❑ 开发原则

菲利普岛自然公园在开发过程中应用生态保护、生态教育、利益相关者、差异化、统一规划、分期开发、分区管理等原则。

❑ 商业模式

菲利普岛自然公园主营业务收入来源是收费景区门票、餐饮和礼品收入，营业外收入包括政府拨款、各类组织捐赠和企鹅基金会的收入，尽量使用志愿者来降低管理费用。其商业模式支持业务达到收支平衡，并有盈余，作为以环境保护为诉求的非营利性组织，PINP 是成功的。但是，该类型商业模式过于传统，其收入和游客接待量成正比，增长空间有限，其环境承载力直接决定其收入上限，应该考虑增加有增长空间的产品，建立生态旅游的商业生态系统。

2. 系统的生态旅游产品规划

菲利普岛自然公园生态旅游规划以小企鹅和海狮观察及澳洲农场文化体验为主打产品，并且辅以丰富的生态教育产品。

❑ 小企鹅

公园在小企鹅归巢途经路线上建立观察台，并定期更新小企鹅的每日上岸时间和数量，游客购票选位观看。

❑ 海狮

诺比司海狮中心提供在岸上观察海狮的场所，另外设计了海豹游艇生态之旅。

❑ 农场文化

丘吉尔岛农场文化旅游可以让游客了解澳洲古老的农场文化，参与农场活动，与农场动物接触，属于生态旅游中的文化旅游。

❑ 生态教育

菲利普岛的生态教育体系既丰富又有趣，覆盖了从儿童到成年人不同年龄段人群；也有不同时长的教育活动，有几个小时的活动，也有几天的夏令营活动；包括课程、体验、志愿者等多种参与程度的生态教育产品。

生态教育项目：开发了适应不同年龄的参与者的课程，包括初级、中级、VCE 级别课程。

学生教育站：关于动物知识、动物绘画、参与保护区的工作，以及学生夏令营和冬令营活动。

专业的生态导游：为游客进行生态知识讲解和传播；提供儿童生态教育的多媒体材料；为期数天的生态旅游之旅活动。

3. 完善的生态环境保护措施

为保护生态环境，在保护区内没有设立宾馆等住宿接待设施，设立有小型的咖啡厅、礼品店。在电力来源上尽量使用太阳能。

有固定资金对生态环境进行修复，如企鹅基金会的捐款均用于企鹅的保护工作；对受到威胁的野生动物或幼崽进行治疗或保育工作；通过志愿者活动进行本岛的垃圾拾取等环境重建工作。

澳大利亚菲利普岛自然公园的案例是非常典型、纯粹和成功的生态旅游的项目，并且位于南半球相似纬度，季节性强，适游时间短。菲利普岛自然公园生态旅游的核心吸引物是小企鹅，其数量在多年保护工作下逐渐增多。菲利普岛的经营者是维多利亚州政府的非营利组织，其愿景是成为世界一流的生态保护区，开展真正的生态旅游，并影响人类的环境保护行为。澳大利亚菲利普岛自然公园的生态旅游是获得认证，并在澳大利亚多次获得奖项的项目。非常有趣的是，该自然公园接待的海外游客量占比为 56%，来自中国的游客数量增长最快，增速超过 23%。某个侧面说明，中国游客对优质的生态旅游项目的接受程度高。此外，该公园的商业模式也是非营利组织（NGO）非常典型的商业模式，并且做到收入按照比例再投入相关研究、保护工作中，形成非常好的海岛旅游可持续发展模式。相关案例如表 5-2 所示。

表 5-2　案例研究总结对比表

海岛名称	圣淘沙岛	菲利普岛自然公园	西西里岛	蜈支洲岛
面积（平方公里）	3.9	18	25700	1.48
气候	热带海洋气候，四季可游	温带海洋性气候，春夏季为适游季节	地中海气候，春秋季为适游季节	热带海洋性季风气候，春秋冬季为适游季节
定位	The State of Fun 乐趣王国	世界一流的生态保护区，真正的生态旅游	文化遗产丰富的地中海旅游度假目的地	海岛玩家
经营方式	圣淘沙发展局（直属贸工部）统一管理，吸纳投资入驻	非营利组织（NGO），所有者是维多利亚州政府	文化遗产由政府统一管理，岛上多种经营主体	整体租赁，企业型治理
旅游者数量2018—2019	2000 万	112 万	暂无数据可查	100 万

海岛名称	圣淘沙岛	菲利普岛 自然公园	西西里岛	蜈支洲岛
保护措施	圣淘沙发展局主导规划、设计和保护	保护区保护措施完善，有固定资金支出用于生态环境建设和学术研究，具有生态教育、志愿者活动及基金会体系	高度重视文化遗产保护与可持续利用：其一，健全机构；其二，提供法律保障；其三，提供多元化的资金支持；其四，鼓励民间团体和公众参与	通过海洋牧场进行海底生态修复
开发情况	博彩业、主题公园、酒店、娱乐休闲及 MICE	自然和人文生态旅游产品	自然和人文旅游产品	酒店、休闲娱乐、海上运动等

第三节　中国青岛西海岸新区海岛保护开发实证研究

一、西海岸新区海岛资源分析与评价

（一）西海岸新区海岛资源概况

青岛西海岸新区已列入全国海岛名录的海岛有 42 个，海岛总面积 938 平方公里。这 42 个岛屿以链状和群状散布于西海岸新区的灵山湾和棋子湾海域，分属薛家岛街道（20 个）、胶南开发区（3 个）、积米崖港区（7 个）、滨海街道（1 个）、琅琊镇（3 个）和泊里镇（7 个）。多为沿岸岛（与大陆距离小于 10 公里），有 35 个；其余 7 个为近岸岛（与大陆距离 10～100 公里），形成两大海岛组团、六个岛群，详见表 5-3、表 5-4。

表 5-3　两大海岛组团、六个岛群一览表

组团	岛群	近陆距离	所在乡镇	海岛名称	数量
灵山湾组团	竹岔岛岛群	2.78～4.1 公里	薛家岛街道	竹岔岛、小石岛、大石岛、脱岛	4

续表

组团	岛群	近陆距离	所在乡镇	海岛名称	数量
	牛岛岛群	0.02～0.66公里	薛家岛街道	西禾石岛、陆子石、黑石线、驴子石、大青石岛、南庄大黄石、象外岛、象里岛、象垠子岛、老泉石、牛岛、外连岛、连子岛、中连岛、里连岛、老灵石	17
			积米崖港区	唐岛	
	灵山岛岛群	10.6～13.8公里	积米崖港区	灵山岛、牙岛子、小牙岛、试刀石、洋礁北岛、洋礁岛、礁黄礁	7
	胡南岛岛群	0.02～0.73公里	胶南开发区	黄石岚、大崮子、东央石	4
			滨海街道	胡南岛	
	斋堂岛岛群	0.89～1.46公里	琅琊镇	斋堂岛、大栏头	2
棋子湾组团	沐官岛岛群	0.17～1.7公里	琅琊镇	鸭岛	8
			泊里镇	沐官岛、沐官南一岛、沐官南二岛、沐官南三岛、沐官南四岛、三尖岛、大连岛	

表5-4 沿岸岛、近岸岛一览表

分类	岛群	近陆距离	海岛名称	数量
	竹岔岛岛群	2.78～4.1公里	竹岔岛、小石岛、大石岛、脱岛	4
沿岸岛	牛岛岛群	0.02～0.66公里	西禾石岛、陆子石、黑石线、驴子石、大青石岛、南庄大黄石、象外岛、象里岛、象垠子岛、老泉石、牛岛、外连岛、连子岛、中连岛、里连岛、老灵石、唐岛	17
	胡南岛岛群	0.02～0.73公里	黄石岚、大崮子、东央石、胡南岛	4
	斋堂岛岛群	0.89～1.46公里	斋堂岛、大栏头	2
	沐官岛岛群	0.17～1.7公里	沐官岛、沐官南一岛、沐官南二岛、沐官南三岛、沐官南四岛、三尖岛、大连岛、鸭岛	8
近岸岛	灵山岛岛群	10.6～13.8公里	灵山岛、牙岛子、小牙岛、试刀石、洋礁北岛、洋礁岛、礁黄礁	7

西海岸新区的 42 个海岛中，原本有居民海岛是 4 个，即灵山岛、竹岔岛、斋堂岛和沐官岛，其余 38 个是无居民海岛。目前由于沐官岛居民已全部搬迁，有居民海岛只有灵山岛、斋堂岛和竹岔岛，户籍人口合计 4200 余人，居民主要以海水养殖、捕捞和休闲渔业为生。其中灵山岛距大陆约 10 公里，岛形狭长，南北约 5 公里，东西约 1.5 公里，面积约 7.2 平方公里，最高峰歪头山海拔 513 米，是青岛和我国北方第一高岛，在全国仅次于台湾岛和海南岛，有"中国第三高岛"之称。

（二）西海岸新区海岛旅游资源调查与评价

西海岸新区海岛旅游资源条件如下。

1. 气候

西海岸新区岛屿所处海域气候为暖温带半湿润性季风气候，海陆热力性质差异明显，夏季盛行亚欧大陆低压，海洋上副热带高压西伸北进，由北太平洋副热带高压而带来的东南季风产生丰富降水；冬季则是蒙古高压带来的西北季风影响新区气候。

灵山岛岛群因距离大陆岸线较远，年平均气温 11.7℃，平均每年光照时间 2540 小时，年平均降水 780 毫米，气候属海洋暖湿性季风气候，冬暖夏凉。气候较西海岸新区大陆晚 15 天左右。无霜期 200 天，年平均雾日 50 天左右，多为平流雾（海雾），雾季集中在春末夏初。

牛岛岛群、胡南岛岛群、沐官岛岛群由于紧邻岸线，气候属于暖温带半湿润大陆性气候，空气湿润，雨量充沛，温度适中，四季分明，有明显的海洋气候特点：春季，干燥少雨，气温回升慢；夏季，湿热多雨，少见酷暑；秋季，空气清新，云淡气爽；冬季，风多温低，极少严寒。

竹岔岛岛群、斋堂岛岛群气候的海洋性特征弱于灵山岛岛群，大陆性特征强于灵山岛岛群，海陆兼备的气候特征使其适游期更长。

由于西海岸地理位置和海上气候的影响，常年多云雾，如灵山岛云雾多发时节，山顶云雾缭绕，犹如置身仙境，一切自然现象在云雾的笼罩下增添了一种朦胧的美感（图 5-2）。

2. 水文

西海岸新区六个岛群及附近海域海水环境质量状况总体较好，冬季、春季、秋季海域海水环境质量良好，基本属于第一类水质海域，非常适合开展水上、水下旅游活动（仅局部海域无机氮浓度超第二类海水水质标准）。西海岸新区海岛旅游资源中的水域景观主要涉及泉、涌潮与击浪现象和小型岛礁，比如竹岔岛和大石岛因"潮涨而分，潮落相连"所形成的分海奇观，是非常有吸引力的旅游资源。

图 5-2　灵山岛云雾

3. 地质地貌

42 个海岛按成因分为大陆岛和海洋岛两类。海洋岛是海底火山喷发或珊瑚礁堆积体露出海面而形成的海岛，灵山岛岛群、竹岔岛岛群、斋堂岛群所辖海岛及牛岛为海底火山喷发而成，又称火山岛。我国的海洋岛（含火山岛和珊瑚岛）主要分布在东海和南海，黄渤海极为少见，而灵山岛、竹岔岛、斋堂岛的火山岩溶地貌特征极为显著，具有很高的观赏性和科普性，是研究了解火山作用的最佳场所之一（图 5-3）。

其他四个岛群所属海岛均为因地壳沉降或海面上升与大陆分离而形成的大陆岛。

42 个海岛的地质构成均为基岩岛，不存在海岛物质的冲刷、迁移和海岛消失等环境问题，具有一个相对稳定的地质环境，是抗风化能力较强的残丘型海岛。这种稳定的地质环境为西海岸新区海岛的可持续开发提供较好的自然条件（图 5-4）。

图 5-3　竹岔岛的火山岩地貌

图 5-4　三连岛千姿百态的礁石奇景

4. 生物和植物资源

西海岸新区海岛及其所处海域的海洋生物资源丰富，海域内生物资源有国家一、二级保护动物黄岛长吻虫、多鳃孔舌形虫和文昌鱼，以及野生刺参、皱纹盘鲍和西施舌等。除此之外，黄鱼、海参、藻类、贝类等海珍品也很丰富，这些海洋生物是开展垂钓、赶海等旅游活动的基础。海岛上的鸟类资源也非常丰富，灵山岛上常见鸟类有 53 种，是省级鸟类自然保护区，有"候鸟驿站"的称号，是重要的候鸟栖息地和摄食地。

42 个海岛中的多数岛屿植被茂盛，树木覆盖率高，比如牛岛。牛岛上的植被以黑松、刺槐、榕树、桑树、柞树、杨树等高大乔木为主，还有桃树、杏树、李树、梨树、柿子树等几十亩果树，这些植物资源既有较大的旅游观光价值，又有田园采摘、海岛探秘的乐趣（图 5-5）。

图 5-5　牛岛远眺

5. 人文历史

西海岸新区人文活动类旅游资源丰富，在南宋绍兴三十一年（公元 1161 年）秋，宋金双方在唐岛湾（今在青岛开发区唐岛湾唐岛附近）发生了唐岛之战，这次战役是火器应用于军事领域后的第一次大规模海战，对宋金的政治局势及世界的航海进程等都有重大影响，此次海战被英国收入《影响人类最重大的 100 次战役》一书。

灵山岛上的人文活动较早，据胶州志记载，早在 5000 多年前的大汶口文化时期，灵山岛上就有人类生存繁衍。直到秦朝初期，才有居民在此居住，当时灵山岛归属琅琊郡的琅琊县管辖。1973 年，在李家村之沙嘴子海滩出土了环纹铜鼎、铜锛、陶片等一批珍贵文物，表明当时岛上的经济、文化已经比较发达。由于灵山岛处于琅琊古港和板桥镇古港的海上航运的必经之路上，因此成为海盗、倭寇劫掠货船的首选之所。明洪武五年（1372 年）为防倭寇侵扰在小珠山南麓设灵山卫城，并在灵山岛设军屯，直到清雍正十二年（1734 年）才撤卫划归即墨，降为灵山巡检分司。青岛建置（1891 年）后，灵山岛的军事作用进一步降低，常住人口也由军转民。

灵山岛的人文活动历史较长，保留下来的有价值的历史遗迹有烽火台、鱼骨庙、尼姑庵等文化遗址，更多的是与海盗、金兵、屯军、倭寇有关的民间传说。

斋堂岛和沐官岛临近琅琊台，其民间传说也与帝王寻仙故事有关。传说秦始皇当年求仙，其侍从在沐官岛沐浴，在斋堂岛斋戒。又传斋堂岛上古有娘娘庙，相传为始皇之母斋戒居住之所，早已塌圮。

（三）西海岸新区海岛旅游资源特征

1. 海岛空间分布呈"大分散、小集中"

使用 ArcGIS，对青岛市西海岸的 42 个海岛的分布密度进行分级可视化分析，得到西海岸岛屿密度分布。青岛市西海岸海岛多为近海海岛，在空间上沿海岸线分布，密度上具有明显的差异。海岸线北部海岛分布最为密集，南部次之，海岸线中部海岛分布最为稀疏，呈零星式分布。整体上呈现"大分散，小集中"态势。部分岛屿分布相对集中，如牛岛、唐岛、胡南岛等独立存在，其余均为三四个为一组串联分布，岛与岛之间以 10 至 50m 海沟或基岩浅滩为界，低潮时可徒步往返，如象里岛、象外岛、象垠子岛，竹岔岛、大石岛、小石岛、脱岛等。

2. 旅游资源类型较为丰富

依据《旅游资源分类、调查与评价》（GB/T18972-2017）提出的旅游资源分类规定的内容和方法，对西海岸新区海岛旅游资源进行调查，可以发现海岛旅游资源类型较多，海洋资源、生态资源、历史文化资源、生物资源、气候旅游资源等多资源并存分布，与海相关的旅游资源数量较多，多种类型的资源组合为构建丰富的海岛旅游产品提供了优良的资源本底条件。

二、西海岸新区海岛开发现状

（一）无居民海岛情况

全区有 38 个无居民海岛，总面积 459363 平方米（约为 45.9 公顷、688.7 亩）。

1. 海岛面积大于 10000 平方米（1 公顷）的有 9 个：大石岛、脱岛、牛岛、里连岛、中连岛、外连岛、牙岛子、唐岛、胶南鸭岛。海岛均有植被，主要是草丛、灌木、乔木。

2. 海岛面积 2000 平方米（0.2 公顷）至 10000 平方米（1 公顷）的有 6 个：小石岛、连子岛、象外岛、象里岛、试刀石、洋礁岛。其中象里岛、象外岛无植被，小石岛、连子岛、试刀石植被是草丛，洋礁岛植被是草丛、灌木、乔木。

3. 海岛面积 2000 平方米（0.2 公顷）以下有 23 个：驴子石、大青石岛、象垠子岛、西禾石岛、陆子石、黑石线、南庄大黄石、老泉石、老灵石、小牙岛、洋礁北岛、黄石岚、大崮子、东央石、礁黄礁、胡南岛、大栏头、沐官南一岛、沐官南二岛、沐官南三岛、沐官南四岛、三尖岛、大连岛。其中小牙岛上有草丛，象垠子岛植被是灌木，其他海岛无植被。

（二）有居民海岛情况

全区有 4 个有居民海岛，分别为灵山岛、竹岔岛、斋堂岛和沐官岛，总面积 8926661 平方米（约为 892.22 公顷、13383.3 亩）。

1. 灵山岛情况

灵山岛隶属于积米崖港区管理委员会，位于西海岸新区东南黄海海域中。地理坐标：东经 120°09′43″，北纬 35°46′09″。距大陆最近距离 5.97 海里。岛屿呈东北—西南走向，南北长 5.1 公里，东西宽 1.4 公里，灵山岛岸线长 17.126 公里，面积 787.2193 公顷（11808.2895 亩），是青岛市最大的海岛。海岛地势南高北低，东陡西缓，周围多断崖，有大小山峰 56 个，是中国北方第一高岛，主峰歪头山海拔 513 米。

开发情况具体为：（1）城乡建设。岛上有三个行政村，12 个自然村，户籍人口 2472 人，常住人口 2250 人（2011 年海岛普查数据），岛上有水井数口，蓄水池数个。（2）渔业。岛子周边建设有养殖池养殖海参、鲍鱼等，岛周边海域有牡蛎、扇贝等筏式养殖设备。（3）公共服务。岛上建有邮政局、小学校、派出所等，设有灵山北灯桩、灵山南灯桩、城口灯桩、灵山岛北部灯塔一个。（4）农林牧业。岛上有少量耕地，种植花生等农作物。（5）旅游娱乐。岛上建设有饭店、宾馆，开发建设旅游景点等。（6）工业。岛上有修造船厂一处。（7）交通运输。该岛建有码头一座，供游船和补给船停靠。（8）生态修复示范工程。为实现整治改善灵山岛基础设施状况，促进海岛资源保护和清洁能源利用，在保护环境的基础上优化海岛发展模式，国家海洋局于 2012 年 10 月正式批复"青岛市灵山岛生态修复示范工程项目"，前后共投入 21778 万元海岛保护专项资金，完成建设环岛路东段改建工程、岸线整治工程、垃圾集中处理工程、蓄水涵林工程四项工程，编制了灵山岛总体发展规划。

2. 竹岔岛情况

竹岔岛隶属于薛家岛街道办事处，位于办事处驻地东南 8.5 公里的黄海海域中。地理坐标：北纬 35°56′33.2″，东经 120°18′32.8″。距离陆地最近处 2.9 公里，最高处海拔 34.4 米。岛屿呈西北—东南走向，南北长 900 米，东西宽 350 米，总面积 356235 平方米（35.6235 公顷、534.3525 亩），竹岔岛海岸线蜿蜒曲折，长 3408 米（3.408 公里）（2011 年海岛普查数据）。竹岔岛四面环海、与脱岛、大石岛、小石岛 3 个无人小岛构成竹岔岛岛群。

具体开发情况为：（1）旅游娱乐。该岛开发为旅游景点，以垂钓为主。（2）国防用途。该岛曾建有防空洞和营房，现已废弃。（3）渔业。该岛周围建有养殖池，岛子周边海域底播海参、鲍鱼等。（4）公共服务。岛上建有灯塔一个。（5）城乡建设。岛上有一个自然村居——竹岔岛社区，有户籍人口661人，常住人口584人，建设有民房、学校、竹岔岛宾馆等建筑。（6）农林牧业。岛上开垦农田，种植玉米、花生等农作物。（7）水电来源。岛上淡水缺乏，有水井，水质差；电力来自大陆海底电缆。（8）生态修复示范工程。为改善竹岔岛的生态环境，修复生态系统，提升海岛人居环境，为促进竹岔岛健康快速发展营造良好的生态环境和基础设施。国家海洋局于2012年12月批准"竹岔岛整治修复及保护项目"，总投资约4975万元，已完成建设渔港码头改建加固、陆岛交通码头维修、岸线综合整治、道路修整、植被绿化、垃圾集中处理、蓄水涵林七项工程。

3. 斋堂岛情况

位于北纬35°37′48″，东经119°55′24″，属琅玡镇，处琅玡台东南方向约0.9公里。它因"始皇登琅玡时，侍从斋戒于此"（《诸城县志·山川考》），所以得名"斋堂岛"，后来遭毁坏，但遗迹犹存。斋堂岛分南岛和北岛，南岛高69.6米，北岛高27米，两岛之间有一狭长堤坝连接，距陆最近点处约0.7公里。岛上有娘娘庙，相传为始皇之母斋戒居住之所，早已塌圮；岛上还有甘泉，位于海边绝壁，相传为太后洗脸盆；此外还有黑石门等景点；山顶上有一座高11.8米的灯塔，虽然是20世纪50年代建造的，但由于海风雕蚀，它颇有久历沧桑的风貌，为海岛点染出一种历史气氛。

具体开发情况为：（1）农林牧业。岛上有耕地，种植玉米、花生等农作物。（2）公共服务。岛上有国家大地控制点一个，信号塔一座。（3）渔业。周围开发养殖池，养殖海参、鲍鱼等，开发岛周边海域底播养殖。（4）城乡建设。有户籍人口1148人，常住人口800人，岛上淡水和电力来自大陆。目前，村庄无搬迁计划。（5）旅游娱乐。岛上已经开发旅游业。（6）工业。岛上有修造船厂一处。（7）交通运输。该岛建有码头两座，供游船和补给船停靠。

4. 沐官岛情况

位于北纬35°35′36″，东经119°44′00″，琅玡古港西，因大陆部分下陷，海水隔断而成。岛呈南北走向，长约1.2公里，宽约0.3公里，面积约0.36平方公里。沐官岛海岸线长约2.8公里，海拔12.1米。岛上有淡水井三眼，岛东及东南距岛0.3公里处各有一浅水点，岛上建有码头，有渡船往来，大潮退时，可徒步出入。据史书记载，始皇求仙，其从官沐浴于岛上。岛上有甘泉，地处海滨，潮来则隐于水下，潮退则可取用，据说与日照丝山相连，故又名"丝山泉"。岛上还有秦始皇沐浴的遗迹。岛前湾内，查为什河县城，后沉于水中，故当地有民谣"先有什河县，后有日照城"。据说天晴之日，可透过清澈的海水看清海底的村庄等遗迹。

具体开发情况为：（1）渔业。岛周边开发养殖池，养殖池养殖海参。（2）公共服务。岛上有国家大地控制点，移动信号塔。（3）农林牧业。岛上开垦耕地，种植玉米、大豆、花生及果树等农作物。（4）水电来源。岛上建有水井，电力来自大陆。（5）城乡建设。岛上有一自然村，共 50 户，常住人口 165 人，耕地 91 亩，目前村庄已于 2018 年完成搬迁工作并安置在董家口安置区二期。

三、西海岸新区海岛旅游开发的 SWOT 分析

（一）优势（S）分析

1. 区位优势明显

从区位上看，西海岸新区海岛开发利用前景较好。

（1）西海岸新区的区位优势。西海岸新区位于青岛市西部、胶州湾西岸，东与市南区隔海相望，西、西南分别与日照市、潍坊市接壤。有利的区位条件既有利于青岛西海岸新区接纳源于青岛主城区的旅游势能，又有利于吸收来自日照、潍坊方向的外围旅游能量，为青岛西海岸新区旅游业的发展提供强有力的市场支撑。

（2）待开发岛屿在西海岸新区中的区位优势。牛岛位于唐岛湾旅游景区内，薛家岛片区均位于凤凰国际旅游岛南部开放型海域内，灵山岛、竹岔岛、斋堂岛等海岛距离新区核心区、琅琊度假区、董家口港区等经济快速发展区域较近。金沙滩风景区、唐岛湾风景区、凤凰岛风景区、琅琊度假区等西海岸东部滨海景区与海岛紧密相邻，可以在海岛旅游开发的初始阶段，为其带来一定的旅游客源。因此，西海岸新区海岛旅游开发前景广阔。

2. 旅游资源特色突出，开发价值大

西海岸新区 42 个海岛旅游资源特色突出，汇聚了岛、山、海、林、乡等资源组合，在青岛市有着不可替代的资源特性。其中灵山岛、斋堂岛、竹岔岛及沐官岛属于有人岛，灵山岛资源最为丰富且开发较为成熟，斋堂岛因其独特的秦汉文化及自然资源具有较高的开发价值；竹岔岛因其交通便利、地理位置优越及较为突出的生态旅游资源具有较高的开发价值。

3. 交通告别"青黄不接"

2011年6月30日正式开通的胶州湾海底隧道，是我国最长的海底隧道，该隧道位于胶州湾湾口，连接团岛和薛家岛，6分钟即可从青岛老城区到达黄岛区。同时建成的胶州湾大桥，全长41.58公里，将"青—红—黄"三岛有机地联系在一起。"一桥一隧"的建设大幅缩短了青岛与黄岛之间的距离，彻底打破"青黄不接"的尴尬局面，提高了西海岸与青岛东岸主城区之间联系的交通效率。2021年启用的青岛新机场西移至胶州，使西海岸新区的空中交通短板被补齐。新机场将力争建成国家级关键交通节点，也将成为山东省唯一的内联全国、外接全球的世界级中转枢纽和国际门户。至此，可以预见：青岛西海岸新区的"海陆空隧地"网络化交通优势将不断加强。交通条件的改观不但为游客来西海岸提供了绝对的便利，还可以接纳源于青岛主城区的旅游势能，同时有利于招商引资，这对加快开发西海岸新区海洋岛旅游资源、推动沿海经济发展具有重要的作用。

（二）劣势（W）分析

1. 基础设施建设滞后

西海岸新区42个海岛中，4个是有居民海岛，38个是无居民海岛。有居民海岛水、电、交通、医疗等基础设施建设滞后，大部分海岛无垃圾和污水处理设施，政府公共服务保障能力不足，居民生产、生活条件依然艰苦。除竹岔岛、灵山岛有定点班船外，其他有居民海岛（沐官岛居民尽管已搬迁，但部分渔民还是回到岛上继续从事海产养殖）均需乘坐渔船进出，码头数量和规模不足。无居民海岛水、电、码头等基础设施严重匮乏，多数无居民海岛均登岛困难，使海岛旅游价值不能得到充分发挥。

2. 联动效应不足

西海岸新区各个海岛间的联动作用不强，尤其海岛之间由于交通条件的限制，整体呈现碎片化的旅游格局，难以实现旅游空间组织整合。已开发利用的海岛还处在"单兵作战"层面上，合作程度低，这造成旅游产品雷同，降低西海岸新区海岛旅游整体的吸引力。此外，海岛与陆域之间的联动关系也较弱，二者在客源、旅游路线上交集较少，目前尚未发挥"岛—陆"的组合优势，未来海岛旅游开发应考虑陆岛联动、岛岛联动，实现优势互补，合作共赢。

3. 开发层次低

已开发利用的有居民海岛如灵山岛、斋堂岛多为渔家乐，旅游产品开发层次低、规模小、不成体系，还没有形成"海底、海洋、海岸、海天"多角度立体化的旅游产品体系，不能满足游客多层次、多元化的消费需求。海岛住宿设施不完善，民宿建筑特色不明显，经营者多为当地居民，服务接待人员也以家庭成员为主，基本没有受过专业的服务培训指导，缺乏基本的服务技能和先进的管理经验，服务意识淡薄，与规范化、标准化的旅游接待水平存在较大的差距。此外，特色鲜明的海岛文化产品几乎空白，有待进一步挖掘。

（三）机遇（O）分析

1. 海岛旅游大发展趋势

21 世纪是海洋经济时代，而海洋旅游是前景远大的海洋产业群的重要组成部分。全世界 40 大旅游目的地中有 37 个是沿海国家和地区，其旅游收入占全球旅游总收入的 81%。海岛旅游作为海洋旅游业的重要组成部分，目前国际上海岛旅游正在以超乎寻常的速度发展。据世界旅游组织估算，全球海岛旅游客人数正以每年 20% 的速度高速增长。近年来，国内海岛旅游也在蓬勃发展，三亚一年四季均为最热门的海岛旅游目的地，厦门、青岛、北海、大连等拥有优质海岛目的地的地区的热度也在快速上升中。海岛已经成为人们休闲观光、避暑疗养、回归自然的重要目的地，消费者的日益成熟为海岛休闲旅游提供了有利条件，因此海岛旅游开发也是大势所趋。

2. 政策扶持

青岛市政府和西海岸新区政府高度重视旅游产业的发展，将旅游产业作为新的经济增长点和战略性支柱产业，这为西海岸新区旅游业发展提供强有力的政策支撑。随着《黄岛区海岸带及邻近海岛、海域保护利用规划（2014—2030 年）》《青岛西海岸国家级海洋公园总体规划（2016—2025 年）》《青岛西海岸新区（黄岛区）旅游业发展总体规划（2016—2025 年）》《西海岸新区综合交通规划（2017—2035 年）》《青岛西海岸新区总体规划（2018—2035 年）》《青岛市全域旅游规划纲要（2018—2021 年）》等的出台，海岛旅游开发迎来政策机遇期。

2019 年 8 月 26 日，国务院下文成立的山东自由贸易区青岛片区正式落户西海岸新区，海岛旅游发展再添强劲动力。

3. 西海岸新区的设立

上升为国家级新区是青岛西海岸新区旅游业发展最重要的机遇。按照国务院的批复意见，青岛西海岸新区确立了"承接新战略，培育新产业，建设新城区，探索新机制"的总体发展思路和"高起点规划，高标准建设，高水平管理"的工作原则，明确了"一二三四五六"的基本思路，其中"一"是指发展海洋经济的主题，并提出计划到 2020 年和 2024 年，地区生产总值分别达到 5000 亿元和 8000 亿元。由此可以看出，青岛西海岸新区的发展已经进入快车道，"实施海洋战略、率先蓝色跨越、建设美丽新区"的愿景开始落实。青岛西海岸新区在区位条件、海洋科技、国际航运、产业集聚、政策环境等方面具有综合优势，这能够为海岛旅游提供良好的发展基底和外部推力，有力支持海岛旅游的规模增长。

4. 专门成立海岛开发有限公司

2019 年 5 月 13 日，青岛西海岸新区管委办公室下发《关于授予青岛西海岸新区融合控股集团有限公司海岛保护利用职责的通知》，明确将西海岸新区的 42 个海岛的保护利用职责授予青岛西海岸新区融合控股集团有限公司。融合控股随即成立"青岛融合海岛开发有限公司"，专门负责海岛保护、利用。具体职责包括四个方面：

第一，按照科学规划、保护优先、合理利用的原则，对新区海岛进行保护、利用。

第二，对于融控集团承担的海岛保护、生态修复和科学研究活动等政府确定的公益性项目投入，由区财政部门按照补偿成本、合理收益原则予以资金拨付。

第三，支持通过市场化手段发展海岛旅游及衍生经济，提高海岛资源利用效率。

第四，公司依法取得海岛及海岛所属法定海域管理权、经营使用权和收益权。

青岛融合海岛开发有限公司的成立，为海岛科学开发、高效管理奠定了制度基础。

（四）挑战（T）分析

1. 建设成本较高

海岛开发并不是一件容易的事，最大的制约因素是基础设施建设，目前西海岸新区海岛旅游服务设施和配套基础设施亟须完善，如岛陆小交通、住宿、医疗、通信、垃圾处理等，但其建设成本相较大陆成倍增加，主要体现在运输成本、人工成本、材料抗风防腐蚀要求、建筑等级要求、生态环境要求和恶劣天气延误工期等方面。建设成本的增加将降低旅游开发投资商的投资信心，是西海岸新区海岛旅游开发的不利因素。

2. 生态系统脆弱

海岛特殊的地理位置、地质构造和外部环境导致海岛生态系统非常脆弱，加之淡水和土地比较贫乏，其生态环境一旦遭到破坏要想恢复是十分困难的。相对于内陆而言，对抗外界的干扰能力和自我修复能力较弱，稳定性差，生态系统十分脆弱，环境较易遭破坏。在开发海岛旅游时，或多或少会对环境造成一定的影响。西海岸新区 42 个海岛中，部分海岛因自然因素和人为破坏，造成沙滩侵蚀、沙质粗化，如斋堂岛、牛岛等；部分海岛因外来生物入侵或人为滥捕、滥采，已对海岛植被及鸟类等生物资源造成严重影响，如灵山岛等；部分有居民海岛因"三废"处理不力及坟茔等原因，造成环境污染及毁林占地问题，如灵山岛、斋堂岛等。如果不处理好这些生态环境问题，不能减少不利影响，会使海岛的生态系统受损，影响海岛旅游的可持续发展，也在一定程度上限制海岛旅游开发的深度和广度。

3. 旅游资源转化成旅游产品的能力

西海岸新区 42 个岛屿的旅游资源禀赋并不差，但这些资源在我国沿海旅游区具有很大的雷同性，如何在激烈的市场竞争中，深入挖掘这些旅游资源，推出有独特性和吸引力的一系列高质量的旅游产品是西海岸新区海岛旅游开发中的核心问题。毕竟，旅游资源的价值最终是体现在旅游产品之上的，只有将旅游资源合理转化为旅游产品，才可以提高景区的对外竞争力。目前来看，我国海岛旅游产品层次较低，产品相似度较高，竞争力较弱，如何设计出深层次、体验性强的海岛旅游产品是个难题。

（五）SWOT 分析结论

SWOT 分析表明，西海岸新区海岛旅游发展机遇与挑战并存，困难与希望同在，但优势与劣势、机遇与挑战可以相互转化（图 5-6）。西海岸海岛旅游发展应抓住海岛旅游大发展趋势、政策对西海岸新区旅游发展的扶持、西海岸国家级新区的设立、"一桥一隧"的开通等巨大历史机遇，保护海岛生态环境，挖掘巨大的市场潜力，加强岛与岛、岛与陆的联系和合作，树立西海岸新区海岛旅游品牌，力争将海岛旅游打造成西海岸新区一张亮丽的名片。

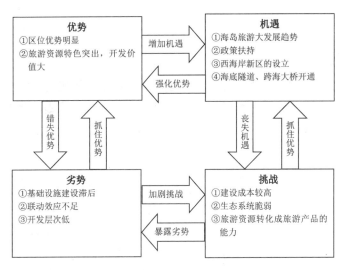

图 5-6　西海岸新区海岛旅游开发的 SWOT 分析图

从 SWOT 分析可以看出，西海岸新区海岛旅游资源禀赋不低，有很大的开发价值，但由于基础设施落后，未进行海岛开发的统筹规划，造成旅游产品开发层次低，产品雷同，市场规模小。未来可以加强基础设施建设，在硬件上提高竞争力；同时，西海岸新区 42 个海岛的旅游资源进行详细调查工作已经完成，已基本摸清了自己的"家底"，清楚了每个海岛的价值、特色及可能的旅游开发方向。如何提高旅游资源转化成旅游产品的能力，将海岛旅游产品的劣势转化成优势，在软件上提高竞争力，则是下一步工作的重点。

四、西海岸新区海岛保护开发模式研究

（一）西海岸新区海岛保护开发的相关规划

1. 《山东省海洋生态环境保护规划（2018—2020）》

《山东省海洋生态环境保护规划（2018—2020）》规定，青岛西海岸国家级海洋公园（海洋部分）为海洋特别保护区，生态保护目标为海洋生物资源、海洋生态系统、自然景观保护。环境保护要求是，保护该海域独特的海洋生态环境和生物多样性，保持稀有野生动物基因库，恢复、增加该海域渔业资源量。保护岛、礁、岸、滩、岬角、海湾等海岸自然旅游资源，杜绝陆源污染直接入海，避免可能影响本海域的各种污染，规范处置固废，避免对毗邻海洋生态敏感区、亚敏感区产生影响，保持良好的近岸海域环境，保持原生自然近岸海洋生态系统。重点保护区海水水质、海洋沉积物质量和海洋生物

质量均不劣于一类标准；其他区域海水水质不劣于二类标准，海洋沉积物质量和海洋生物质量不劣于一类标准。

2. 《青岛市海岛保护规划（2014—2020）》

《青岛市海岛保护规划（2014—2020）》，依据有居民海岛开发利用现状和资源环境禀赋，遵循生态保护建设与优化开发并重的原则，将青岛市有居民海岛划分为特殊用途区和优化开发区，其中特殊用途区面积 3.19 平方公里，优化开发区面积 7.78 平方公里。

特殊用途区包括国防用途区域和保护区域，主要承载海岛保护功能。优化开发区主要承载开发利用功能，适宜开展度假、休闲运动、会议、旅游等活动，可进行酒店、旅游服务中心及其他娱乐设施建设，同时兼容农业生产和渔业养殖等功能。青岛市田横岛、大管岛、小管岛、竹岔岛、灵山岛、斋堂岛、沐官岛 7 个有居民海岛均规划有优化开发区。在有居民海岛优化开发区域内，坚持先规划后建设、生态保护优先的原则。防止在建设和生产过程中造成植被严重退化、水土流失、生物多样性降低和环境污染，对造成的环境影响应采取补救、修复的措施。

（1）竹岔岛岛群

现状概况：竹岔岛岛群位于凤凰岛东侧，包括竹岔岛 1 个有居民海岛和脱岛、大石岛、小石岛 3 个无居民海岛。

保护重点：竹岔岛流纹岩火山口、小叶朴、砾石滩及脱岛海蚀地貌景观、大地测量控制点和小石岛助航、导航公共服务设施。

空间管制：该岛群内海岛空间分区规划为禁止开发区、适度开发区和限制开发区。其中禁止开发区分布在竹岔岛东部小叶朴周边区域和南部火山口周边区域、脱岛东部沿岸区域、小石岛南部灯塔周边区域，面积为 17225 平方米；适度开发区分布在竹岔岛西部区域、脱岛西北部区域，面积为 238340 平方米；其他海岛陆域均为限制开发区，面积为 228385 平方米。

该岛群岸线规划为预留岸线、旅游岸线和码头岸线。其中预留岸线为大石岛、小石岛整岛岸线及脱岛、竹岔岛部分岸线，长 3400 米；旅游岸线分布在竹岔岛的南北两侧及脱岛西北部，总长 2482 米；码头岸线分布在竹岔岛西侧中部，长 921 米。

发展引导：依托凤凰岛旅游度假区，重点发展现代文化旅游度假功能。

（2）灵山岛岛群

现状概况：灵山岛岛群位于灵山湾东侧，包括灵山岛 1 个有居民海岛，礁黄礁、洋礁岛、试刀石、牙岛子、小牙岛和洋礁北岛 6 个无居民海岛。

保护重点：灵山岛小叶黄杨、小叶朴等特色植被，海岸火山地貌，海防设施及生态系统，以及灵山岛、洋礁岛助航、导航公共服务设施。

空间管制：该岛群内海岛空间分区规划为禁止开发区、限制开发区和适度开发区。其中禁止开发区分布在灵山岛东北角及南部，面积为 3256108 平方米；适度开发区分布在灵山岛西侧区域及中部的居民区，面积为 1030013 平方米；其他海岛陆域均划为限制开发区，面积为 3622860 平方米。

该岛群岸线规划为预留岸线、生态岸线、旅游岸线和码头岸线。其中预留岸线分布在灵山岛的东北部及牙岛子岛、小牙岛、洋礁北岛、礁黄礁全岛，长 7893 米；生态岸线分布在灵山岛的东、南部和洋礁岛整岛岸线，长 6486 米；旅游岸线分布在灵山岛西部和试刀石整岛岸线，长 1971 米；码头岸线分布在灵山岛西侧，长 2532 米。

发展引导：为省级自然保护区，加强自然生态系统保护，协调当地居民发展，适度发展海岛度假休闲、现代渔业和休闲渔业功能。

（3）斋堂岛岛群

现状概况：斋堂岛岛群位于琅琊台风景区东侧，包括斋堂岛 1 个有居民海岛及大栏头 1 个无居民海岛。

保护重点：斋堂岛灯塔、卫星定位连续运行站和大地测量控制点。

空间管制：该岛群海岛空间分区规划为禁止开发区、限制开发区和适度开发区。其中禁止开发区分布在斋堂岛南部区域和大栏头整岛区域，面积为 130654 平方米；限制开发区分布在斋堂岛东北部区域，面积为 1691 平方米；适度开发区分布在斋堂岛中部居民区和北部区域，面积为 278940 平方米。

该岛群岸线规划为预留岸线、旅游岸线、渔业岸线和码头岸线。其中预留岸线分布在斋堂岛的南部，长 1270 米；码头岸线分布在斋堂岛西侧中部，长 733 米；渔业岸线分布在斋堂岛西侧北部，长 884 米；旅游岸线分布在斋堂岛东部岸线及大栏头，长 3714 米。

发展引导：重点挖掘当地传统文化资源，发展文化旅游度假功能，成为琅琊台风景区的重要组成部分。

3. 《黄岛区海岸带及邻近海岛、海域保护利用规划》

《黄岛区海岸带及邻近海岛、海域保护利用规划》，将区内 42 个海岛按照主要利用功能划分为 5 类。海岛的开发利用以保护生态、可持续利用为前提，岛屿开发主要集中在面积较大的竹岔岛、灵山岛、斋堂岛等岛屿，以及相关规划中确定的港口功能海岛，其余面积较小的岛屿和特殊利用海岛不进行大规模的开发建设。

（1）旅游度假功能海岛

面积较大、自然景观良好、生态承载力较好、具有较高的旅游价值的大型海岛为旅游度假功能海岛，包括竹岔岛、灵山岛和斋堂岛。应严格保护海岛的沙滩、礁石、植被、历史遗址等资源及生态敏感区域。岛屿开发建设应当在科学评估后进行，不得超过海岛的水资源承载能力和环境容量。

①竹岔岛发展养生、探险、度假、水上运动。其村庄建筑可鼓励赋予活泼、浪漫时代特性的欧陆特色作为其主要的风格，色彩采用白、黄、蓝为主调。

②灵山岛发展高端旅游度假、山林休闲观光，其村庄以青岛建筑风格为主调，应尽量反映"红瓦、绿树、碧海、蓝天"的建筑风貌。

③斋堂岛以秦汉文化体验、渔俗体验为主导功能。其村庄空间布局以秦汉时期的"里坊制"为特色，建筑以两层仿古阁为主，色彩以灰屋顶白墙体为主，房檐和墙体可点缀褚红色。

（2）休闲旅游功能海岛

面积相对较小、生态资源较为良好、具有一定旅游开发利用价值的海岛开发为休闲旅游功能海岛，包括牛岛和连三岛群（含连子岛、外连岛、中连岛和里连岛）。休闲旅游功能海岛以登岛观光为主，不设置居住功能，不进行大规模开发。应严格保护海岛的沙滩、礁石、植被、历史遗址等资源及生态敏感区域。合理确定岛屿旅游容量，控制入岛游客数量。控制旅游设施的规模，其设计、施工应当与周边环境协调。

（3）港口产业功能海岛

沐官岛群、鸭岛根据已批规划，其功能以港口产业功能为主导。此类海岛的利用及管制参照相应的港口规划进行。沐官岛未来进行填海连陆，围合水域形成沐官岛水库；鸭岛附近海域进行填海、构筑港池，建设冷链物流区。

（4）观赏对景功能海岛

前述4类功能海岛之外的其余岛礁，普遍面积较小，植被稀少或无植被，生态容量低，为观赏对景功能海岛，应以保护为主，不进行开发建设，不设登岛观光。可营造良好的景观，作为陆域开发的对景，或作为海岛旅游的观赏性景观岛。对此类海岛实施严格保护，禁止炸礁、取石、填海连岛，禁止与保护无关的开发建设活动。特定区域设置景观性构筑物，应当经过严格的论证或核准。

（二）西海岸新区海岛保护开发定位及指导思想

1. 开发定位

西海岸新区群岛资源禀赋在全球范围，或中国范围内资源禀赋优势不明显，气候条件、岛屿面积、基础设施、交通条件也给予限制，如果不进行创新开发、高水平定位，西海岸新区海岛开发较难获得长足发展。同时，青岛西海岸国家级海洋公园（海洋部分）为海洋特别保护区，对其海洋生态环境保护有明确要求。西海岸新区群岛开发对于生态环境的影响，势必被严格限制和考核。因此，传统的对环境破坏大的开发模式并不适合西海岸新区群岛开发。

全球海岛旅游主要分布在地中海、加勒比海、大洋洲和东南亚等地区，其自然资源、气候条件、人文资源，都具有非常强的优势。国内海岛发展较好的海南岛，也不能与西海岸新区海岛的旅游进行类比，海南岛的早期发展模式更多的是地产模式和观光旅游，近几年有了度假旅游。国内可以类比的是舟山群岛，但是其普陀岛的佛教文化，以及所处的长三角地区，给其带来巨大的客源市场，比西海岸新区群岛的优势大很多。新区群岛的定位必须跳出传统思维，敢于突破和创新，敢于无中生有，敢于奋勇当先，捷足先登。

西海岸新区群岛保护开发定位应面向国际市场和国内中高端市场，开展真正的生态旅游、主题文化旅游，提供高端生态健康度假，提供群岛生态旅游度假及生态渔业产品，成为国内领先的群岛类可游乐、可游学、可体验和可度假的生态旅游目的地、健康度假目的地，及国际上具有影响力的生态旅游典范目的地。

2. 指导思想

坚持以"发展海洋经济，保护海洋生态环境，加快建设海洋强国"为第一指导思想，确保西海岸新区群岛成为国际认可、国内领先的生态旅游和健康度假目的地，地方政府及海岛旅游开发的相关部门，引入国际化的视野、前瞻性的思维、创新的策划理念，结合青岛西海岸所具有的"城—海—岛"资源，统筹规划，精心设计，探索"陆—海—岛"空间一体，生态保育与海岛旅游开发兼顾的新示范，树立中国乃至世界海岛生态旅游开发的示范标杆。

（三）西海岸新区海岛保护开发原则

1. 生态优先原则

第一，协调海岛开发与生态保护的关系时，应生态保护优先。应在海岛的生态环境承载力范围内进行开发，科学地制定保护开发规划，有效地进行必要的生态修复及全面的污染控制。

第二，优先重视生态生产力，生态系统健康性对开发具有促进作用，从生态化的角度出发，把海岛开发纳入生态系统的良性循环过程，积极利用可再生能源，创出可循环产业，加强生态旅游产品、生态教育产品、生态渔业、生态绿色食品等开发。

2. 开发协调原则

海岛开发活动应与海岛及周边海域的生态环境承载力协调，开发活动与青岛西海岸国家级海洋公园（海洋部分）为海洋特别保护区所要求的生态和环境保护目标协调一致。

3. "陆—岛—海"统筹原则

西海岸新区海岛保护与开发，一方面应统筹考虑海岛与周边海域生态环境承载力，统筹考虑海岛及周边海域旅游项目、渔业活动的开发和运营；另一方面，要统筹考虑海岛与大陆的统筹开发，将海岛与沿海腹地城市两个地理单元相结合，形成"陆—岛—海"优势互补、互为支撑、共同发展的旅游复合系统，将会推动陆海统筹发展。

4. 群岛联动原则

西海岸新区42个岛屿进行统一开发，岛与岛之间在旅游产品上互补，合作共赢，而不是各个海岛的"单打独斗"。42个岛屿开发定位互补、产品互补、游线联动、营销互动，形成"跳岛"旅游度假，延长旅游者停留时间，丰富旅游产品和活动，进而实现西海岸海岛旅游大发展，打造整体海岛旅游景区，借助知名景区的品牌影响力带动其他海岛旅游发展，实现共同发展，增加综合旅游收入。

5. 创新引领原则

在海岛保护开发中，要敢于创新。结合本地海岛实际情况和未来发展趋势，对不同海岛保护开发采用不同的开发模式。对已分类的海岛采用相对应的创新保护开发模式，力争使之成为全国乃至全球海岛保护开发的典范，形成可借鉴、可参考的海岛保护开发的样本，对未来海岛保护开发起到引领作用。

6. 可持续发展原则

在海岛保护开发中，应以生态、社会和经济可持续发展为目标，协调生态环境保护和社会、经济发展的矛盾，让生态环境的可持续发展带来社会、经济的可持续发展。

（四）西海岸新区海岛保护开发分类

综合考虑西海岸新区海岛资源禀赋、生态环境承载力、区域经济、客源市场及交通条件，并且遵从《山东省海洋生态环境保护规划（2018—2020）》《青岛市海岛保护规划（2014—2020 年）》《青岛西海岸国家级海洋公园总体规划（2016—2025 年）》《黄岛区海岸带及临近海岛、海域保护利用规划（2014—2030 年）》及《青岛西海岸新区旅游业发展总体规划（2016—2025 年）》等规划，按照海岛保护开发模式将西海岸新区海岛进行分类，如表 5-5 所示。

表 5-5 西海岸新区 42 个海岛按海岛保护开发模式分类

序号	类别	功能方向	具体岛屿
1	优化型保护开发	旅游度假	斋堂岛
		港口产业	鸭岛、沐官岛、沐官南一岛、沐官南二岛、沐官南三岛、沐官南四岛、三尖岛、大连岛
2	协调型保护开发	旅游度假	竹岔岛
3	限制型保护开发	休闲观光	灵山岛、竹岔岛周边小岛（大石岛、小石岛、脱岛）、灵山岛周边小岛（牙岛子、小牙岛、试刀石、洋礁北岛、洋礁岛、礁黄礁）、牛岛、连三岛群（连子岛、外连岛、中连岛和里连岛）、大栏头
4	禁止开发	对景、观赏观景点	西禾石岛、陆子石、黑石线、驴子石、大青石岛、南庄大黄石、象外岛、象里岛、象垠子岛、老灵石、黄石岚、大崮子、东央石、胡南岛
		特殊用途	老泉石（航标灯塔）、唐岛

1. 优化型保护开发海岛

斋堂岛是西海岸新区群岛中面积较大的海岛，旅游资源、渔业资源丰富，生态承载力较好。斋堂岛为有居民海岛，已经为居民居住区域，并已开展海岛旅游活动、渔业养殖活动等。斋堂岛的旅游产品主要是休闲观光、休闲渔业等大众旅游产品，7 月至 10 月有游客登岛。斋堂岛近岸距离仅 0.89 公里。

斋堂岛综合从其资源禀赋、生态环境承载力、区域经济、客源市场和交通条件等方面衡量，适合开发成为旅游用途海岛，适合优化型保护开发模式，可以进行开发中保护。

斋堂岛优化型保护开发，应进行空间优化、生态优化、主题优化、效益优化、利益相关方优化及可持续发展优化。并且，海岛优化型保护开发模式，并不意味着海岛的全部空间均能进行旅游开发，如斋堂岛的海岛生态系统保护区等；斋堂岛在开发初期，仍应科学计算和预测人类活动对于生态环境的影响，不得超过海岛的水资源承载能力和生态环境容量；分区管控，应进行严格保护，保证此区域社会、经济、生态的可持续发展能力。

鸭岛、沐官岛群（7 个岛）的利用及管理需根据已批复的港口规划进行，不宜进行旅游开发。沐官岛居民已全部搬迁，未来进行填海连陆形成陆连岛，围合水域形成沐官岛水库；鸭岛附近海域通过填海构筑港池，规划建设为物流区。

2. 协调型保护开发海岛

竹岔岛区位优势明显，位于凤凰岛国际旅游度假区内，游客基础较其他海岛具有优势。此外，竹岔岛拥有良好的自然和人文资源，但岛陆面积较小，仅 0.36 平方公里，生态和环境承载力有限。岛上居民整体搬迁后，建议竹岔岛应用协调型保护开发模式，建设少量旅游接待设施，发展具有差异化的中高端生态旅游和度假产品，保护和开发协调发展，严格保护海岛的沙滩、礁石、植被、历史遗址等自然与人文资源及生态敏感区域，将生态效益转换为经济效益和社会效益。

3. 限制型保护开发海岛

限制型保护开发的海岛的生态资源较好，具有一定旅游观赏价值，不能进行大规模开发。应合理确定岛屿旅游容量，严控登岛游客数量。控制旅游公共服务设施的规模，其设计、施工应当与周边环境相协调。在生态可以承载能力之内进行限制性的研究、参观等对生态影响较小的活动，需要对导游、游客进行环境保护教育并规范其行为，以免对生态环境造成不良影响。

灵山岛为省级自然保护区，符合保护区总体规划及要求，采取限制型保护开发模式。在已有居民区范围内，也应严格按照生态保护的要求，控制游客数量及居民活动对生态环境破坏的行为。灵山岛开发应以保护为主，开发为辅。

竹岔岛周边小岛（大石岛、小石岛、脱岛），本岛不进行开发，可以与竹岔岛的开发进行互动，形成竹岔岛旅游开发的补充部分。灵山岛周边小岛（牙岛子、小牙岛、试刀石、洋礁北岛、洋礁岛、礁黄礁），本岛不进行开发，可与灵山岛的旅游开发互动。牛岛、连三岛群（连子岛、外连岛、中连岛和里连岛）、大栏头也应采取限制型海岛开发模式。

4. 禁止开发海岛

这类海岛的特点是普遍面积较小、植被稀少或无植被，生态容量低，不进行开发建设，不设登岛观光功能，为禁止开发海岛。

禁止开发海岛要加以严格保护，禁止炸礁、取石、填海连岛，禁止与保护无关的开发建设活动；可营造良好的景观，作为陆域开发的对景及海岛旅游的观赏性景观岛。

（五）西海岸新区海岛保护开发分区分级管制

各海岛保护开发模式确定之后，对单个海岛保护开发需采取分区分级管制。分级管制是生态环境保护与恢复的有效方法，通过对海岛生态系统生态敏感性和重要性分析，按照生态保护的不同需求对海岛空间进行分级，并制定相应的保护和管制策略，有利于协调海岛生态环境保护与社会经济发展的关系，对海岛可持续发展具有重要意义。（刘书英，2012）

海岛保护开发分区分级管制，将单个海岛及周围海域划分为重点修复区、生态保育区、限制开发区、适度开发区和优化开发区。

1. 重点修复区

重点修复区是指现状生境退化严重，必须以人工手段促进生态系统恢复的地区。重点修复区内除一些有利于生态恢复的项目外，不得从事其他生产经营和项目建设活动。

2. 生态保育区

生态保育区是指现状生态环境良好，具有一定代表性、典型性和特殊保护价值的自然景观、自然生态系统，以及珍稀濒危海洋生物物种、经济生物物种及其栖息地等地区。生态保育区最重要的就是避免人类干扰，维持自然生态系统的原生态稳定性，因此应切实遵循"保护优先"的原则，通过严格的管制措施禁止一切开发建设活动，必要的试验、科研或教育活动必须经过事先严格审批方可进入（刘书英，2012）。

3. 限制开发区

限制开发区内的海岛和海域生态系统与环境具有较强保护意义和观赏价值，开发项目不应对其生态环境、地质地貌、生物资源、人文资源等造成破坏，限制开发区建设的项目性质、规模及开发强度均需得到严格的审批和控制。

4. 适度开发区

适度开发区的生态承载力较强，或是有居民海岛的居住区、政府办公区、娱乐休闲区等，其交通便利，符合开发用地规划，可建设满足开发项目需求的建筑物、娱乐设施、景观等，但需是与周边环境协调、不能对周边生态环境造成太大影响的生态环境友好型项目。

5. 优化开发区

优化开发区内一般为已经开发的海岛或周围海域，开发活动对生态环境的影响在可控的范围内，优化开发区的开发强度可高于适度开发区。优化开发区，需对已经对生态环境造成破坏或潜在破坏的项目进行重新定位和改建，新建项目应在生态环境保护优先的原则下进行立项审批。

（六）西海岸新区海岛保护开发策略

第一，群岛树立真正生态旅游示范区品牌。西海岸新区群岛保护开发应梳理群岛生态旅游资源，最具有丰富生态旅游资源的海岛是灵山岛，另外竹岔岛的火山地质旅游资源也具有较高价值，群岛优质海洋环境孕育的优质的海洋生物资源可以成为海洋生态健康食品。建议参考澳大利亚菲利普岛案例，在灵山岛发展真正的生态旅游，作为国内领先的生态旅游示范地，带动其他海岛的生态旅游发展，进而使得西海岸新区群岛形成生态旅游目的地。真正的生态旅游是对生态环境的影响最小的、友好的和负责任的旅游活动，同时生态旅游的收入也将用于海岛及周围海域生态环境的修复，是海岛保护开发的最佳方式之一。

第二，群岛内部各岛差异化定位，联合互补开发；群岛与新区及青岛市旅游项目以全域旅游思想进行策划，进而协调发展。将西海岸新区 42 个海岛分别定位和开发，形成群岛互动，多岛联动，并且与西海岸西区的凤凰岛旅游度假区、琅琊台风景名胜区和灵山湾影视文化产业区，形成"陆—海—岛"统筹的差异化竞合关系。参考新加坡圣淘沙岛案例中，借助青岛市发达城市旅游客源市场，发展出陆地不具备的项目，进而吸引更多的旅游者来访，逐步显现对青岛市的滨海旅游的带动效应。

第三，对海陆空间优化，放眼于海。西海岸新区各海岛普遍面积不大，如果开发过多陆地项目，对海岛生态环境承载力是巨大的挑战，应重视海洋立体空间的海底、海面、空中等项目的开发。蜈支洲岛在这方面做得较佳，海底有海洋牧场形成海底潜水观光项目，海平面及空中开发了各种多样的海上运动项目，增加体验性和参与性活动，形成多次消费，增加旅游区的经济效益。西海岸新区群岛中不光灵山岛、竹岔岛和斋堂岛可进行"立体开发"，有些限制性开发的面积较小的海岛，可作为活动的基点，开展海上运动，或者将各个海岛串成线，发展海上观光项目等大众参与性项目。

第四，通过真正的生态旅游，切实做好生态环境保护，包括海岛及海洋的生态环境保护，进而发展为健康度假目的地。海洋生态环境保护需要更大范围的参与，如青岛市及山东省其他地区的参与，才可实现，为到访的旅游者提供最佳的海洋环境、海洋食品，开展康养旅游产品。例如，泰国海岛由于位于热带雨林中，环境中负氧离子很高，开展高端健康旅游和医疗旅游效果佳。负氧离子的好处在于能够使各组织细胞活化、增强免疫力，有助于维持人体的健康水平，使细胞新陈代谢旺盛，提高其自然治愈力，有效阻止细胞及机体的老化等。西海岸新区群岛中灵山岛和竹岔岛都可以进行相关的负氧离子测试，并且发掘其他对于健康度假有价值的资源，开发相关的项目和活动，在真正生态旅游品牌的带动下，发展高利润、高价值的健康度假。

第五，严格遵守海岛、海洋保护的法律法规、地方政府的规章制度，以生态优先的原则进行海岛保护性开发，达到可持续发展，建设生态文明示范区。西海岸新区群岛可开发的海岛数量不多，如果不适当地开发，经济效益有限，严重的会造成对海岛及周边海域的破坏，甚至被问责叫停，得不偿失。例如，唐山湾国际旅游岛由于某些项目不合规、旅游区盈利能力有限、外债过高等问题，已难以健康发展

因此，西海岸新区群岛的开发要慎之又慎，严格按照海岛保护开发模式分类对42个海岛区别对待，该保护的保护，可开发的按照适合的模式进行开发。同时对可开发的海岛要严格进行分区分级管制开发，将生态敏感区进行保育，对生态已经破坏的区域进行修复，按照限制开发区、适度开发区和优化开发区的要求尺度进行开发。加强海洋保护区环境监测，对受损海洋生态系统进行生态修复，保护海域核心区、实验区内海洋生态环境，维护生物多样性。禁止损害保护对象、改变海域自然属性、影响海域生态环境的涉海活动。

（七）西海岸新区优先开展的海岛保护开发模式

1. 竹岔岛岛群保护开发模式

竹岔岛采取协调型保护开发模式，应遵循生态优先原则、开发协调原则、海陆统筹原则、可持续发展原则，应在保护中进行开发，兼顾生态效益和经济效益，并将生态效益转化为经济效益。

竹岔岛居民已经实施整体搬迁，有利于海岛及周边海域的整体保护、开发和运营。竹岔岛及周边海域的生态环境优良，具有开展中高端生态旅游的潜质；不足之处是没有差异化的生态旅游资源，因此开发存在风险，应在策划期将生态旅游资源创新地衍生为具有竞争力的、利润率高的、在一定范围或领域独一无二的生态旅游产品。

竹岔岛岛群保护开发研究范围包括竹岔岛、脱岛、大石岛、小石岛及其周边海域。

（1）竹岔岛岛群生态保护

独特的海岛火山地貌、保存完好的礁石岸线、与脱岛相连的砾石滩、菩

提古树等特色资源组成了竹岔岛岛群特有的海岛陆域自然资源。

该岛群周围海域鱼类资源丰富，鱼类有牙鲆等 20 多种，刺参、盘鲍等海珍品分布面积较大。小石岛东 500 米外是对虾洄游路线。附近海域海水环境质量状况总体较好，冬季、春季、秋季海域海水环境质量良好，基本属于第一类水质海域。

竹岔岛岛群生态保护对象包括陆域和海域自然资源和人文资源（表5-6）。陆域保护对象主要包括竹岔岛火山口、火山地貌岸线、菩提树、砾石滩；脱岛砾石滩、海蚀地貌、大地测量控制点；小石岛灯塔。应保证陆域保护对象原生态地质地貌的完整性，植物资源不被破坏，不受外来物种侵扰，人文资源完整。海域主要包括海洋生态资源、海洋生态系统、海洋生态环境。应保护及丰富该海域生物资源多样性，保持海洋生态系统的健康，及海水水质、海洋沉积物质量和海洋生物质量均不劣于一类标准。

表 5-6　竹岔岛岛群陆域保护对象

序号	名称	类别	所在海岛	现状
1	流纹岩火山口	重要自然景观	竹岔岛	保留比较完整
2	菩提树	特色植物	竹岔岛	百年古树
3	砾石滩	重要自然景观	竹岔岛、脱岛	部分岸段夹杂有固体废物
4	海蚀地貌	重要自然景观	脱岛	具有重要景观价值
5	大地测量控制点	重要设施	脱岛	国家测绘局设立
6	灯塔	重要设施	小石岛	保护良好

资料来源：《青岛市海岛保护规划竹岔岛岛群总体概念规划及图集》，国家海洋局第一海洋研究所、青岛市城市规划设计研究院制。

（2）竹岔岛岛群保护开发建议

竹岔岛岛群位于国家级旅游度假区——凤凰岛旅游度假区内，区位优势显著，交通便利，潜在游客市场巨大。2015 年，凤凰岛旅游度假区接待海内外游客近 1000 万人次，著名景点金沙滩、银沙滩均是我国沙质最细、景色最美的沙滩之一；区内高端酒店产业，已有美国温德姆至尊、希尔顿和中国台湾涵碧楼酒店；节庆会展产业，成功举办了博鳌亚洲论坛圆桌会议、首届中日韩 CEO 论坛、青岛海洋国际高峰论坛、世园会分会场、"金凤凰"颁奖典礼、凤凰岛文化旅游节、青岛（西海岸）国际啤酒嘉年华、青岛城市沙滩音乐节等具有一定影响力的节庆会展活动。

竹岔岛岛群自然资源和人文资源保存较好，劣势是岛屿陆域可开发面积不足；季节性强，适游时间短；自然和人文资源不具有很强差异性，不足以形成核心吸引物。同时，市政设施薄弱，淡水资源解决措施有限，污水固废处理设施基本属于空白，尚需进一步完善提高，以符合竹岔岛岛群未来的发展需要。

①开发定位

竹岔岛岛群开发定位应充分利用和保护优良的生态环境，削弱岛屿陆域面积较小的劣势，与凤凰岛旅游度假区本岛旅游产品形成互补，定位于中高端的生态旅游、健康旅游。建议海岛陆域参考马尔代夫"一岛一酒店"模式，在竹岔岛建设高端的度假酒店并植入康养旅游，海域及其他小岛参考澳大利亚菲利普岛生态旅游模式，开展真正的生态旅游。

②分区分级开发，海陆统筹互动

竹岔岛岛群应严格遵守协调性海岛开发模式，开发活动与保护活动相协调，其中应用分区分级管制开发是解决措施之一。竹岔岛火山地貌岸线、火山口等地貌生态旅游资源和菩提树应得到严格的保护，与脱岛相连的砾石滩及岛群的自然岸线都需维护原貌，并对已破坏部分进行岸线生态修复。竹岔岛协调开发区内可进行酒店等接待设施开发和建设。

海陆统筹互动，一方面要做到竹岔岛岛群与周边海域的统筹互动；另一方面，要做到竹岔岛岛群与凤凰岛旅游度假区本岛的导流互动。

竹岔岛岛群周围海域面积海水质量良好，满足一类海水水质标准，具有多种形式旅游开发的潜力，应充分与海岛陆域旅游相结合，扩充陆域旅游产品、空间和层次，使得活动多样性、空间延展、消费层次多样，继而达到游客的停留时间延长至3~5天，旅游总收入和总利润双重增长。

凤凰岛旅游度假村年旅游者数量巨大，其中不乏中高端旅游者，竹岔岛岛群开发将此类中高端旅游者作为目标客户，开发适合其休闲度假的产品，吸引其到竹岔岛进行度假活动，体验海岛生态旅游。

③康养旅游产品

竹岔岛岛群仅竹岔岛西部区域属于协调开发区，适合采取马尔代夫"一岛一酒店"模式，面向高端客人提供优质海岛度假产品。同时，基于竹岔岛岛群的良好生态环境，开展康养旅游产品，增加客单价、旅游者停留时间和重游率。

④生态旅游产品

澳大利亚菲利普岛生态旅游案例中，将菲利普岛分为保护区和居民居住区，在保护区内开展严格的生态旅游。根据竹岔岛岛群的自然资源、人文资源及生态系统现状，较为适合开发以下的生态旅游产品：

❑ 火山地貌生态旅游

竹岔岛岛群地貌具有观赏、科普价值，竹岔岛流纹岩火山口、竹岔岛和脱岛砾石滩、脱岛海蚀地貌可保持原生态自然面貌，其地质地貌演变可创作为文化旅游的内容衍生品，整体竹岔岛岛群地貌可做成海岛地质生态旅游产品。

❑ 海洋生态渔业

竹岔岛岛群周围海域鱼类资源丰富，鱼类有牙鲆等 20 多种，刺参、盘鲍等海珍品分布面积较大。小石岛东 500 米外是对虾洄游路线。周围海域的生态环境应持续保持并改善，可开展中高端原生态海洋美食体验、海钓等活动。休闲渔业体验活动应增加趣味性、知识性，让旅游者在船航行及等待捕捞的时间不枯燥，同时提高船的舒适性。

2. 斋堂岛岛群保护开发模式

斋堂岛岛群，位于西海岸新区琅琊台风景区东侧，斋堂岛（面积约 41000 平方米）及大栏头（面积约 173 平方米）两个岛屿。斋堂岛为有居民海岛，户籍人口 1148 人。岛屿周围开发养殖池，养殖海参、鲍鱼等，周边海域以底播养殖为主。斋堂岛上当地居民已经开发旅游业，以观光旅游、渔家乐为主。

斋堂岛岛群中仅斋堂岛适合旅游开发，大栏头面积小仅能作为对景观赏用途。斋堂岛目前旅游业开发较初级，为居民自发行为，经济收益不高，旅游季节性强，在海岛旅游领域无竞争力。斋堂岛本地居民居住占地面积较大，比例较高，渔业养殖活动较多。但是，针对旅游、养殖和居民生活活动对生态环境的影响，斋堂岛尚缺乏有效的管控。

斋堂岛适宜采取优化型保护开发模式，包括生态优化、空间优化和效益优化，加强海岛生态、经济和社会的可持续发展能力方面的研究和举措制定。大栏头采取限制型保护开发模式。

（1）斋堂岛岛群生态保护

斋堂岛的保护对象，包括南部海岛自然景观、海岛基岩地质地貌，灯塔、卫星定位连续运行站和 2 处大地测量控制点，以及周边海域的生态环境（表5-7）。

表 5-7　斋堂岛岛群保护对象

序号	名称	类别	所在海岛	现状
1	卫星定位连续运行站	重要设施	斋堂岛	位于海岛北部，正在建设
2	大地测量控制点	重要设施	斋堂岛	国家测绘局设立
3	大地测量控制点	重要设施	斋堂岛	国家海洋局设立
4	灯塔	重要设施	斋堂岛	保护良好

（2）斋堂岛岛群保护开发建议

斋堂岛岛群现状建设集中于斋堂岛中部，包括斋堂岛村、码头、公共服务设施、商业服务设施等，现状建设用地约为 11.38 公顷。大栏头面积较小，未开展建设活动。

斋堂岛具有能够开发为旅游产品的自然资源和人文资源，与国家 AAAA 级旅游景区——青岛琅琊台风景名胜区隔海相望，有客船往来其间。斋堂岛较竹岔岛距离青岛市中心的交通时间较长，交通区位优势一般。斋堂岛上现有居民较多，开发建设用地有限。旅游活动受季节性影响较大，海上交通可达性受天气影响较大。

①开发定位

以秦汉文化为主题，是文化体验、休闲娱乐、美食体验、海洋牧场、海上运动等适合大众旅游者的休闲度假的娱乐岛，与青岛琅琊台风景名胜区形成动静互补、旅游产品互动，继而协同营销，引导旅游者同时游玩斋堂岛和琅琊台，延长在此区域的停留时间。

海南蜈支洲岛将自身定位为"海岛玩家"，全岛集休闲、度假和娱乐为一体，非常好地与海南岛上旅游项目进行差异化定位，取得较大成功。斋堂岛可吸取海南蜈支洲岛开发的相关经验。

②空间优化

斋堂岛岛群可开展的空间优化包括海陆空间优化和立体空间优化。

❏ 海陆空间优化

斋堂岛岛群陆域面积有限，应"立足于岛，放眼于海"。面状海域空间优化，可规划海洋牧场区、海上运动区、海上美食区、海上观星露营区（船舶或浮动平台，不设永久建筑，不应破坏海洋生态环境）等；线状海域空间优化，可设立日夜海上观琅琊台、海岛风光的游船游线、海钓游线等。

❏ 立体空间优化

斋堂岛岛群立体空间优化是指，将海上运动、娱乐活动的空间拓展到海底、半海洋、海面及空中。国内海上运动做得比较好的案例是海南蜈支洲岛，海底活动包括热带海洋牧场潜水、半潜观光船；海面活动包括动感飞艇、动力滑板、大飞鱼、3D 技巧艇、海上摩托艇、平台海钓、帆船、帆板、滑水、香蕉船、电动船等；空中娱乐活动包括海天飞舞、水上飞人、彩虹拖曳伞等。

③效益优化

效益优化应从成本控制及收入创造两个方面优化。

由于北方海岛的季节性较强，不建议进行大量造价昂贵的固定建筑物投资，而应多开发可移动、可共享的海上娱乐用船、海上运动装备、海上浮动平台等。如帆船可夏季停留在斋堂岛，冬季出租移动到海南。营销成本控制，可通过短视频新媒体等新兴方式营销。

收入优化，建议增加游客消费的产品品类、提升产品的趣味性和参与性，提升旅游餐饮美食及住宿档次，付费方式可以采取类似滑雪场管理方式的预付储值卡、会员卡等多种引导方式。

④岸线开发

斋堂岛岸线资源丰富，斋堂岛岸线长 6548 米，岸线类型为基岩岸线、砂质岸线和人工岸线，以基岩岸线为主，砂质岸线仅分布在海岛东北角。斋堂岛周围海域海水质量良好，满足一类海水水质标准。南部岸线生态保护价值高，北部岸线旅游和渔业开发适宜性较高，结合海岛利用现状，将斋堂岛岸线划分为旅游岸线、生态岸线、渔业岸线和码头岸线四类。码头岸线分布在斋堂岛西侧中部，长度约为 829 米；生态岸线分布在斋堂岛的南部，长度约为 1585 米；渔业岸线分布在斋堂岛西侧北部，长度约为 1001 米，斋堂岛其他岸线均为旅游岸线，长度约为 3133 米。大栏头全部划为旅游岸线，长度约为 53 米，资源禀赋暂不具备开发条件。

3. 灵山岛岛群保护开发模式

灵山岛岛群包括灵山岛、牙岛子、小牙岛、试刀石、洋礁北岛、洋礁岛、礁黄礁，距离大陆岸线距离 10.6～13.8 公里。其中灵山岛面积较大，自然资源和人文资源优越，并已开发为旅游区。灵山岛上鸟类资源也非常丰富，常见鸟类有 53 种，是省级鸟类自然保护区，有"候鸟驿站"的称号，是重要的候鸟栖息地和摄食地。灵山岛的人文资源保留下来的有价值的历史遗迹有烽火台、鱼骨庙、尼姑庵等文化遗址及民间传说。灵山岛岛群的其他海岛可作为灵山岛的对景或海上观光游线观赏用途，不建议进行岛上开发。

《青岛西海岸新区旅游业发展总体规划（2016—2025 年）》中明确提出灵山岛作为自然保护区与山地型海岛，生态环境非常敏感，平缓可建设用地少，生态承载力低，不能进行大规模旅游开发。2019 年 10 月，《胶南灵山岛省级自然保护区总体规划（2019—2030 年）》获批，对灵山岛保护区进行全面的普查、规划。灵山岛岛群适宜采取限制型保护开发模式，对灵山岛的自然和人文资源进行严格保护，限制开发。参考澳大利亚菲利普岛自然公园案例，将灵山岛开发为真正的生态旅游岛，带动西海岸新区群岛生态旅游的发展。

（1）灵山岛岛群生态保护

灵山岛属于省级自然保护区，主要保护对象为海岛生态系统，包括海域及海洋生物资源、林木资源、鸟类资源和地质遗迹资源。

❑ 地质遗迹

侵蚀性海岸，海蚀崖极为发育，岛东北部、西南部沿海一带峭壁林立，沟壑纵横。悬崖绝壁断岸千尺，突兀险峻，地质断层清晰分明，令人叹为观止，尤以背来石、老虎嘴、洋礁石附近，特色最为显著。

❑ 海岛植被

灵山岛上植被丰富，品种繁多，有别于相近的陆地。全岛共有植物 81 科，324 种，其中菊科最多，共 38 种，禾本科 29 种，豆科 28 种。自然植被分为 4 个类型：针叶林，分布在海拔 70 米以上；阔叶林，分布在海拔 50～200 米；灌丛（海拔 20～50 米）；草丛分布在坡度小或较平坦的山脊。灵山岛上植被受人类活动影响较少，林木覆盖率达 70% 以上。

❑ 鸟类资源

灵山岛地理位置独特，是我国东部候鸟迁徙必经之地，有"候鸟驿站"的美称。据《中国鸟类环境年鉴》（1987 年）报告，春、秋迁徙时节有 90 多种候鸟路经灵山岛。但据海岛居民近年来观察统计，春、秋两季大约有 300 多种候鸟途经灵山岛。这个数目占我国鸟类种总数的约 30%，其中有国家一级保护鸟类 9 种，国家二级保护鸟类 38 种。

❑ 海洋生物

该海域底栖动物已有的记录为 145 种，其中腔肠动物 5 种、多毛类 52 种、软体动物 33 种、甲壳类 32 种、棘皮动物 13 种、脊索动物 2 种、鱼类 8 种。

灵山岛省级自然保护区具有严格的分区定义：非科学研究需要，禁止任何单位和个人进入灵山岛省级自然保护区的核心区，核心区不得建设任何生产设施；禁止在灵山岛省级自然保护区的缓冲区开展旅游和生产经营活动，不得建设任何生产设施；在灵山岛省级自然保护区的实验区开展参观、旅游活动。

（2）灵山岛岛群保护开发建议

①开发定位

《青岛西海岸新区旅游业发展总体规划（2016—2025 年）》中，对灵山岛的定位是，灵山岛旅游发展应以海岛生态度假为核心，成为兼有生态旅游、海岛观光、海岛民俗体验、海上游乐、山地休闲、科普教育等功能的海岛度假旅游综合体。

《胶南灵山岛省级自然保护区总体规划（2019—2030 年）》中，中提出生态旅游的发展思路，因地制宜利用岛上现有民居民宅，围绕地质遗迹景观等岛上旅游资源，发展小规模高品质的海岛生态旅游和地质旅游。

灵山岛岛群处于青岛全域旅游规划中"三带一轴、三湾三城、组团式"城市空间布局中"三湾"之灵山湾区域。灵山湾是青岛重要的滨海旅游度假带之一，已成为省级旅游度假区。

基于对灵山岛的资源禀赋、交通区位、客源市场及区域经济的研究，以及相关上位规划的研究，灵山岛适合发展真正的生态旅游，并与灵山湾旅游度假区融合发展，以生态旅游示范岛带动西海岸新区群岛生态旅游品牌的发展。

②生态旅游

灵山岛的生态旅游资源丰富，较为突出的生态旅游资源包括鸟类、地质类，可在灵山岛省级自然保护区的实验区开展以下生态旅游活动。

❑ 鸟类科普研学；

❑ 地质类科普研学；

❑ 海洋类科普研学；

❑ 人文类科普研学；

❑ 志愿者活动；

❑ 参与性生态教育。

③生态度假

灵山岛片区的规划总用地 8.11 平方公里，其中城市建设用地面积 0.10平方公里。建议基于原始村落及历史建筑风貌，发展少量的生态度假类住宿接待设施及少量餐饮配套设施。大量旅游者的住宿需求应在灵山湾及西海岸新区陆域范围内开展。

第四节　中国青岛西海岸新区海岛保护开发
实施路径研究

党的二十大报告统揽中华民族伟大复兴战略全局和世界百年未有之大变局，对推动绿色发展、促进人与自然和谐共生作出重大决策部署，提出了一系列新理念新论断、新目标新任务、新举措新要求。

报告深刻阐明中国式现代化是人与自然和谐共生的现代化，并将"促进人与自然和谐共生"作为中国式现代化的本质要求之一，强调尊重自然、顺应自然、保护自然，是全面建设社会主义现代化国家的内在要求。人与自然是生命共同体，无止境地向自然索取甚至破坏自然必然会遭到大自然的报复。必须站在人与自然和谐共生的高度谋划发展，坚定不移走生产发展、生活富裕、生态良好的文明发展道路。促进人与自然和谐共生，是对马克思主义自然观、生态观和中华优秀传统生态文化的创造性转化、创新性发展，是中国式现代化和人类文明新形态的重要内涵，是对西方以资本为中心、物质主义膨胀、先污染后治理的现代化老路的超越。

青岛西海岸新区 42 个海岛保护开发可分期分批，先期选择竹岔岛、斋堂岛、灵山岛作为重点，积累经验，形成范例，引领其他岛屿开发。

在海岛开发前期，政府及海岛保护、海岛旅游相关职能部门，负责海岛保护和海岛产业开发的调研、分析、论证工作，积极做好开发工作的统筹管理、编制规划等工作。通过生态、文化、科技、业态的四大途径达到海岛保护开发的目标，即以生态定位、文化铸魂、科技赋能、业态多元为实施路径，是集旅游开发关键要素（包括游客需求、交通完善、供给配套、市场营销）于一体、统筹协调的创新之路，找寻海岛保护开发升级的突破口。

一、海岛保护与利用规划编制

海岛保护规划是《中华人民共和国海岛保护法》确定的一项法定制度，其目标是基于公共利益规范海岛保护及无居民海岛利用；无居民海岛利用通过单岛规划制定的原则和方案进行分配和控制；确保在海岛上新的利用行为符合区域的长远发展的目标（张志卫，2017）。

西海岸新区群岛应进行整体海岛保护与利用规划，对海岛及周边海域的生态环境承载力进行测算，科学合理地进行海岛的分区保护与利用。有效和科学的海岛保护与利用规划，将保持海岛生态的持续更新能力，定义开发界限与生态保护对象和生态修复对象，指导生态敏感区进行保育，对可开发建设区进行指导。

海岛保护与利用规划可以针对重点海岛，如竹岔岛、斋堂岛和灵山岛，进行深度调研和评估，并给出保护与利用的建议。其中灵山岛可根据《胶南灵山岛省级自然保护区总体规划（2019—2030年）》评估是否有必要另行制定海岛保护与利用规划。海岛保护与利用规划是群岛保护开发策划与规划编制的基础，同时，对青岛西海岸西区的重点海岛应进行分区分级指导，指导开发建设活动与生态环境保护和修复活动。

二、群岛保护开发策划与规划编制

由于西海岸群岛的自然禀赋、海岛面积、气候条件等制约，常规的海岛开发模式和路径并不适合西海岸群岛。青岛西海岸群岛保护开发初期，应对国内外海岛旅游开发案例进行透彻研究，以及客源市场的准确调研，聘请国内外顶级专家团队进行高起点策划与规划，寻求创造性跨越发展。新加坡圣淘沙岛的发展历程，和数次的策划规划的升级提升，说明在政府成立的管理机构牵头和管理下，集合优势资源和政策，聘请专业顶级策划咨询机构，非常有助于提升项目的品质和发展后劲。因此，在进行群岛的总体规划前，应先完成《西海岸新区群岛发展战略策划》，明确战略定位、指导思想、基本原则、空间布局、发展目标、保护措施、规划实施流程，为海岛科学保护与合理开发提供强有力支持。

此外，青岛西海岸海岛旅游开发需统筹规划，处理好海岛开发与生态环境保护之间、海岛旅游与海岛渔业之间的关系，实现相邻岛屿之间、岛陆之间特色互补，做到"一岛一特色"及区域合作整体发展，形成良性的岛屿旅游生态系统。

西海岸新区海岛旅游以深度开发"海、陆、空"资源为导向，依托现有海岛旅游资源及周边海域旅游资源，创新设计旅游产品，做好现有旅游项目的升级改造，不断挖掘海岛自然资源和地方历史文化，促进产业融合，丰富旅游业态，完善海岛旅游产品体系。依据西海岸海岛旅游资源整体条件，设计旅游产品，由于各个海岛之间差异较大，需挖掘各自的旅游资源优势，选择合适的旅游产品。

三、海岛保护开发实施指导

（一）生态定位

依据青岛西海岸新区海岛生态旅游资源稀缺和环境条件，本次保护开发工作要坚持生态优先，从可持续发展、全球海洋中心城市、青岛西海岸海岛保护开发总体规划三个维度，确定对 42 个岛的保护开发定位、思路、战略、原则、愿景，明确其在构建青岛全球海洋中心城市定位中的作用和在区域差异化协同发展的角色。从海岛生态保育、环境整治、产品结构多视角打造弹性开放、功能齐全的陆海全域旅游总体空间，提出具体保护开发策略，确保可持续发展和资源的永续利用，成为对标国际、国内领先的海岛保护开发新标杆。

目前国内海岛开发对生态保护均提到很高的层面对待，西海岸新区海岛的保护开发，大前提就是定位于"生态"。

国际上，生态旅游目的地做得特别好的是澳大利亚，因为其生态资源丰富，其生态保护理念和技术先进，生态旅游产品体验佳。国内目前并没有类似的集群类的海岛旅游目的地。青岛西海岸新区可以将定位提高到国内首个生态旅游群岛目的地，并且以生态旅游带动健康旅游、体育旅游、海洋牧场、健康海洋食品等多产业融合发展。

（二）文化铸魂

依托青岛西海岸新区群岛现有历史文化，确立各岛文化主题统领，创造性开发，使隐性文化资源变显性，让人们得以体验新、奇、特的差异文化，推出一系列能够满足当下与未来旅游消费需求的互动性、体验性、参与性、休闲性的主题文化旅游项目。通过文化创意，找到具有开发价值的文化资源（民俗风情、民间传说、历史遗迹、节庆活动），策划差异化的具有吸引力的旅游产品，并将文化活化，使之成为可游乐、可研学、可体验、可度假的文化旅游岛，满足旅游者不同消费需求。

青岛西海岸西区群岛中文化较为丰富的是灵山岛和斋堂岛，其他的海岛也均具有渔家文化民俗等。其中斋堂岛，建议与琅琊台风景名胜区进行联动开发，琅琊台风景名胜区目前的开发主要以名胜游览参观静态活动为主，斋堂岛建议以其文化内核策划开发适合年轻旅游者的主题海岛文化园区，以动态体验性、参与性的活动为主。

（三）科技赋能

在海岛保护开发过程中充分利用相关方面最新科研成果和先进技术，为海岛的有效保护与合理开发不断注入新的活力。不论是生态保育、岸线修复、环境整治，还是自然灾害的预警、防控；不论是核心吸引物的打造、品牌的创立，还是运营、销售都离不开新科研成果和新技术的应用。应用新能源技术，用绿色低碳循环经济发展解决海岛资源环境稀缺造成的短板和缺口，是减少海岛环境污染、降低开发和运营成本的必然选择。同时对海岛智慧海岛建设和配套设施建设及特色旅游产品迭代升级具有赋能提质作用。VR、3D、移动互联网、大数据的应用都可提速市场扩张和提升游客满意度。

（四）业态多元

海岛保护，特别是旅游开发要通过文化再生、产业融合、陆海耦合等多形式进行。就青岛西海岸而言，更适合"海岛+"路径实现。如"海岛+康养""海岛+研学""海岛+体育""海岛+演艺""海岛+民俗""海岛+科技"等，以海岛为载体，植入不同业态，实现产业跨界融合，从而使开发不仅仅停留在"吃、住、行、游、购、娱"传统六要素上，而且通过文化活化（剧场演艺、博物馆、动漫城、亲子园），为旅游消费提供更大市场，形成一岛多业、产业融合的链条，带动区域经济的快速发展和资源的可持续利用。

四、海岛生态旅游实施指导

（一）利益相关方管理

海岛生态旅游是一种革新性的旅游产品，在短期内与某些相关方的利益是冲突的。海岛生态旅游的吸引物是原生态的自然生态系统和文化遗产，具有脆弱性和复杂性，需要多方参与，项目才有可能成功。另外，生态旅游的核心概念之一是要使社区受益，因此也应该将本地政府和居民转化为生态旅游的参与者和受益者。如何平衡各方利益是海岛生态旅游成功的关键要素之一。

海岛生态旅游中涉及的利益相关方包括中央政府、地方政府、地方居民、非政府组织（NGO）、大学和研究机构、旅游企业、旅游者和媒体等。利益相关方的识别原则是：

第一条，法律法规的建立者和执行者。

第二条，保护区审批和管理部门。

第三条，旅游开发者和旅游营销部门。

第四条，因为要开展生态旅游，对于部分的已有渔业生产的海域或海岸线，需要进行重新的规划和变更，会导致经济收入受损的利益相关方。

第五条，因保护环境需要和生态旅游项目建设，涉及搬迁的居民。

海岛保护开发是个系统工程，既会影响到部分渔民、现有旅游从业者的收入和就业利益，也会影响到社区的居住环境和文化形态。开发和管理过程中受到政府审批部门、当地政府的旅游局和环保局、媒体、公益组织、认证组织对项目的审批、管理、宣传、技术支持等多方面的影响。游客和导游也是生态旅游项目的重要参与者。游客是否能够遵守保护区生态保护的条例，对环境保护是否能起到正面作用，而不是破坏作用，也是在规划之初要考虑的问题。导游是直接接触游客的工作人员，是生态知识的传播主体之一，对体现生态旅游的教育性至关重要，应该进行统一培养和上岗认证。

表 5-8、表 5-9 详细列出了影响海岛生态旅游项目的各个利益相关方及将其利益如何统一在保护区的整体利益之下，实现社会、经济、生态的综合效益最大化。

表 5-8　海岛生态旅游利益受到影响的个人或组织

相关方	受损利益/影响因素	利益转化
渔民	部分渔业对保护区生态有影响，不得不禁止其渔业作业行为，继而影响其就业和经济收入	将生态旅游的收入以协议的比例进行补贴或给予适当的经济补偿，尽量安排在保护区工作
旅游从业者	对于黑导游、黑船家自行带游客观鸟、观海豹的活动将被严格禁止，导致其经济收入受损	部分船家和导游经过培训吸纳为员工
搬迁居民	在保护区规划范围内或周边需要搬迁的居民的居住权受到损害	需要统一安置住房及适当经济补偿
其他当地居民	可能有破坏海岛海洋环境的行为或影响生态旅游秩序的行为	应协调政府经常组织生态环境保护教育和培训；将接待设施等利益环节让当地居民参与经营；将生态旅游的收入尽可能地回馈当地社区

表 5-9　海岛生态旅游影响项目进行的个人或组织

相关方	受损利益/影响因素	利益转化
自然资源部省自然资源厅	对无居民海岛的使用和规划进行审批	按照其规定进行规划
自然资源部省自然资源厅	对海域的使用进行审批	按照其规定进行规划

相关方	受损利益/影响因素	利益转化
区政府及文化和旅游局、生态环境局	发布和落实群岛行政处罚规定；对群岛规划审批和经营监督；参与并协调居民搬迁；对当地居民进行生态环境保护教育	其经济利益和环境保护利益是和开发主体一致，应尽量将其利益放入项目中
国内外非政府组织	提供资金、技术支持	寻找合适的组织对项目进行技术和资金支持
绿色环球 21	进行生态认证	规划阶段按标准进行规划，参与其会员体系，进行生态认证
中国海洋大学、海岛旅游分会	参与群岛建设，进行技术支持	为其提供学术工作站
旅游规划企业、旅行社、旅游批发商、旅游食宿接待企业等	进行生态旅游规划、实施、监督等；对旅游产品进行营销推广及销售；对旅游者提供生态旅游的住宿、餐饮接待，销售旅游纪念品等	将其利益纳入项目中
旅游者	到保护区进行消费；传播生态旅游品牌；参与旅游活动和生态系统建设活动	对其进行生态旅游教育，鼓励其对保护区有所贡献，比如参与鸟类、海豹教育基地等志愿者活动等
导游	对生态旅游进行解说，起到对旅游者进行生态教育作用	培训和认证，将其收入与保护区收入挂钩
媒体	宣传和扩大影响力	开发生态旅游的新闻点，邀请媒体参与保护区建设的全过程；和媒体联合举办生态旅游的真人秀、公益活动等互动类新媒体营销活动

（二）生态旅游认证

海岛生态旅游属于生态旅游一个领域分支，要满足生态旅游的产品标准和开发标准的要求；海岛旅游可持续发展能力评价，可使用基于生态足迹理论的模型和基于能值理论的模型。[①]

西海岸新区群岛中灵山岛、竹岔岛适合开展严格的生态旅游，可以申请

[①] 能值理论是 20 世纪 80 年代以美国著名的系统生态学家奥德姆为首创立的。能值理论是以自然环境价值为基础，通过能值转换率将系统各种生态流都转换为能值，把系统中不同种类、不可比较的能量转换成同一度量标准的能值来衡量和分析，从宏观角度将自然环境生产与人类经济活动进行统一评价。

相关国际认证，如"绿色环球21"，国内较少有旅游目的地通过该项认证。其他海岛开展生态旅游也应按照国际上对于生态旅游的定义进行，如《莫霍克协定》。

1. 生态旅游产品标准

海岛生态旅游遵从生态旅游的要求。理论学术界推崇的《莫霍克协定》①指出，生态旅游至少必须包括如下7个方面：

①致力于让游客通过亲身体验大自然而更好地了解和赞美大自然；

②通过解说让人们认知自然环境、当地社会和文化；

③对自然区域的保护和生物多样性作出有益和积极贡献；

④对当地社区的经济、社会和文化发展提供利益；

⑤鼓励社区以适合的方式参与；

⑥食宿、游程及设计景点方面都应该尺度适中；

⑦最小化对当地文化的影响。

2. 海岛生态旅游规划技术规程

可参考中华人民共和国国家标准GB/T 20416—2006《自然保护区生态旅游规划技术规程》的规定。该国标规定了自然保护区生态旅游的规划宗旨、规划目标、规划依据、规划期、规划编制程序、规划内容及各项规划内容的详细规定。

3. 生态旅游产品认证体系

➢ 国际生态旅游协会（TIES）制定的标准。

➢ "绿色环球21"，制定了针对生态旅游产品的可量化的认证标准，已经在全球50个国家推行。其认证的旅游产品根据评价结果，颁发三个级别的证书，即合格证书、高级证书、创新证书（诸葛仁，2005）。

➢ 澳大利亚开发《自然与生态旅游评估认证计划》（NEAP），已经应用于澳洲生态旅游产品的认证中。根据认证结果，颁发"自然旅游产品认证""生态旅游产品认证"或"高级生态旅游认证"（Weaver，2004）。

➢ 欧洲的生态旅游认证体系名为VISIT标准，共21条核心条件，被认证的项目需要符合其要求。

➢ 美洲的认证体系是由雨林联盟最初制定的"绿色认证"标准，主要在

---

① 《莫霍克协定》：2000年11月，全球生态旅游认证机构及来自联合国环境署（UNEP）、世界自然基金会（WWF）、国际标准化组织（ISO）、"绿色环球21"组织（GreenGlobe21，GG21）、国际生态旅游学会（TIES）的专家学者聚会美国纽约州莫霍克山庄，共同讨论制定了国际生态旅游认证的原则性指导文件。

美洲区域使用。

（三）生态旅游体验体系建立

规划实施过程中，坚持"生态优先，开发使环境更美好"为引领方向，树立生态旅游理念。如灵山岛的原始自然风貌保存较为完整，可设计旅游主题为生态旅游，同时在游前、游中、游后，尽可能做到对旅游者进行生态保护宣传，提高旅游者环境保护意识。这样从规划到开发再到旅游者游览，都始终树立环保理念，保护海岛的原始生态，实现人与自然和谐发展。

灵山岛生态旅游体验体系，应从观赏、教育、参与和传播四个环节进行生态旅游体验体系的建设。观赏环节，主张原始状态的观赏，不主张展览类的观赏。教育环节，可多维度、多层次地进行灵山岛生态、鸟类活动及海洋生态系统的知识类的体验活动开发，开展互动性的研学活动，同时也可以通过直播日常保护区的生态研究和保护工作，对更多对象进行在线的生态教育。参与环节，生态旅游的参与环节有多种多样的形式，如保护区的志愿者活动、保护区的救助站救助活动、保护区的认领保护对象的生态保护基金捐助活动等。传播环节，包括保护区的经营者和参与者对社会公众的生态环保理念的传播。

五、生态保护工作落实

海岛开发是一项巨额投资，前期资金投入较大，各类开发资金的使用需政府监管，并加强对海岛开发进程的检查和审核力度，使海岛旅游发展实现良性循环。众多海岛开发的成功案例都将环境保护作为开发重点。譬如，泰国的苏梅岛、地中海的巴利阿里群岛，在旅游开发过程中均采取多种形式进行环境的保护和治理，以实现人与自然和谐发展。建立海岛生态监管技术体系，建立健全信息预警制度，严禁一切对环境有危害的经营行为，这样既可以开展生态旅游，也可实现海岛资源环境的可持续发展。

加强动态监测和大数据整合，加强海岛生态环境监测及旅游大数据网络平台建设，追踪海岛开发、旅游活动与海岛生态环境变化之间的关系；设定生态环境预警红线，如大数据平台显示预警信息，应制定应急措施，应及时启动生态保护或生态修复工程，或调整旅游活动、渔业生产活动的强度。支持海洋牧场建设，修复海洋生态系统，为海洋旅游做好铺垫。

六、海岛管理和投资招商

（一）海岛管理

青岛西海岸新区海岛应由唯一的政府派驻的主体进行统一管理，如新加坡圣淘沙岛，其由政府代表机构进行统一策划、规划、招商及管理。统一管理包括开发管理和保护管理。

目前西海岸新区海岛迫在眉睫的是制定符合新旅游发展要求，应对全球新冠疫情导致文旅业的重创，进行海岛资源保护和利用规划、高层次的文化旅游策划与规划，以及发展海洋牧场、健康海洋食品等其他产业的探索。

海岛的开发管理应在前文阐述的海岛分区分级管制制度的基础上，制定严格的开发管理制度，细化开发行为的强度、范围，对开发工作进行指导。

海岛保护管理应在海岛保护与利用规划的基础上，进行多院校及研究机构的合作，制定保护制度，同时，设立学术工作站，对日常的开发活动、保护活动进行及时评估和纠正。海岛保护管理，同时包括制定违反海岛保护管理规范后的惩戒方案。

（二）投资招商

西海岸新区群岛开发在高水平定位和策划的基础上，应寻找行业内知名投资商，通过 BOT 模式进行整岛租赁和整岛开发。可尝试国营、混合所有制等多种企业形式。

海岛旅游开发成本较大，目前西海岸除已开发的海岛，其余海岛旅游开发基本处于"混沌期"，岛上基础设施缺乏，艰苦的条件使得海岛旅游开发投资成本上升，这就需要政府的政策鼓励和引导。如果前期投资完全由投资者出资，可能会降低中期和后期旅游项目的增设。政府可在后期的发展中以租赁或出让使用权的形式收回前期的基础设施投资成本，这样既可以实现招商引资，也可以降低投资者前期投资成本，把主要精力用于中后期无居民海岛旅游的建设中去，为海岛旅游的长远发展奠定基础。

七、旅游营销管理

政府组织整体营销，将 42 个海岛包装成区域知名的海岛旅游目的地。强化品牌意识与营销意识，打造西海岸海岛生态旅游品牌，培育竞争优势。

首先，科学设计西海岸新区海岛旅游形象，制定特色发展方向。其次，努力维护旅游形象，加强与旅行社、在线运营商的良好互动及合作，善于运用新媒体平台，进一步提升知名度。最后，坚持走全方位开放开拓之路，凭借作为国家级新区的区域优势，积极开展对外旅游宣传。

1. 建立西海岸新区海岛旅游官方网站，利用微信公众号、微博、抖音等新媒体平台及时发布旅游信息。

2. 利用传统媒介（电视、报纸、杂志、广播等）传递旅游信息，通过海岛旅游专题栏目、宣传片、微电影、摄影展、书画展、歌曲等形式进行宣传。

3. 运用新媒体网络运营，对西海岸海岛旅游进行软文撰写推介，达到媒体与旅游地相互支持的良好效果。

4. 邀请客源地有影响力、高水平的传媒公司进行宣传代理，设计策划出具有影响力的广告宣传语。

5. 邀请知名人士为西海岸新区海岛旅游代言，不断扩大影响效应。

6. 积极创办提升各类节庆活动，如"西海岸海岛旅游文化节""海鲜美食节""海岛海钓节"等，积极配合文化宣传等部门举办"走进西海岸"等大型文化艺术活动。

八、总结

西海岸新区群岛共计 42 个，资源禀赋、生态环境、开发现状不同，综合考虑国内外海岛旅游发展规律，对多个案例的研究分析，以及对海岛保护开发模式的研究，西海岸新区海岛保护开发模式研究及实施路径总结如下：

第一，西海岸新区群岛保护开发应集聚优势资源，高举高打，具有战略眼光和国际视野，面向国际市场开发具有发展后劲项目。西海岸新区群岛的发展定位方式可以借鉴新加坡圣淘沙岛，对西海岸新区群岛进行高定位，引进具有全球视野的顶级研究机构、策划公司，研究、策划和论证西海岸新区群岛在中国、东北亚及全球的定位和差异化发展，寻求更有利于长久发展和获益的定位。在引入投资商时，建议引入大型业内知名投资商进行开发建设。

第二，对群岛保护应足够重视，通过海岛保护获取生态资源价值提升，为国内中高端市场、国际市场提供具有海岛特色的生态旅游产品。尤其是灵山岛，可以参考菲利普岛自然公园案例，开展真正的生态旅游，菲利普岛自然公园在生态旅游产品开发、研究机构设置、保护条例和措施、生态教育、环保志愿者和基金会等方面都具有很高的借鉴价值。

第三，融入文化旅游元素，西海岸新区群岛在文化遗产保护和利用方面因存留下的文化遗迹不能形成足够的影响力，更应利用西海岸新区海岛的文化底蕴、传说故事再开发和衍生，实现文化遗产的传承。其中，斋堂岛的文化较为丰富和有趣，可以参考菲利普岛案例利用文化做成体验性和参与性的主题活动或园区。

第四，在大众海岛旅游要求的 3S（阳光、沙滩、大海）资源方面，西海岸新区海岛处于劣势。西海岸新区海岛的基岩岛特征，沙滩少，沙质粗。其海水颜色不像帕劳有 7 种颜色。西海岸新区海岛较海南岛、马尔代夫等地有先天的气候劣势，旺季只有 7、8、9 三个月，其他时间的海水温度不适宜下海游泳。西海岸新区海岛旅游应该走与众不同的路线，以真正的生态旅游开发模式为主导，带动康养旅游、体育旅游、研学旅游等多种旅游模式发展。

西海岸新区群岛发展生态旅游的诸多益处如下所述。

第一，灵山岛差异化的严格生态旅游策略将为西海岸新区海岛带来先发优势。经国际生态旅游认证的海岛生态旅游在国内是罕见的，可以成为我国海岛生态旅游的典范案例。

第二，生态旅游还可以为西海岸新区海岛带来品牌效益。该类型项目在国内海岛罕见，西海岸新区海岛生态旅游能够给游客带来最新的体验，获得先发优势，易于在国内形成生态旅游的知名品牌，继而带来品牌效益。

第三，本书进行论述的西海岸新区海岛的生态旅游模式，还有助于解决旅游的季节性问题。观鸟时间是在灵山岛传统旅游的淡季，解决了其旅游淡季时间长的问题。

第四，该模式有利于提高人均旅游消费水平和国际游客占比。生态旅游的游客消费能力较高，产品单价较高，有助于提高人均消费水平。同时，欧美国家是生态旅游的客源输出国，发展生态旅游有机会吸引到海外客户，提高国际游客占比。

第五，生态旅游有助于保护生态环境，同时可以带动健康旅游、体育旅游、研学旅游等多种新兴旅游类型，增加西海岸新区海岛旅游及岸线旅游的综合收入。西海岸新区海岛发展生态旅游将促进新区社会、生态和经济综合效益最大化。

参考规划

1.《青岛市海域和海岸带保护利用规划》
2.《青岛市海岛保护规划（2014—2020 年）》
3.《青岛市全域旅游规划纲要（2018—2021 年）》
4.《青岛西海岸新区总体规划》（2018—2035 年）
5.《青岛西海岸新区旅游业发展总体规划》

6.《黄岛区海岸带及临近海岛、海域保护利用规划》

7.《胶南灵山岛省级自然保护区总体规划（2019—2030年）》

8.《XHA48西海岸新区灵山岛片区控制性详细规划》

9.《青岛市海岛保护规划竹岔岛岛群总体概念规划及图集》

10.《青岛市海岛保护规划斋堂岛岛群总体概念规划及图集》

11.《西海岸新区轨道交通站点周边综合交通衔接规划》

参考文献

[1]张耀光.中国海岛开发与保护——地理学视角[M].北京：海洋出版社，2012.

[2]张志卫，丰爱平，吴桑云，马德毅.基于生态系统的海岛保护与利用规划理论与实践[M].北京：海洋出版社，2017.

[3]石海莹，黄厚衡，洪海凌.海南省无居民海岛开发利用现状及管理对策浅析[J].海洋开发与管理，2013，30（6）：59-64.

[4]张祥国.海岛保护型开发浅析[J].海洋开发与管理，2011，28（3）：9-12.

[5]刘书英.河北省海岛保护性开发模式探析——以唐山湾三岛为例[J].河北学刊，2012，32（5）：229-232.

[6]韦正峰.海岛保护与开发利用建设的安全管理探讨——以大金山岛保护与开发利用示范工程为例[J].中国工程咨询，2018（6）：90-93.

[7]戴培杰，杨丽华，董楠楠.宁波无居民海岛保护性开发模式探析[J].特区经济，2015（5）：35-38.

[8]李佳芮，张健，王晶，卢文虎.青岛海岛保护与开发利用管理对策分析[J].海洋开发与管理，2014，31（10）：12-15.

[9]李常亮.广西海岛保护与开发利用管理措施探讨[J].南方国土资源，2009（4）：35-36.

[10]洪志翔，谢立峰，王海平，夏枫峰.舟山市无居民海岛保护与开发利用初探[J].浙江海洋学院学报（自然科学版），2007，26（4）：451-456.

[11]吕永林，蔡继晗，高元森.浅析温州沿海无居民海岛保护与开发管理[J].海洋开发与管理，2007，24（2）：47-53.

[12]吕华当，林国文.广东海岛保护中开发初见成效[J].海洋与渔业，2016（1）：16-16.

[13]林家驹，薛雄志，孔昊，姬厚德．我国无居民海岛开发利用现状研究[J]．海洋开发与管理，2019，36（1）：9-13.

[14]狄盼盼．体验视角下的海岛旅游开发研究[J]．经济与社会发展研究，2019（3）：0165-0166.

[15]方琼玟．做好生态本底调查是海岛保护与利用的前提——访广东省海洋发展规划研究中心副主任刘强[J]．海洋与渔业，2019（1）：50-52.

[16]孙湫词，谭勇华，李家彪．新时代我国海岛的生态保护和开发利用[J]．海洋开发与管理，2018，35（8）：22-27.

[17]吴亚梅，朱国宏．无居民海岛保护与利用亟须地方立法[J]．地方立法研究，2018，3（3）：120-127.

[18]刘超，崔旺来，朱正涛，等．海岛生态保护红线划定技术方法[J]．生态学报，2018，38（23）：8564-8573.

[19]唐迎迎，何丛颖，刘红丹．浙江石浦海洋保护和开发利用空间布局研究[J]．环境与可持续发展，2018，43（4）：26-29.

[20]杨传颖，韩翠敏．海南古镇古街保护与旅游开发探索[J]．旅游纵览（下半月），2018（8）：165-166.

[21]武雅娇．基于旅游地生命周期理论的无居民海岛旅游开发路径设计——以辽宁省无居民海岛为例[J]．对外经贸，2017（5）：84-88.

[22]李文清．浅析无居民海岛开发利用的规范管理与历史遗留问题[J]．齐鲁渔业，2017，34（8）：51-52.

[23]胡静．青岛重点海岛差异性开发策略研究[J]．特区经济，2017（12）：90-92.

[24]张锦乾，雷彬．世界文化遗产地旅游资源保护与开发研究——以厦门鼓浪屿为例[J]．科技视界，2017（33）：175-176.

[25]赵东洋，雷利元，席小慧，等．基于 PPC-AHP-DM 法的辽宁省整治修复海岛开发潜力评价研究[J]．海洋环境科学，2017，36（4）：531-536.

[26]吴静．连云港地区传统渔村文化保护与旅游开发研究——以高公岛渔村为例[J]．明日风尚，2017（24）：383-383.

[27]陈东东．广东南澳县无居民海岛旅游开发研究[J]．南方职业教育学刊，2016，6（1）：92-99.

[28]韩有定，陈春华，余扬晖，等．谈无居民海岛保护和利用规划——以万宁加井岛为例[J]．海洋信息，2016（4）：60-64.

[29]苏比努尔·尼亚孜．无居民海岛生态保护管理存在的问题及完善

[J]. 才智，2016（20）：244-245.

[30]邵琦. 我国无居民海岛经营性开发法律制度研究[J]. 法学（汉斯），2016，4（2）：17-29.

[31]徐健，冯文静，夏雪瑾，张舒. 上海市无居民海岛现状及保护措施[J]. 上海水务，2016，32（2）：8-10.

[32]加强杭州湾、象山港、三门湾保护和开发研究[J]. 宁波经济丛刊，2016（4）：34-36.

[33]常立侠，唐焕丽. 广东海岛旅游开发新视角：世界知名旅游岛对广东海岛开发的启示[J]. 海洋开发与管理，2015，32（7）：59-63.

[34]张庆，孙华贞. 我国无居民海岛旅游开发投资风险研究[J]. 安阳师范学院学报，2015（2）：66-70.

[35]张刚. 浅析我国海岛的生态保护[J]. 才智，2015（10）：248-249.

[36]孙全，周定成. 台湾海峡西侧岛连岛的成因及其对海岛开发的意义[J]. 海洋开发与管理，2015，32（2）：5-8.

[37]胡王玉，尹昌霞，施志晓，马仁锋. 海岛旅游开发对地方文化影响——以舟山普陀山与三亚槟榔谷为例[J]. 云南地理环境研究，2014，26（3）：14-18.

[38]张盼盼，张凤成，李博. 无居民海岛开发模式研究[J]. 海洋开发与管理，2014（4）：4-7.

[39]马龙，葛清忠，张丽婷. 浅析我国无居民海岛开发亟须引入区域生态风险评价模式[J]. 海洋开发与管理，2013，30（10）：25-28.

[40]梁源媛，高建. 海岛生态旅游开发模式研究：以澳大利亚菲利普岛为例[C]. 第八届海洋强国战略论坛论文集，2016.

[41]张耀光. 中国海岛开发与保护——地理学视角[M]. 北京：海洋出版社，2012.

[42]刘康. 海岛旅游可持续发展模式[M]. 青岛：中国海洋大学出版社，2012.

[43]杨同玉，陈学刚，高嵩. 从青岛开发区看海岛开发与保护的问题与对策[J]. 海洋开发与管理，2011（6）.

[44]诸葛仁. 绿色环球 21：规范生态旅游的国际标准[J]. 旅游科学，2005（1）:63-63，74.

[45]Laura Jane Lawton, David Bruce Weaver. Normative and innovative sustainable resource management at birding festivals[J]. Tourism Management, Volume 31, Issue 4, August 2010: 527-536.

第六章　海洋旅游目的地区划

【学习目标】

- 了解国际海洋旅游目的地区划中所包含的四个最具代表性的旅游大区
- 了解国内海洋旅游目的地区划中所包含的四个海洋旅游区
- 熟悉国际、国内海洋旅游区的地理位置、市场现状和主要优势
- 理解世界海洋旅游未来的发展趋势
- 掌握国际、国内海洋旅游区主要代表地的旅游概况

【知识要点】

- 地中海旅游大区、加勒比海旅游大区、大洋洲旅游大区、东南亚旅游大区
- 世界海洋旅游发展趋势
- 渤海海洋旅游区、黄海海洋旅游区、东海海洋旅游区、南海海洋旅游区

第一节　国际海洋旅游目的地区划

地球上的海洋面积为 3.61 亿平方公里，占地球表面积的 71%，如此广阔的海域具有巨大的发展潜力，事实上人类对于海洋的探索从未停止过。正如前面章节所述，海洋旅游资源非常丰富，海洋旅游产业也正日益发展壮大，主要包括滨海旅游、海岛旅游、海洋民俗人文旅游、邮轮旅游、潜水旅游和海洋水族馆旅游等，一批富有特色的海洋旅游目的地随之应运而生。从世界范围来看，地中海旅游大区、加勒比海旅游大区、大洋洲旅游大区和东南亚旅游大区最具知名度，它们拥有完善的基础设施、优质的服务质量和强大的旅游竞争力，每年吸引的海洋旅游者数不胜数，创造的旅游效益非常可观。

综上所述，本节主要对以上四个最具代表性的旅游大区的地理位置、市

场现状、主要优势及代表地海洋旅游概况等方面逐一进行分析研究。

一、地中海旅游大区

（一）地理位置

地中海是世界上最大的陆间海，位于亚、欧、非三大洲之间。南北宽约1800 公里，东西长约 4000 公里，总面积约 800 万平方公里（海域面积约 250万平方公里）。

地中海的地理交通位置决定了它的发展，西经直布罗陀海峡通大西洋，东北经土耳其海峡、达达尼尔海峡、马尔马拉海、博斯普鲁斯海峡与黑海相通；东南经苏伊士运河、红海通印度洋。这是世界上最重要也是最繁忙的水上通道，不仅如此，其在经济地位、战略地位、交通地位都十分重要。

地中海沿岸的地区和国家有 20 多个，北起有西班牙、意大利、法国、斯洛文尼亚、克罗地亚、波斯尼亚、波黑、阿尔巴尼亚、希腊、马耳他和塞浦路斯等，南面有摩洛哥、阿尔及利亚、突尼斯、比利亚和埃及等，位于地中海西部的国家有土耳其、叙利亚、黎巴嫩、以色列和巴勒斯坦等。这些国家都因其独特的区位优势，使旅游业发展迅猛。

（二）市场现状

从大旅游和海洋旅游的角度来看，地中海都是处于领先地位。据相关调查显示，欧盟七大海域（北海、黑海、地中海、波罗的海、大西洋东北部、远海地区及北极圈）中，地中海地区的旅游每晚人均消费额最高，约占总体消费额的一半（图 6-1），是欧洲乃至世界上旅游业最发达的地区。地中海处于亚热带气候，空气清新，具有美丽的沙滩、便利的交通，其独特的"3S"景观，即阳光（Sun）、沙滩（Sand）、大海（Sea），每年都会吸引来自世界各地的游客。

世界旅游业理事会（World Travel & Tourism Council，WTTC）发布的《2018 旅行和旅游全球经济影响报告》（Global Economic Impact & Issues 2018）表明，欧洲在 2017 年对区域经济贡献的表现尤为强劲，抵达访客的数量增长了 8.0%，尤其以南欧地区增长最快。西地中海地区在经历了前几年的低迷后，2017 年的访客出口量节节攀升，包括希腊（9.5%）、意大利（6.5%）、葡萄牙（16.3%）和西班牙（10.3%）。以上这几个国家的海洋旅游业均为当地的支柱产业之一，其带来的经济效益非常可观，所产生的 GDP 是旅游 GDP 的重要组成部分。地中海旅游大区的滨海旅游（Coastal Tourism）和游艇业（Yachting）已发展得较为成熟，邮轮旅游（Cruise）正处于快速发展阶段，具有较大的增长潜力。

　　地中海背靠欧洲，滨海度假旅游成为当地的一种生活方式。据统计，目前欧洲旅游酒店住宿量的 45% 仍集中在沿海地区，滨海旅游提供的就业量在海洋产业中居于领先地位。除此之外，地中海沿岸的西亚、北非国家的旅游业也在高速发展，旅游业占的 GDP 比重也越来越大。就目前来看，地中海地区的海洋旅游市场竞争力强，发展潜力巨大，市场前景广阔。

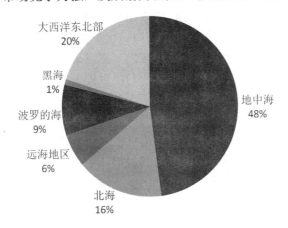

图 6-1　欧盟七大海域每晚人均消费占比（2011 年）

资料来源：Ecorys. Study in support of policy measures of maritime and coastal tourism at EU level[R]. 2012.

（三）主要优势

　　地中海区旅游业的迅猛发展离不开自身得天独厚的旅游资源及客源优势。此外，地中海地区的接待水平较高，除了星级饭店和旅游景点齐全之外，还有为数不少的博物馆和艺术馆供游客参观，在提供自然风光的同时突出展示海洋旅游目的地独特的文化底蕴，体现出该区域海洋旅游的不可替代性。其优势表现为如下：

　　1. 旅游资源优势

　　（1）丰富的滨海、海岛资源

　　地中海的旅游资源较为丰富，海岛众多且岛滩面积较大，气候宜人，发展海洋旅游的自然条件明显优于其他地区。

　　地中海的海岸线曲折，各个半岛将整个地中海分割成不同的海域，沿岸有漫长的海岸线，东部与北部海岸线曲折且多港湾，而北非海岸较为平直。大多数沿海国家都有可供旅游开发的海滩，其中有著名的西班牙"黄金海岸"

"太阳海岸""布拉瓦海岸"和"珊瑚海岸"。地中海大致上以马耳他岛为中点，分为东西两部，故而，马耳他岛有"地中海心脏"之称。

地中海岛屿众多，在众多岛屿中，西西里岛是地中海第一大岛，撒丁岛次之，塞浦路斯第三，科西嘉岛第四，克里特岛第五。在希腊语中，"西西里"为 Trinary，地形呈三角形状。这里有蔚蓝的大海、澄澈的天空，以及茂密的橄榄树林。西西里岛有"3C"，即文化（Culture）、美食（Cuisine）、宁静（Calm），以及无数橘树、柠檬果园和如画的自然风景。西西里岛的埃特纳火山海拔 3323 米，是岛上最高的山，也是欧洲最大的、最活跃的火山。这里的冬天是滑雪者的天堂，夏天又成为非常理想的避暑胜地。马略卡岛是巴利阿里群岛中最大的岛屿，是西班牙乃至世界著名的旅游胜地。这里阳光明媚，清澈的海水、湛蓝的天空吸引了很多的新婚夫妻来此度假蜜月旅行，马略卡岛也由此获得了"蜜月岛"的美称。岛上流传着关于波兰音乐家肖邦和法国小说家乔治·桑的爱情佳话，吸引游人纷至沓来。不仅如此，岛上还可以欣赏到艺术大师米罗的杰作。被浪漫的法国人称为"大地的乐园"——戛纳，是旅游的天堂，也是地中海地区度假休闲的代表。这里不仅拥有得天独厚的自然风景，还以优美典雅的沙滩和"戛纳电影节"而闻名于世，成为每位电影爱好者的朝圣之地。戛纳电影节享有"电影界的奥运会"的美誉，每到电影节期间，戛纳就成为众多国际名流的聚集地，这也吸引着全世界的目光。还有希腊的南爱琴海群岛、爱奥尼亚群岛和塞浦路斯群岛，因其良好的游客满意度、丰富的旅游资源、完善的旅游接待设施和较强的旅游可进入性，在中国旅游研究院 2019 年发布的《全球海岛旅游目的地竞争力排名研究报告》中群岛排名分属第一、二、四名，核心竞争力极强。

（2）灿烂悠久的历史文明

地中海是人类文明的发祥地之一，最著名的有开罗的金字塔、耶路撒冷的三大宗教圣地、罗马的科洛塞奥竞技场、梵蒂冈、雅典卫城等。地中海各国的历史文物数不胜数，如意大利的佛罗伦萨、米兰、威尼斯和法国的马赛等城市都孕育过璀璨的近代文明。在地中海北部湾的爱琴海曾孕育了古希腊文明和古罗马文明，还有东岸的古犹太文明与古埃及文明。即便随着历史的演变，许多的历史文化遭到破坏，但这促进了该地区各民族和各文化之间的交流。地中海北岸居民主要信仰天主教，南岸和东岸居民主要信仰伊斯兰教，此外还有信仰东正教和犹太教的。许多地区都保存着古罗马时期、中世纪及文艺复兴时期的罗马式、拜占庭式、哥特式古建筑及雕像等艺术珍品。不仅是建筑和雕塑，这里还产生过不少世界名人，如古罗马的亚里士多德、亚历山大，还有古意大利的但丁、哥伦布等。他们的遗迹遍布各处，给整个地区都披上了一层神秘的色彩，令人向往。

2. 客源优势

地中海是大西洋、印度洋和太平洋之间来往的通道，是亚、欧、非三大洲的交通枢纽，在其政治、经济和军事上有着极为重要的地位。地中海地区周围大都是经济富裕的欧洲发达国家，且与欧洲各国具有共同的文化认同感。因其独特的地理位置与自然资源，所以吸引着许多游客慕名而来，其客源市场广阔，前来的游客人均消费高且需求量大。就现状而言，地中海游客大多都是较高层次的游客，所以该地区受外界环境的影响程度较小。

随着地中海地区旅游业的迅猛发展，近年来，亚洲国家和地区对其的旅游需求也越来越大，尤其是中国，现有很多的中国游客都喜欢到此旅游。据中国旅游研究院发布的《中国游客中国名片，消费升级品质旅游——2017年中国出境旅游大数据报告》显示，2017年中国公民出境旅游突破1.3亿人次，花费达1152.9亿美元，保持世界第一大出境旅游客源国地位。该报告统计出2017年中国游客量增长速度最快的旅游目的地国家，前三位依次是摩洛哥、土耳其、突尼斯，均为地中海沿岸国家，由此可见地中海旅游大区对于中国游客的吸引力正日益提升。而地中海地区也非常重视来自中国的旅游者及其所创造的巨大旅游效益，世界旅游组织曾于2017年5月24日在马耳他举办"吸引中国游客到地中海旅游"高级讲习班，会上还讨论了快速发展的中国出境游市场的潜力，呼吁地中海国家采取相应措施吸引中国游客。

综上所述，地中海旅游大区具备良好的客源优势，如能把握机遇，重视开发和树立地中海品牌，打造具有独特价值的海洋旅游目的地，定能吸引全球大量的旅游者前来观光度假，开展海洋旅游活动。

（四）主要代表地海洋旅游概况

1. 意大利

意大利位于欧洲南部地中海北岸的亚平宁半岛，面积30多万平方公里，形状狭长，把地中海隔成大致相等的两部分。意大利海岸线占边境线的80%，约7250公里，海洋疆界约占80%。滨海海岛资源丰富，其中就有著名的海岛西西里岛、撒丁岛、科西嘉岛等。在撒丁岛的南部海岸，贾亚（Chia）海滩被许多人视为意大利最好的海滩。靠沙丘和杜松树支撑，沙滩避风，受到当地人和冲浪者的喜爱。这里的水域是令人难以置信的绿松石色，沙子是金色的。海滩后面的潟湖是火烈鸟的重要温床，海豚是海湾的常客。丰富的动物资源无时无刻不吸引着猎奇者的到来。

意大利的旅游业在 20 世纪初就开始兴起，第二次世界大战之后，在政府的大力支持下，其旅游业扶摇直上，其后几十年，意大利旅游业接待外宾人次及外汇收入两项指标均在世界排名第一至第四之间变化。据中国旅游研究院 2019 年发布的《全球海岛旅游目的地竞争力排名研究报告》调查显示，意大利的西西里岛和萨丁岛分别位列全球海岛旅游目的地竞争力（非群岛）的第一、二位，海岛的接待能力和游客的满意度指数都明显高于其他海岛。

（1）自然旅游资源

由于处于板块交界处，这里的火山资源十分丰富，著名的埃特纳火山、斯特龙博利火山与维苏威火山等都坐落于此。有些火山至今仍在喷发，成为意大利重要的旅游资源。利帕里群岛上的斯特龙博利活火山每隔几分钟就会喷发一次，该火山海拔高，又处于海洋中，成为指明灯航向的天然"灯塔"。

意大利春秋温暖，夏季炎热，冬季潮湿。这里大部分地区的气候都属于地中海气候。这里到处都是硕果累累的橘林、柠檬园和大片的橄榄树林。意大利还有丰富的海岛资源，西西里岛是地中海最大的岛屿，位于意大利的西南端，这里四季温暖、风光明媚，有著名的火山和滨海浴场，古希腊和古罗马时期的文化遗迹都保存在这里。西西里岛也因此成为意大利著名的海洋旅游胜地。

（2）历史文化资源

意大利是一个历史悠久、文化灿烂的文明古国，也是文艺复兴的起源地。意大利的丰厚的文化艺术遗产是国家的宝藏，它极大地丰富了世界文化遗产。在意大利教堂有 3 万多座，其中有不少是世界遗产。作为文艺复兴发祥地的佛罗伦萨，博物馆和美术馆就有 40 余座，如乌菲尔博物馆，就被称为"文艺复兴艺术宝库"。此外，每个城市都有歌剧院，米兰的斯卡拉大剧院被称为"歌剧之麦加"。与意大利有关的世界级名人众多，如文艺复兴三杰：达·芬奇的画作《蒙娜丽莎的微笑》、拉斐尔的《雅典学院》与米开朗基罗的雕像《大卫》。意大利曾是欧洲政治中心，加之一度实行城邦国家制，许多的王宫、城堡、名人遗迹都在意大利。

2. 西班牙

西班牙位于欧洲西南伊比利亚半岛，内陆面积占该岛的 80%，东部濒临地中海，东北部与法国和安道尔相接，南隔直布罗陀海峡与非洲的摩洛哥相望，被称为通往欧洲、非洲、中东和美洲的"桥梁"。海岸线长 3140 公里，国土面积 504750 平方公里，在西欧仅次于法国，居第二位。由于特殊的地理位置和特殊的地形结构，西班牙气候多种多样，中部梅塞塔高原为大陆性气候，东南部和南部为地中海式亚热带气候，夏季炎热，冬季温和多雨。西班牙被誉为"旅游王国"，是世界上旅游业最发达的国家之一，也是世界海岛、滨海旅游开发最成功的国家之一。

（1）自然旅游资源

西班牙的巴利阿里群岛和加那利群岛的自然资源丰富，拥有优良的海岛风光和宜人的气候条件，西班牙政府非常重视岛屿的旅游开发，建设饭店、娱乐设施、机场、修公路，增开汽车轮渡，举办特色文化活动等一系列举措吸引了众多游客前来休闲度假旅游。其中，加纳利群岛是世界闻名的海岛旅游胜地，据统计每年有超过 1500 万的游客前来休闲度假旅游，其中外国游客占比近八成。群岛中的每个小岛各有特色，如巴利阿里群岛中最大的马略卡（Mallorca）因每年 300 天以上的晴朗天气被誉为"地中海的乐园"；加纳利群岛中的特内里费岛（Tenerife）则因其独特的地表风貌被称为"户外探险圣地"。

西班牙人称其旅游业为"向全世界出口阳光和海滩"的行业，这里常年沐浴在阳光和地中海温和的海风中，尤其到了夏季，位于伊比利亚半岛东北部的巴塞罗那和圣塞巴斯蒂安、东南部的瓦伦西亚等城市的海滨浴场，会涌入大批来自北欧和西欧国家的旅游者，在海里游泳、开帆船以及在沙滩享受日光浴是当地最受欢迎的活动。

西班牙海滨旅游开发主要以沿海城市为核心建设多样化的特色旅游区，把旅游区建设成为城市化旅游综合体，重点打造滨海海岛休闲度假产品。这里具有海陆空便捷舒适的交通网和现代化的基础设施。

（2）历史文化资源

西班牙在发展海洋旅游时，不仅积极开发目的地的自然资源，同时也深度挖掘历史文化资源，这使得当地的旅游产品呈现出多样化、特色化。旅游离不开文化，文化是旅游的灵魂，从另一方面来说旅游业的持续发展需要文化的支持。正如马略卡岛不仅被称为"地中海的乐园"，同时还有"蜜月岛"的美称，是情侣和新婚夫妇旅游的首选岛屿。这源于著名的波兰音乐家肖邦和法国小说家乔治·桑的一段富有浪漫情调的爱情佳话：1837 年，肖邦与比他大 6 岁的乔治·桑在巴黎相识，两人随即陷入热恋之中，他们于次年底来到当时还鲜为人知的马略卡岛。这里人烟稀少，没有宾馆，没有公寓，他们在马略卡岛首府帕尔马一座修道院里租了几间房子住了下来，共同度过了南国的一个冬季，给传记作家提供了一篇题为"马略卡岛之恋"的富有浪漫主义情调的故事。至今，马略卡岛还保留着肖邦和乔治·桑的故居，吸引着游客们络绎不绝地前往参观。另一个海岛则凭借其带有神秘色彩的古迹吸引着游人：坐落于特内里费岛东海岸的瑰玛村，现存有六座金字塔，均为阶梯式，俯视图呈正方形。这与玛雅人和阿兹特克人在墨西哥建造的金字塔存在显而易见的相似之处。几个世纪以来，一直有人认为特内里费岛是传说中沉没的大西洲（亚特兰蒂斯）的一部分，曾经是大西洲的最高峰，因此这里成了考古学家和史前文明爱好者的向往之地。

当然，西班牙拥有众多的历史文化遗址，包括历史文物王宫、教堂和城堡在内的历史文化建筑是重要的旅游吸引物，其中有 10 多项古迹已经被联合国教科文组织列为重点保护对象的文化遗产。在这些遗迹中有马德里的东方之宫、阿维拉的古城墙、塞戈威亚古老的水道桥、科尔多瓦的大清真寺、格拉纳达的阿尔汗布拉宫、巴塞罗那的格尔公园等，都是西班牙的代表性的文化遗产。西班牙还被誉为"斗牛王国"，斗牛与节奏明快、野性十足的弗拉门戈舞并称为西班牙的两大"国粹"，每年都有成千上万的游客前来一睹斗牛士和弗拉门戈舞者的风采。

除此之外，西班牙的节事文化活动精彩纷呈，巴伦西亚的西红柿节、巴塞罗那的保护神节（又称圣梅尔塞节）、加纳利群岛特内里费岛的狂欢节等都极具特色风情。而巴利阿里群岛中的伊维萨岛（Ibiza）则另辟蹊径，以打造电子音乐为吸引点，于每年 5 至 10 月在岛上举办各式音乐节，当地的乌斯怀亚（Ushuaia）更是被电音爱好者们奉为"圣地"，世界各地的年轻人纷至沓来只为感受全球顶尖的电子音乐人带来的视听盛宴。

二、加勒比海旅游大区

（一）地理位置

加勒比海位于大西洋西海岸的大小安的列斯群岛（Antilles），在南美大陆和中美洲之间，西、南分别与中、南美洲相邻，北、东两边以大、小安的列斯群岛为界，有"美洲地中海"之称。加勒比海东西长约 2735 公里，南北宽 805～1287 公里，总面积约为 275 万平方公里，平均水深 2490 米，是南北美洲的航行要道。加勒比海海区略呈东、西方向延伸，是南、北美洲之间的陆间海，也是世界上最大的陆间海。

（二）市场现状

加勒比海地区是世界旅游业的发达地区。本区除墨西哥以外，大部分国家都是零星分布在海洋中的岛国，旅游业的发展和旅游者的数量在地区上具有不平衡性。旅游业繁荣兴旺的地区主要分布在大小安的列斯群岛、百慕大群岛和巴哈马群岛。加勒比海地区旅游的空间格局与交通状况有着密切的关系，交通状况导致旅游活动在加勒比海北半部的集中分布。按年接待游客人数来看，居于前四位的是墨西哥、波多黎各（美属）、巴哈马和多米尼加共和国，其他国家和地区表现平平。客源主要来自美国、加拿大和欧洲国家（如英、法、荷等），这几国地处寒带、温带和亚热带，相比之下加勒比海地区的气候和自然环境极具吸引力。再说，这里的旅游费用比去其他地方要低，且风景优美，这也是加勒比海地区旅游业发达的重要原因之一。

加勒比海地区海洋旅游发展历史悠久，可追溯到 19 世纪末，经过 20 世纪六七十年代的发展，邮轮旅游逐渐发达，大大拉动了该区域国家的经济增长。1978—1988 年，在全球经济局势较差的背景下，该地区的牙买加和巴巴多斯岛旅游接待量逆势增长 52.2%。而后的 10 年间，加勒比海地区停靠的邮轮数量从 97 艘增加到 129 艘，床位数从 6.8 万个增长至 12.7 万个，游客数量达 1000 万。从此形成以邮轮旅游为主导的立体旅游格局。目前，加勒比海地区集聚了世界上几乎所有的邮轮品牌和最多的邮轮游客，世界主要邮轮码头有将近 40 个位于中美洲和加勒比海地区，已经形成了"圣托马斯→安提瓜东"的东加勒比海线、"墨西哥→危地马拉"的西加勒比海线、"多米尼加→哥斯达黎加"的南加勒比海线等邮轮旅游线路。该区域旅游形式包括陆上旅游、海上游艇旅游和邮轮旅游。对比邮轮旅游良好的国际化发展态势，加勒比地区的陆上旅游相对滞后，为了促进海陆旅游均衡发展，充分发挥邮轮旅游的带动作用，该地区的旅游主管部门也在不断积极尝试，完善和开发陆上设施和产品，使得海洋旅游能够可持续发展。

（三）主要优势

虽与其他旅游区相比，加勒比海地区的人文资源稍逊色，但其地区处于热带，其风光更是别具一格，所以自然资源略胜一筹。加勒比海海岸线漫长曲折，沿岸海岛众多，这些岛屿各具特色，自然风光优美。加勒比海有许多的珊瑚礁，星罗棋布的珊瑚是开发海洋旅游的珍贵资源。加勒比海地区的珊瑚礁形成于洪积世的间冰期，那时的海平面比现在要高得多。由于海平面的下降，这里的珊瑚礁完好无损地显露出来。巴哈马安德罗斯岛的珊瑚礁仅次于澳大利亚的大堡礁。珊瑚资源是宝贵的海洋旅游资源，就像一道道屏障，保护着海岸线。为了保护珊瑚礁，加勒比海地区进行试点保护，如百里斯的霍尔查恩海洋公园，游客可以乘坐游艇参观。牙买加的大瀑布和泉水与墨西哥的众多火山，成为加勒比海地区丰厚的旅游资源。

（四）主要代表地海洋旅游概况

1. 百慕大

百慕大群岛位于北大西洋西部，由 150 个岛屿和无数的珊瑚礁组成，从地图上看，这些岛屿和珊瑚礁就像明亮的珍珠项链。百慕大三角指北起百慕大群岛，通过波多黎各岛到佛罗里达海峡，边长 2000 公里的三角形海域。旅游业是百慕大群岛最主要的经济部门，收入占国内生产总值的 32%、外汇总收入的 40%。从业人口占全国劳动力的 60%。主要接待高收入游客。2016年初，百慕大旅游局（BTA）公布了百慕大全新的旅游标识（图 6-2），以帮助当地旅游经济的蓬勃发展。新 LOGO 颜色由之前的粉红色变为深蓝色，寓意着这里是典型的海洋旅游目的地，拥有蔚蓝的海水。同时最后的字母"A"用一个等边三角形代替，代表了神秘的百慕大三角（Bermuda Triangle）。

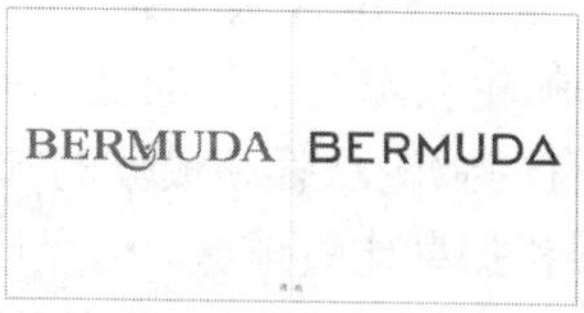

图 6-2　百慕大新旧旅游标识对比图

（1）自然资源

百慕大群岛是在火山喷发中诞生且经过大自然的"建筑师"——珊瑚虫精雕细琢形成的珊瑚岛，岛上众多火山岩，岛上温泉、地热资源丰富，最高海拔达 7273 米。群岛的海岸线上和周围的海底都遍布了五颜六色的珊瑚。这里有神奇的粉红色沙滩、绚丽的风景、清澈湛蓝的海水。百慕大群岛位于加勒比地区的北部，由大西洋上的 150 多个小岛屿和小岛组成。

百慕大是著名的旅游胜地，与一些旅游胜地相比没有原始森林，也没有奇特的山水，但在这儿有高塔般的悬崖和礁石、峭壁嵯峨的海湾、绚丽妖媚的海岸等。百慕大保持着少有的自然风貌也是未被现代工业污染的地方。即使是花草树木也都是自然生成，没有丝毫的修饰。一切听任自然，一切保持自然，这是百慕大疗养旅游和度假旅游发达的最重要的原因。

（2）历史文明资源

百慕大有许多的教堂和中世纪的城堡，其中的圣乔治和汉密尔顿的教堂与古堡成为百慕大最吸引人的人文景观。圣彼得教堂始建于 1713 年，是整个西半球最古老的英国教堂，后又有所扩建。维多利亚统治时期，大不列颠帝国竭力想把百慕大变成"西方的直布罗陀"，斥巨资在其战略重地上修建了

13 处强大工事。圣卡特琳古堡的暗炮台现成为博物馆，这儿保存着英国帝王王冠宝石的复制品和历史投影画。此外，岛上还保留着著名的文物古迹，如火药洞、圣达大卫灯塔、"别罗邮局"和"海尔宫"等。

百慕大之谜是近代世界历史上最为吸人眼球的地理神秘现象，百慕大三角自世界航海业发展以来，海事频繁发生，已然成了地球上最令人恐慌和迷惑不解之谜的地区，同时此地区也在流传着神话传说。古希腊传说中，在大西洋中有一个大岛叫大西洲，又名阿特浪基达，当初有几个阿特兰特巨人就藏在大西洋西南端这块仅存的陆地而幸免于难。

2. 墨西哥

墨西哥位于北美洲南部，拉丁美洲西北端，是中美洲最大的国家。北邻美国，南部与马拉和伯利兹相接，西临太平洋和加利福尼亚湾，东濒加勒比海和墨西哥湾，其总面积约为 197 万平方公里。墨西哥沿海和东南部平原属于热带气候，平均气温在 25～27℃；西北内陆为大陆性气候，年均降水量不足 250 毫米，内地降水 750～1000 毫米，沿湾中部与太平洋沿岸南部为 1000～2000 毫米。

世界旅游业理事会（WTTC）发布的《2018 年城市旅游和旅游业影响报告》显示，全球十大旅游城市中墨西哥城以 197 亿美元位列第八名，是唯一上榜的加勒比旅游大区的城市，墨西哥的旅游吸引力可见一斑。

（1）自然资源

墨西哥海岸线漫长，其中加勒比海与墨西哥湾约长 3300 公里，且在太平洋和大西洋上的岛屿众多，其著名的滨海旅游城市为坎昆。坎昆是一座国际化的旅游城市，其白色沙滩犹如丝绸般顺滑柔软，海滩上的凉亭和小屋都是玛雅式风格，阿库马尔的海水极为清澈，只需潜入几米深的水下就可以看到五颜六色的鱼、贝类、海葵和海绵等围绕在千奇百怪的珊瑚上。

（2）历史人文资源

墨西哥的历史文化悠久，印第安人创造了玛雅文化、阿兹台克文化和托尔特克文化，留下了许多的古代文化遗迹。奥尔梅克文明是美洲最早的文明，产生于公元前 1200 年，在中美洲圣洛伦索高地的热带丛林当中。圣洛伦索是早期奥尔梅克文明的中心，在繁盛了大约 300 年后，于公元前 900 年左右毁于暴力。其后奥尔梅克文明的中心迁移到靠近墨西哥湾的拉文塔。奥尔梅克文明最终在公元前 400 年左右消失，事实上奥尔梅克文化影响了大量的中美洲文明。奥尔梅克文明的许多特征，如金字塔和宫殿建造、玉器雕琢、美洲虎和羽蛇神崇拜也是后来中美洲各文明的共同元素。

三、大洋洲旅游大区

（一）地理位置

大洋洲位于太平洋西南部和南部、赤道南北的广大海域，其被意为"大洋中的陆地"，地理位置偏安一隅。东西宽达 1.29 万公里，南北相距 7500公里，其岛屿总面积为 133 万平方公里，陆地总面积 897 万平方公里。除南极洲外，它是世界上面积最小、人口最少的一个洲。

该地区主要包括了三大群岛：澳大利亚、新西兰、新几内亚岛和以美拉尼西亚。大洋洲约有 1 万多个岛屿，大陆海岸线约长 1.9 万公里。新几内亚岛、新西兰的北岛和南岛及梅拉尼西亚的岛屿大多属于大陆型；波利尼西亚和密克罗尼西亚绝大部分岛屿属珊瑚礁型。这里绝大部分地区属于热带和亚热带，除了澳大利亚的内陆地区属大陆性气候外，还有少部分地区属于海洋性气候、地中海气候等。

（二）市场现状

大洋洲旅游业同它的经济发展一样极不平衡，仅有澳大利亚、关岛、夏威夷旅游业发达。进入 20 世纪 70 年代之后，该区的大多数国家对旅游业在国民经济中的地位有了一定的认识和了解，政府对旅游业开始重视起来，同时对旅游业的投资也逐渐地增加。但因一些国家和地区的财务紧张，一些旅游资源尚未被开发。据夏威夷州旅游局调查统计，夏威夷 2018 年接待的过夜游客数量接近 900 万人次，旅游收入在当地国内生产总值的占比最高，这使得夏威夷的经济增长始终高于美国经济的平均增长水平。澳大利亚旅游发展局（Austrade）发布的《国际游客调查》（International Visitor Survey）显示，截至 2019 年 3 月，澳大利亚旅游业继续呈现强劲增长，850 多万赴澳国际游客的消费额达到创纪录的 443 亿澳元，由此旅游业成了澳大利亚经济的重要组成部分。近年大洋洲各国越发地重视旅游业的发展，斐济、瓦努阿图、汤加等岛屿国家旅游业收入可观，也成为其国民经济的重要组成部分。

（三）主要优势

大洋洲的自然资源十分丰富，其独特的自然资源吸引着无数的来自世界各地游客，如美丽的珊瑚礁、火山景观、石灰岩洞穴及辽阔的海滩。其岛国在政治、历史、文化、自然条件都与加勒比海中的岛国极为相似。虽与加勒比海地区在旅游业发展中有着很大的距离，但大陆环境具有独立性，这里有许多奇特的动植物资源。这里少见大陆上的虎、豹、狮等凶猛动物，因而为鹤驼、琴鸟、针鼹、鸭嘴兽和大袋鼠等珍禽异兽提供了相对安全的生存环境。

澳大利亚共有 12000 种植物,其中 9000 种为其所特有,以桉树和金合欢最为代表。

这里的岛屿众多,各有各的特色。其大致分为三大类:珊瑚岛、大陆岛和火山岛。各岛形态各异,如珊瑚礁、火山景观等。事实上,大洋洲的珊瑚礁分布十分广泛,其中大堡礁是世界级著名旅游区。该地区是火山多发地带,有 60 余座活火山,美拉尼西亚就有 30 余座。大洋洲最高的活火山——冒纳罗亚火山海拔 4170 米,东海岸地区有大片的结晶沙滩,许多地方已然成为旅游度假区。此外,大洋洲是亚洲与南、北美洲之间空中和航海线路的途经之路,也是舰船的淡水和燃料补给地,同时也是海底电缆所经之地。大洋洲在国际交通和战略中居重要地位,由此为其旅游业的发展提供了较为有利的条件。

(四)主要代表地海洋旅游概况

1. 夏威夷

从地理位置来说,夏威夷不属于大洋洲。但就海洋旅游区的划分和旅游地理角度而言,夏威夷归属大洋洲。夏威夷群岛位于太平洋北部,由 8 个主要岛屿和 124 个小岛组成,其中已被旅游开发且深受游客欢迎的岛屿包括夏威夷(Hawaii)、毛伊(Maui)、瓦胡(Oahu)、考爱(Kauai)、莫洛凯(Molokai)等。这些大小岛屿从西北至东南方向排列,总面积 10923 平方英里(28290 平方公里),其中海域面积为 4508 平方英里(11676 平方公里),陆地面积 6423 平方英里(16635 平方公里),是太平洋地区海空运输的枢纽。由于远离欧亚大陆,没有现代工业的发展,故其阳光、空气和水很少受到污染,以其独特的东西方文化交汇的特色与美丽的风光、洁净的环境著称于世。首府檀香山被誉为美国空气最干净的城市,夏威夷的“无污染”得分也居全美第一。夏威夷属于亚热带气候,一年四季的平均气温最高不超过 33°C,最低不低于 19°C,其地理环境和生态平衡算得上是人间天堂。这里夏无酷暑,冬如仲春。20 世纪 50 年代,夏威夷的旅游业快速地发展,随后成为全州的支柱产业。

(1)自然旅游资源

夏威夷的海滩带有独特的热带风情,很多游客也因此慕名而来。每当节假日到来,夏威夷的海滩上就会有许多的游人,游客可以在海滩上架起五颜六色的帐篷,三三两两地一起嬉戏露营。考爱岛被赋予“花园岛”的美称不是没有道理的。其实,对这座热带“伊甸园”的美誉还远远不够。在所有的群岛中,考爱岛最符合人们对南太平洋天堂的想象。这也就是为什么考爱岛经常出现在众多好莱坞电影当中，其中包括《加勒比海盗之惊涛骇浪》《速度与激情：特别任务》《侏罗纪公园》《夺宝奇兵》等这些佳片都曾在这里取景。

毛伊岛以其山谷的秀丽著称。岛上最著名的旅游胜地是"太阳之屋"（Haleakala）和16世纪捕鲸时期形成的城市"捕鲸镇"（Lahaina）。"太阳之屋"海拔一万英尺（3048米）以上，有成群的火山口交汇一处，游客可以租车沿公路开到顶上，在那里你会感到自己好像已经离开了地球，站到了月球上一样。那里还有一种高原花草叫"银剑"，世界上只有毛伊岛的"太阳之屋"和大岛的高山上才有，而且也濒临绝种。

（2）历史人文资源

坐落于夏威夷瓦胡岛珍珠港中的亚利桑那号纪念馆（The USS Arizona Memorial），由美国国家公园及美国海军共同管理维护，为纪念在二战偷袭珍珠港事件中长眠于水下的亚利桑那号残骸建起了纪念馆。每年都有不少钟情于历史的旅游者慕名前来游玩参观。

如果说亚利桑那号纪念馆是战争的开始的地方，那么密苏里号战舰纪念馆（The USS Battleship Missouri Memorial）是战争结束的地方。1945年9月2日，在密苏里号战舰纪念馆的投降甲板上，麦克阿瑟将军（General MacArthur）接受了日本的无条件投降，结束了第二次世界大战。这艘巨大的战舰位于珍珠港内富有历史意义的战舰编队中，作为真实生动的活博物馆，展品涵盖三次大战和五十年的服役历程。波芬号潜水艇曾是二战期间美国海军服役的288艘攻击型潜艇之一，在二战中立下了赫赫战功，被称为"英雄潜艇"。它曾击沉39艘日本货船和4艘日本军舰，击沉总吨位近7万吨，在二战美军所有潜艇中排名第17位。潜艇一侧的岸边还陈列着一些巡航鱼雷、反潜鱼雷等海军武器供游人参观。

除此之外，夏威夷还有多处历史文化景点，包括太平洋航空博物馆（Pearl Harbor Aviation Museum）、鲍芬号潜水艇博物馆与公园（The USS Bowfin Submarine Museum & Park）、俄克拉荷马号纪念馆（USS Oklahoma Memorial）等，都是旅游网站上游客评选出的"夏威夷值得打卡的历史遗迹"。

2. 澳大利亚

澳大利亚处于南半球，位于南纬10°至39°，东经113°至153°。大陆四周环海，介于太平洋和印度洋之间。东临南太平洋的珊瑚海和塔斯曼海，距南美大陆1.4万公里；南岸和西岸临印度洋，南距南极洲约3500公里；西距非洲大陆约1万公里；北隔帝汶海与亚洲南部的马来岛相望。澳大利亚大陆海岸线长 1.96 万公里，其海岸线总长为 36735 公里。由于南北两半球之分，澳大利亚的季节气候与北半球相反。大部分地区最热的月份是元月，故有"盛夏季节庆圣诞，赤日炎炎迎新春"的趣话，事实上，反季节是澳大利亚吸引欧洲、北美和亚洲游客的一个至关重要的因素。

澳大利亚大堡礁是地球上最壮观的珊瑚礁，1981 年世界遗产委员会已经把澳大利亚的大堡礁列为世界遗产。大堡礁是一种垄状的珊瑚礁，每当退潮时这些珊瑚礁都会露出在海面。由于堡礁不同于岸礁，与海岸保持一定的距离，中间隔着潟湖，又被称为离岸礁。澳大利亚有着漫长的海岸线，除塔斯马尼亚岛及南部沿海外，绝大部分分布在热带及亚热带，因此在岸边分布着许多可供旅游、体育活动的沙滩浴场。黄金海岸是澳大利亚的假日游乐度假胜地，由 10 个美丽的沙滩组成，因延绵 32 公里的金色海岸而得名。这里是冲浪者心中理想的冲浪天堂，且这里旅游设施完备，游客既可以在太平洋中畅游，也可以在沙滩上打排球。

由于澳大利亚独特的地理位置，在漫长的生物进化中一直与其他大陆隔离，到近代才被开发。因而到现在还保持着许多世界上其他地区都见不到的珍稀植物和动物，也成了最珍贵的"世界活化石博物馆"。澳大利亚有 230 种哺乳动物，稀有动物种类繁多，其中最具代表性和独特性的有三类：袋鼠、鸟、单孔类原始哺乳动物。澳大利亚有 700 余种鸟，其中有 530 种是特有的。

3. 斐济

位于西南太平洋中心，介于赤道与南回归线之间，是澳大利亚、新西兰前往北美的必经之地。陆地面积 18333 平方公里，海洋专属经济区面积 129 万平方公里。由 332 个岛屿组成，其中 106 个有人居住。多为珊瑚礁环绕的火山岛，主要有维提岛和瓦努阿岛等。属热带海洋性气候，常受飓风袭击。年平均气温 22～30℃。

斐济岛是世界著名的度假胜地、旅游天堂，被誉为"全球十大蜜月旅游胜地之一"。清凉的海风吹拂着高矗入云的椰林，岛上热带树木浓绿成荫，海滩边洁白的沙滩，海里有奇形怪状珊瑚礁，色彩斑斓的鱼儿将海水搅得五彩缤纷，到处充满热带海洋的原始美感。这里还有世界最狂热的名人度假胜地——瓦卡亚俱乐部。这个岛每次仅能容纳 20 名游客，用豪华水上飞机接送住客。由于住的都是渴望清静的世界级名流，所以这个俱乐部除了设施和服务一流以外，还是严禁摄影、摄像的。无与伦比的美景配上无可挑剔的服务，定然会吸引到最高端的消费群体，也会产生最大化的经济效益。斐济在这一点上的表现无疑是杰出的。

当然，斐济是现代的，更是原始的。就像电视里播放的，斐济的海岸地区多已开发为现代化的休闲度假区，五星级的饭店、豪华俱乐部与酒吧林立，但是岛屿深处的斐济村落却依然保有 20 世纪初期的原始风貌，岛民们依然过着近乎原始而淳朴的生活，青年们也学习着传统的技艺。在斐济，游客可以看到头戴鲜花、笑容灿烂的居民。岛上至今保留着传统习俗，如将深海中的鱼群呼唤到浅海以利捕捉的神奇颂唱仪式、传统的走火仪式等。总之，在斐济，旅游者一方面可以享受到现代化的配套服务设施，另一方面又可以体验到原生态的大自然和极富特色的本土民俗。

借助旅游业发展的东风，斐济顺利成为太平洋岛国中经济实力较强、经济发展较好的国家。其中制糖业和旅游业是当地国民经济支柱。近年来，由于国际市场价格下跌和国内产业结构调整等原因，制糖业面临困境。而旅游业近年来稳步发展，2017 年赴斐游客人数达 84.3 万人，创历史新高。同时，斐政府正大力推进公路、港口、电力等基础设施建设。斐济已连续 8 年保持经济增长。旅游业较发达，旅游收入是斐最大的外汇收入来源。2017 年斐济入境旅游人次达 84.3 万人，旅游总收入达 11.88 亿美元，人均消费达 1409.25美元，全国约有 4 万人在旅游部门工作，占就业人数的 15%。游客主要来自澳大利亚、新西兰、美国、英国、欧洲大陆、日本等国。

四、东南亚旅游大区

1. 地理位置

东南亚位于东经 93°至 141.5°，北纬 24°至南纬 10°之间，处于大洋洲、太平洋与印度洋之间的"十字路口"，是联系两大洲的桥梁和连接两大洋的纽带。东临浩瀚的太平洋，西临印度洋，北与中国接壤，南与澳大利亚大陆隔海相望。介于马来半岛的苏门答腊之间的马六甲海峡，扼守着东、西的交通道，包含新加坡海峡在内全长 900 公里，最窄处仅 37 公里，水深约 25000米，潮差较小，可通航 25 万吨巨轮，目前，通过马六甲海峡的船舶每年约10 万艘。

2. 市场现状

东南亚地区从 20 世纪 50 年代开始重视旅游业的发展，但其各国的旅游业发展相对不平衡。新加坡的旅游业开发从 20 世纪 50 年代开始，发展较快。90 年代后，其他国家的旅游业也得到了快速发展，并取得了很好的成绩。由于其优越的自然条件和靠近客源市场的优势，各国的旅游业都处于稳定增长状态。据世界旅游业理事会（World Travel & Tourism Council，WTTC）发布

的《2018 旅行和旅游全球经济影响报告》显示，东南亚的直接旅行和旅游
GDP 会继南亚之后成为第二个增幅最快的区域，可达 5.9% 左右。

3. 主要优势

（1）自然资源

东南亚各国海滩众多，且各国都有漫长曲折的海岸线，马来群岛和中南
半岛的海岸线约 10 万公里，许多都已经被开发成为世界知名的滨海度假旅游
区。马来群岛的岛屿很多，有 2 万多个岛屿，堪称世界之最。菲律宾有 7100
多个岛屿，印尼则有 1.7 万多个，两国都被号称"千岛之国"。菲律宾在海
峡上建成了一座马科斯大桥，大桥造型呈"S"形，全长 21.6 公里，桥身宽
7.5 米。大桥周围遍布长满椰树的小岛，这里因此成为菲律宾重要的旅游景观。

东南亚除了海岛旅游资源外，还有壮丽的火山景观，火山景观也是许多
海岛滨海旅游地的共有旅游资源。该地区的火山景观资源最为丰富，印度尼
西亚与菲律宾有许多的火山，其中印度尼西亚是世界上火山资源最为丰富的
国家，据统计该国有 400 多座火山，活火山就有 120 多座。世界活火山一共
才 600 多座，可见其活火山景观资源尤为丰富。火山喷发之后堆积物形成了
大量的自然奇观，这为当地的旅游业提供了宝贵的资源。马荣火山海拔 2421
米，山体呈圆锥形，周长 130 公里，周围覆盖了一大片椰子树和稻田，十分
壮观，极像日本的富士山，故有"菲律宾富士山之称"。

（2）历史人文资源

东南亚共有上百个民族，是个多民族的地区，并且存在着几百种的语言。
这里既有许多古老民族，也有外来的印度人、欧洲白人、华人和阿拉伯人。
这里不仅是民族的大熔炉，更是文化的汇集地。既有本土文化，又有佛教文
化、天主教文化、伊斯兰文化和儒教文化等。这里被称为"文化博物馆"和
"民族博物馆"。此外，一些岛上还有许多的原始部落，他们还保持许多奇特
的民俗。伊利安西部的阿斯马特地区居住着 2 万多个处于石器时代的原始部
落人，仍处于生活野蛮蒙昧的状态，至今保持猎人头、吸骨髓、挂头骨等习
俗；印度尼西亚希尔族人从不穿衣服，并保持着文身的习惯；摩鹿加群岛的
男性只在腰间系上树叶编的短蓑衣。

4. 主要代表地海洋旅游概况

（1）巴厘岛

巴厘岛地处印度尼西亚，是最富有特色的、最美丽的亚洲海洋旅游地之
一；位于爪哇与龙牧两岛之间，总面积 5632 平方公里，南北宽约 80 公里，
东西长 140 公里。巴厘岛属于热带气候，气候温和多雨，全年平均温度 28℃。

因印度洋季风和火山土壤，巴厘岛的土地肥沃且有多种农作物。

① 自然旅游资源

巴厘岛空气清新、海滩洁净、阳光明媚，树木茂盛，一年四季鲜花绽放。这里是印度尼西亚最炫目璀璨的一座岛屿。岛上有四五座锥形完整的火山散布其中，阿贡火山是岛上的最高点。京打马尼享有"巴厘岛富士山"之称，火山喷发使土壤肥沃，所以周围栽种了许多的果树和农作物。金巴兰海滩位于巴厘岛南部，在这里可见三三两两的渔人划着木舟、唱着民谣出海。乌鲁瓦图断崖是一个具有传奇色彩的景点，位于巴厘岛最南端，又称为"望夫崖"。海浪气势磅礴，拍打着乌鲁瓦图断崖的声音此起彼伏，海天一色，断崖上的圣庙鲜花簇拥。位于巴厘岛东南海岸的努沙杜瓦，以洁净宁静的海滩和清澈的海水而闻名，由于这儿平时风平浪静，非常适合水上活动。

② 历史人文资源

在公元 10 世纪之时，印度文明影响全东南亚，后经过爪哇岛传入巴厘岛，并为巴厘文学、艺术等提供了一定的基础。13 世纪时，信奉印度教的爪哇人开始统治巴厘；公元 1515 年伊斯兰教入侵爪哇，促使了大批印度教的僧侣、贵族、军人、工匠和艺术家逃亡巴厘，造成 16 世纪巴厘的黄金时代。巴厘岛上庙很多，据说多达 10000 多座。许多人到巴厘岛看庙都去海神庙（TANAHOT），传说是巴厘岛经常火山爆发（岛上有三座活火山，即巴都尔、京打马尼、阿贡），为求镇住神龟建造的七座神庙之一，因其潮涨潮落而与陆地分合而出名。布撒基寺建于 11 世纪，距离登巴萨 60 公里，是巴厘岛占地面积最大、历史最悠久的印度教寺庙群，享有"千庙之母"和"中央寺庙"的美称。寺庙的大门是巴厘岛独有的建筑形式，大门外有 18 尊护卫神像，这里每年都会进行祭神仪式，场面十分隆重。

（2）普吉岛

普吉岛是泰国的岛屿，位于安达曼海，北纬 7°45′至 8°15′和东经 98°15′至 98°40′之间。面积 576 平方公里，人口 38 万，属于热带季风气候，岛上环境纯净，是一座著名的度假岛。普吉岛周围有 39 个小岛，都归属普吉镇行政管理，涵盖 570 平方公里。普吉岛有 70% 为山区，除市区外，岛上到处都是绿树成荫的小山岗，最高的山是海拔 529 米的 Mai Toa Sip Song，处于 Tambon Patong 和 Kathu 区交界地。其余的平地主要位于中部和南部。

① 自然旅游资源

普吉岛的旅游观光业从 1970 年开始逐渐兴起，是东南亚具有代表性的旅游度假胜地。岛的西海岸正对安达曼海，那里遍布原始幼白的沙滩，每个沙滩都有各自的优点和魅力，白色的海滩、奇形异状的石灰礁岩及丛林遍布的山丘，每年都吸引了大量旅客。

这里遍布海滩和海湾，有以清净著称的卡马拉海滩，有私密性风格的苏林海滩，有经常举行海上运动的珊瑚岛，还有夜生活较丰富的芭东海滩等。岛上还有很多山，游客可以在岛上乘坐出租车和摩托探险，也可以潜水和乘坐游艇出海。

② 历史人文资源

据考证，自远古时期起，一些部落已经开始迁移到泰国南部并逐渐适应当地的环境从而定居下来。时至今日，这些先祖们的历史仍吸引着一批批的考古学家前来研究。

1960 年对于青铜兵器和青铜工具的发现，让泰国古文明脱离石器社会的时代得以改写，而且这一足以颠覆历史的发现让人们重新审视铜器和青铜器技术起源于中东的传统理论。据推算，在"Ban Chiang"（泰国考古发掘地名）发现的青铜器可能会比已知的中东技术还要早几百年。到底是哪些部落的人们开创了这一伟大而先进的文明成为众人争论的焦点。

五、世界海洋旅游发展趋势

纵观全球旅游市场，海洋旅游目的地已成为国际旅游的首选旅游目的地，是市场占有率最高、消费水平最高、生命周期最长的旅游产品类型。21 世纪是海洋经济时代，海洋旅游是前景广阔海洋产业群中的重要组成部分，海洋旅游业是公认的实现旅游业可持续发展的必然选择之一，世界沿海各国都以战略的眼光制定了宏伟的海洋开发计划，而海洋旅游则是其中重要的内容之一。尤其在发达国家，海洋旅游业在整个旅游产业中的地位十分突出，其生产总值也远高于其他旅游产业。据世界旅游组织的预测报告显示，在未来几年里，国际旅游业还将保持良好的发展势头。因此，海洋旅游业也不例外地将保持高速发展的趋势。

（一）世界范围内的海洋旅游区呈现多极化散点式的趋势

两百年来世界海洋旅游的重心从波罗的海、欧洲大西洋沿岸的温带地区，转移到了地中海沿岸的亚热带地区，接着又出现了从亚热带地区向加勒比海、东南亚等热带地区转移的趋势。就目前而言，热带和亚热带目的地在世界海洋旅游中占主导地位，也形成了一批世界级海洋旅游目的地。

当今最具市场影响力的世界级海洋旅游目的地主要包括地中海地区、加勒比海地区、南太平洋地区和东南亚地区，前面章节已有较为详细的介绍。

此外，东北亚地区（代表地有日本的北海道、冲绳岛及韩国的济州岛等）、南亚地区（代表地有马尔代夫、斯里兰卡等）、南美地区（代表地有里约热内卢、蒙得维的亚等）、非洲地区（马达加斯加的安考岛、塞舌尔的弗雷格特岛等）也正在迅速成为世界海洋旅游的新热点。

（二）邮轮旅游蓬勃发展，市场前景广阔

此外，海洋旅游业中重要的一个板块——邮轮行业正逐步兴起，预计未来会进入高速发展期。世界邮轮旅游重心东移特征明显，中国游客占比最高。根据国际邮轮协会（CLIA）的统计，全球邮轮市场游客量从 2004 年的 1314 人次增长到 2017 年的 2580 人次，复合增长率达到 4.9%。随着以中国为代表的亚洲邮轮旅游市场需求激增，世界邮轮旅游重心东移特征明显。2010—2016 年亚太地区的占比由原来的 1.2% 增长到 9.2%（图 6-3），亚洲正成为邮轮业新的增长极，而在亚洲市场上，中国游客占比最高（47.4%）。因此，可着力发展邮轮系列产品，包括提升为人们提供船上用餐、会议、娱乐、住宿等一系列服务的质量。建设邮轮系列需要研究不同吨位、不同等级的邮轮概念。远洋邮轮需要大码头和很多配套设施，中国的烟台、青岛等适合建设远洋邮轮港口，发展远洋邮轮产业。

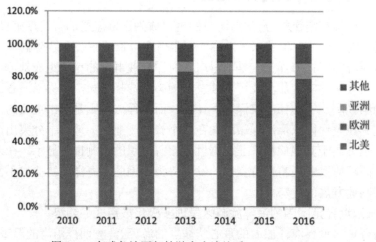

图 6-3　全球各地区邮轮游客人次比重（2010—2016）

（三）跨国跨洲的海洋旅游将更加普遍

据世界旅游业理事会（World Travel & Tourism Council，简称 WTTC）发布的《2018 旅行和旅游全球经济影响报告》（Global Economic Impact & Issues 2018）显示，休闲游消费占比从 2017 年的 77.5% 增长至 78.5%，商务旅行消

费仅为 21.5%；国际旅游消费占比也有所提升，由 2017 年的 27.3% 增长至 28.8%，即剩余 71.2% 来自国内游消费；全球每年的国际游客数量在稳步上升，近五年间每年的平均增速为 5%，已由 2014 年的 11 亿人次增至 2018 年的 14 亿人次。由此可见，跨国出境的休闲度假游正逐渐得到人们的青睐，越来越多的旅游者有条件也愿意选择这样的旅游方式出游。在这一背景下，海洋旅游业可借此契机加大力度快速发展，深度挖掘海洋旅游资源，开发满足消费者需求的海洋旅游项目，打造一批具有一定市场竞争力和吸引力的海洋旅游目的地，从而促进全球海洋旅游业的蓬勃、健康发展。

（四）海洋旅游产品特色化和个性化凸显

海洋旅游产品同质化的问题由来已久，千篇一律的滨海度假旅游形式已很难再吸引到新的消费者，像远海垂钓、探险等海上旅游逐渐成为新宠。深入了解并满足消费者需求，定制针对性强的特色旅游线路，适当开发海洋旅游资源，丰富和挖掘海洋旅游产品，才能使目的地更具吸引力，在国际市场竞争上立于不败之地。因此，越来越多的目的地政府、旅游行业商家等都意识到了这一点，加大力度去创新培育海洋旅游产品，适当融合当地历史文化民俗，积极举办多种类型的节事活动，树立目的地独一无二的品牌形象，凸显海洋旅游产品的特色化和个性化，吸引更多旅游者前来观光体验。

第二节　国内海洋旅游目的地区划

作为海洋大国，中国的海岸线总长度为 3.2 万公里，其中大陆海岸线长达 1.8 万公里，我国海岸线长度在世界上名列第三，占亚洲大陆海岸线的 25.7%，如表 6-1 所示。中国海域范围和面积广大而辽阔，南北纵向跨越温带、亚热带和热带 3 大气候带，东西横向跨越陆域区、滨海区与海域区，地理环境具有鲜明的纬度地带性和经度地带性，使得滨海旅游资源与环境亦呈现出鲜明的地域差异性特征。但相较于已发展了近百年且非常成熟的世界海洋旅游大区，我国的海洋旅游业起步较晚，且开发力度和深度有待提升。中国共产党第二十次全国代表大会（简称党的二十大）报告指出，我国将大力发展海洋经济，保护海洋生态环境，加快建设海洋强国。随着大众旅游的兴起，近二三十年我国也涌现了不少国际知名的海洋旅游目的地，海洋旅游产业正处于快速发展时期。

需要注意的是，海洋旅游产业主要依托于海洋旅游资源，一旦自然资源遭到严重破坏，产业也随之不复存在。党的二十大报告提到中国式现代化是人与自然和谐共生的现代化。人与自然是生命共同体，无止境地向自然索取甚至破坏自然必然会遭到大自然的报复。我们要坚持可持续发展，坚持节约优先、保护优先、自然恢复为主的方针，像保护眼睛一样保护自然和生态环境，坚定不移走生产发展、生活富裕、生态良好的文明发展道路，实现中华民族永续发展。

表 6-1 中国海岸线和岛屿分布

海区	大陆海岸线			岛屿	
	起点	迄点	长度（公里）	数量（个）	岸线长度（公里）
渤海	老铁山	蓬莱角	3020	268	760
黄海	鸭绿江蓬莱角	老铁山启东角	3847.6	645	803.8
东海	长江口	宫口港西	5747.1	3570	6193.8
南海	宫口港西	北仑河口	5792.3	1831	4666.7
台湾诸岛				222	1823.5
合计			18405	6536	14247.8

资料来源：国家环境保护总局，中国保护海洋环境免受陆源污染工作报告. 2003.12.

国务院于 2002 年制定的《全国海洋功能区划》中明确指出，海洋旅游区是指为开发利用滨海和海上旅游资源，发展旅游区需要划定的海域，包括风景旅游区和度假旅游区等。旅游区划主要依据是：旅游资源的相对一致性和共同联系；旅游和旅游业的发展，必须有相应的经济区为依托，海洋旅游区也是客观存在的地域综合体，是完整的地域单位（李隆华，2005）。基于此，将国内海洋旅游目的地区划分为渤海海洋旅游区、黄海海洋旅游区、东海海洋旅游区、南海海洋旅游区，下文将从地理位置、市场现状、主要优势和主要代表地海洋旅游概况方面逐一对以上四个区域进行分析研究。

一、渤海海洋旅游区

（一）地理位置

渤海旅游区是指渤海与山东半岛以北的黄海部分，涉及的区域有辽宁、山东、河北、天津及辽东半岛北部所属海岸带和海域。其海岸线北起鸭绿江口，南至山东与江苏两省交界处的秀针河口，整条沿大陆的海岸线全长 5656 公里。

渤海旅游区内总共的岛屿面积达 354.6 平方公里，共有岛屿 660 个，沿岛屿的海岸线共长 1428 公里。其中大的半岛有辽东半岛和山东半岛；大的群岛有龙山群岛、长山群岛和庙岛列岛；以及海域上分布的形形色色、大小各异的岛屿。

　　渤海旅游区整个区域处在北纬 37°至 41°之间，属于温带季风气候，有着夏季炎热多雨、冬季晴朗干燥的气候特征，不过受海洋的调节，这片区域的空气湿度较大，气候较为宜人，也使得夏、秋两季的渤海旅游区成为海洋旅游的热点地区。

（二）市场现状

　　渤海地区海洋旅游发展势头强劲，并在发展整体性、开发层次性、产业优化性等方面表现出明显优势，随着环渤海区域协作进程的加快，跨域旅游日益显现出极大的市场空间和发展潜力（刘佳，2010）。该区域的城市经济发展水平都位于全国前列，区域之间的海上、陆地的交通也十分的便捷，这就使得渤海旅游区的进入性强、客源市场大。

（三）主要优势

1. 区位优势

　　首先，环渤海旅游区在环渤海地区内，环渤海地区包括北京、天津、辽宁、山东、河北五省市，有着非常活跃的经济，土地面积占全国的 6%，人口占 18%，2005 年完成地区生产总值和外贸生产额分别占全国的 26% 和22%。环渤海地区人口稠密，经济活跃，基础产业发达，有非常大的旅游消费潜力。其次，环渤海地区交通发达，由公路、水路、铁路、民航等组成密集的交通网络，不仅使得环渤海地区内部交通十分便捷，通过交通优势，也将环渤海旅游区辐射到更广阔的客源市场。

　　总体而言，该地区是中国的旅游市场客源输出地，同时也是输入地，是一个旅游大市场，这能够促进该地区成为全国旅游的发达的地区，同时能促使该地区保持更长远、更内在的生命力。

2. 海洋资源

（1）海洋水体

　　海水的旅游开发主要体现在：用于海水浴、潜水；用于水上运动，比如帆船比赛、冲浪、水上、摩托艇等。环渤海旅游区的海水资源较为丰富，海浪平稳，海水清澈，能够进行海洋旅游项目的开发，例如大连的傅家庄和金石滩浴场及河北北戴河浴场，就是海水资源的利用很好的例子。

（2）海岸地貌

　　环渤海旅游区的海岸线漫长，有 5656 公里，海岸上分布着许多的优质海滩，沿岸景观丰富。如大连的金石滩就是被海水侵蚀成各种奇特造型的典型喀斯特地貌景观，千姿百态的礁石被誉为"海上石林""神力雕塑公园"。北戴河、昌黎海岸的沙质平软，是进行沙滩活动、开发海水浴场的好地方。而辽东湾、渤海湾是典型的淤泥质海岸，有宽阔的潮坪，可以进行挖贝壳、捉蟹子、观看海鸟等活动。

（3）气象气候

渤海旅游区地处温带，气候表现为四季分明，冬季寒冷，夏季多雨，秋季天高气爽。由于海洋的调节作用，使得有些城市自古以来就有夏季消暑的优点。如大连、北戴河就是全国著名的避暑胜地。

（四）主要代表地海洋旅游概况

1. 大连市

大连市是一座三面环海的半岛城市，它地处辽东半岛最南端，东面黄海，西临渤海，南与山东半岛隔海相望。大连是环渤海地区的圈首，也是京津乃至整个东北地区的门户，与日本、韩国、朝鲜和俄罗斯远东地区相邻。年平均气温为10℃，可谓是冬无严寒、夏无酷暑。

大连市的海洋旅游资源丰富，海湾较多，礁石错落，地貌奇特。其主要特色是以蓝天、碧海、白沙、黑礁为元素构成的滨海风景，再加上得天独厚的气候优势，使得大连成为中国著名的旅游、休闲、疗养胜地。大连著名的旅游景点有金石滩、棒棰岛、自然博物馆、老虎滩公园、圣亚海洋世界、星海公园等，每个景点都使得游人难以忘怀。

岛屿独特、天然良港、山水秀丽、风光优美的旅顺口是大连另一处风景游览区，民间就有着"不到旅顺，枉来大连"说法，可见其重要程度。金石滩国家旅游度假区、庄河冰峪风景区、海王九岛风景区、莲花湖旅游区也是较有规模的旅游景点。形成了东、中、西三个"旅游中心"的金石滩国家旅游度假区是较有规划性的度假区。其东部旅游中心主要包括以绿色为主的高尔夫俱乐部和庄园，又称绿色中心；其中部旅游中心主要指衬托在蓝天和大海下的海水浴场、金色沙滩，故又称蓝色中心；其西部旅游中心则是银色为主色调的国际会议中心、俱乐部、别墅等，又称为银色中心。

大连市是著名的旅游城市，因其宜人的气候和独特的滨海风光使得其游人如织。大连2019年旅游收入为1657亿元，全年接待国内游客10268.3万人次，比上年增长10.6%；接待海外过夜游客114.4万人次，增长3.7%。大连目前的旅游市场的产品主要有海岛游览、海水观光、沙滩游玩、海洋生物欣赏等，大连的海鲜也是值得一尝的美味。

2. 秦皇岛市

秦皇岛市是位于河北省东北部的一个重要的港口城市，南面渤海，北靠燕山，东连辽宁省，西近北京和天津，地处具有良好经济活力的环渤海经济圈中心地带，结合东北和华北两大经济区，具有很好的区位优势。作为一个拥有水深港阔、不冻不淤的多功能优质港湾的城市，秦皇岛对于华北、东北、西北的地区的出海都有着非常重要的作用。

作为中国首批拥有优秀旅游城市称号，被誉为"京津后花园"的秦皇岛，有着十分丰富的旅游资源，如历史名城山海关、避暑胜地北戴河、南戴河旅游度假区、昌黎黄金海岸、野生动物园、海底世界、孟姜女庙等40多个旅游景区，当然最吸引游客的还是滨海和长城这两大旅游吸引物。秦皇岛有着124公里的海岸线，在这里，有着充裕的阳光、平缓的海浪、柔细的沙滩，可以让游客尽情地享受海浴、沙浴、日光浴。秦皇岛的北戴河自古就是中国著名的避暑胜地，其海岸线东起狼牙山桥，西至戴河口，共长15公里，年平均气温10.3℃，城市森林覆盖率达52.7%，空气清新，有着"天然氧吧"的美誉。秦皇岛市是著名的避暑胜地，大多数的游客会选择暑期到秦皇岛去避暑，所以气候是秦皇岛的一大旅游吸引物，其他的旅游产品还有海景观光、古城观光。

3. 烟台市蓬莱区

蓬莱是位于山东半岛北端的文化名城，濒临渤海、黄海，素有"人间仙境""东方神话之都"的美誉。在这里，不仅有沉淀深厚的文化、众多的古迹文物，还有缥缈的海市蜃楼奇观，以及八仙过海的神话传说，吸引着成千上万的游客前来观光。蓬莱区的气候宜人，目前主要的旅游产品有海景观光等。

屹立在丹崖山巅的高阁——"蓬莱仙阁"，使得蓬莱这神境仙山的传说更加有了依托。蓬莱阁与岳阳楼、黄鹤楼、滕王阁并称为中国古代四大名楼。阁楼内珍藏有琳琅满目的文人墨宝，供给游人参观。

阁东是有着海防堡垒的蓬莱水城，作为古代的海防要塞、海运枢纽，蓬莱水阁进可攻、退可守，当年抗倭英雄戚继光就在这里训练海军，抗击倭寇，建立了丰功伟业。水阁即便历经了900多年的风雨侵蚀和海水冲刷，其雄伟的气势依然未减分毫，也是国内现存的最完整的古代水军基地，有着非常宝贵的文化价值。除了蓬莱水城、蓬莱阁，这里还有海洋极地世界、三仙山、登州博物馆、戚继光纪念馆等景点供游人游玩。

二、黄海海洋旅游区

（一）地理位置

黄海旅游区是指山东半岛最东段至长江口北岸之间的海域与海岸带，主要包括江苏省和山东南部地区。这段海域海岸线较为平直，岛屿不多，大多为淤泥质平原海岸，不易形成优质海滩及奇特的地貌景观，较难形成强的吸引力，开发难度大。整片海域，只有山东半岛及江苏的连云港地段为基岩海岸，能有较多的海洋旅游资源，以及江苏南通的湿地景观有一定的开发价值。总体来说，黄海旅游区相对其他三大海洋旅游区，海洋旅游的资源还是较为匮乏的。黄海旅游区以季风气候为主，夏季较热、降水较多、冬季寒冷、降水较少。

（二）市场现状

黄海旅游区的经济水平位于全国前列，主要的旅游城市有青岛、连云港及日照。青岛作为黄海地区滨海旅游"龙头"，辐射和带动周边城市的旅游发展义不容辞。目前，该区域的滨海旅游休闲度假和水上运动功能突出，以青岛前海风景旅游区、薛家岛度假旅游区为代表的滨海度假旅游受到越来越多的旅游者青睐。

（三）主要优势

1. 区位优势

黄海旅游区航运系统发达，依托中国最大的经济中心——长江三角洲城市群，以及靠近中国的经济中心城市——上海，使得本区有着较为广阔客源市场。区域自身的基础设施配备完善，也使得发展海洋旅游更加便捷。港口城市众多，尤其是有亚欧大陆桥东桥头堡之称连云港，使得黄海旅游区的海上交通有较大的优势。

2. 资源优势

（1）海洋水体

黄海旅游区的海洋水体资源主要以青岛、日照和连云港为主，尤其是青岛，拥有第一、二、三、六海水浴场、石老人海水浴场、金沙滩海水浴场等众多的优质海水浴场。连云港则有江苏最好的海水浴场。日照不仅有多处海水浴场，还有北方最大的潟湖。除了海水浴场之外，青岛的帆船运动也全球闻名，还有日照的海上运动场及康养度假。

（2）海岸地貌

黄海旅游区的海岸大多为淤泥质平原海岸，优质沙滩较少，较好的沙滩有青岛汇泉湾浴场（同时容纳十万人的沙滩）、日照沙细滩平的金沙滩及江苏最好的沙滩——连云港沙滩。

（3）气象气候

黄海旅游区以季风气候为主，但由于受到海洋气候的调节，使得这里也有避暑的好地方，著名的避暑胜地就有青岛、日照等城市。

（四）主要代表地海洋旅游概况

1. 青岛市

青岛市是我国著名的旅游城市，位于山东半岛的东南部，其东、南面向黄海，从东北到西南分别与烟台市、潍坊市、日照市接壤。青岛属于温带季风气候，但由于海洋的调节作用，使得青岛温度适中、空气湿润、四季分明，有最适宜人类居住的城市之称。青岛旅游产品主要有人文观光、海水浴场、海景观光、休闲度假及啤酒文化等。

青岛是座美丽的滨海旅游城市，位于青岛市区东北端的崂山，是我国海岸线上的第一高峰，主峰海拔 1133 米，有着"海上第一名山"的美誉。崂山南临黄海，海山相连，水气岚光，变化无穷，雄奇壮阔、灵秀幽清。一边碧海连天，惊涛拍岸；另一边青松怪石，郁郁葱葱的独特风景，使得崂山更深受游客的喜爱，当地就有一句古语说："泰山云虽高，不如东海崂。"崂山还是我国著名的道教名山，素有九宫八观七十二庵之说，现存的道观尚有 10 余处，相传秦始皇、汉武帝都曾登过此山求仙。

以"山海风光、啤酒文化、海洋娱乐"为主题文化的石老人国家级旅游度假区，位于青岛市东 5 公里的黄海之滨。石老人度假区三山环抱，依山傍海，拥有宽阔平缓的沙滩及狭长的海岸线，因海岸上一座 17 米高的"石老人"石柱而得名。经过多年的发展，度假区已形成成体系的海洋旅游产业，有着著名的国际啤酒城和大型的海水浴场。

2. 连云港市

连云港是一座著名的港口城市，位于江苏省东北部。其北接齐鲁、东临黄海、南连江淮，背靠云台山。有着"东海名郡"之称的连云港，依山傍水，幽静的海岸，海浴、散步、垂钓，无一不宜。有"海、古、神、幽、奇、泉"六美之称，得天地之造化，且文物古迹丰富，人文景观璀璨。旅游产品主要有海水浴场、海景观光、海滩度假、海岸奇貌。

连云港滨海海洋旅游资源丰富，拥有江苏最好的天然优质海滨沙滩；风景秀丽、物产丰富的前三岛；"神州第一"的拦海巨堤；拥有碧海、金滩、怪石的苏马湾生态园；汉代的海上界域石刻。

三、东海海洋旅游区

（一）地理位置

东海旅游区，是指从长江口岸以南到福建东山岛南端的海域和海岸带，以及台湾岛及其所属海域，包括的地区有上海市、浙江省、福建省及台湾地区。这里岛屿众多，集中了我国大部分的沿海岛屿，既包括了我国最大的群岛——舟山群岛，还包括了我国第一大岛——台湾岛。其他的岛屿还有澎湖列岛、钓鱼岛等。该地区除了台湾南部是热带以外，绝大部分为亚热带。

东海旅游区具有丰富的海洋旅游资源，在我国的海洋旅游业中占重要的地位。首先，上海作为国际大都市，是国外旅游者进入的门户；而杭州、宁波、绍兴都具有非常丰富的自然和人文旅游资源；舟山地区海岛众多、环境优美，且拥有我国四大佛教名山之一的普陀山。其次，本区具有明显的旅游区位优势，依托着我国最大的经济中心城市——上海以及经济发达的长三角经济区，不仅对于吸引国内外游客有独特的优势，自身经济发达，人口密集也使得旅游业的建设和消费有极大的便利。此外，密集的铁路、公路、空运、海运、水运网络也提供了极大的便利性和可进入性。

（二）市场现状

首先，东海旅游区是中国海洋旅游经济最为发达的地区，旅游开发历史较早，旅游经济总量大，增长速度较快，该区域岛屿众多、经济发达、水运便利，具有发展海洋旅游得天独厚的资源优势；其次，依托上海这个中国的经济中心城市及自身发达的经济，可以为旅游区提供强大的客源市场；上海作为国际旅游者进出的门户以及国际邮轮停靠的港口，可以很好地带动当地国际旅游的发展。

（三）主要优势

1. 区位优势

东海旅游区内包括了中国的经济中心上海以及长江三角洲城市群的部分城市，具有非常好的经济优势，且交通便利，游客的可进入性很强，尤其是上海，挂靠了多艘国际邮轮，不仅促进了整个区域的海洋旅游发展，国际邮轮带来的外国游客也促进了整个区域的旅游收入的增长。

2. 资源优势

（1）海洋水体

东海旅游区的海洋水体的资源以观潮、观浪及海水浴场为主。钱塘江观潮，自古就被当作"天下奇观"，江潮涌来犹如万马奔腾，十分壮观。厦门鼓浪屿的海蚀洞受浪潮冲击，声如擂鼓，也是一大特色。东海旅游区还遍布着大大小小的海洋浴场，让游客感受海水、沙滩与阳光的交融。在福建省的漳浦县则发现了富含多种矿物质的珍贵的海水温泉。

（2）海岸地貌

东海旅游区既有良好的岩岸资源也有良好的沙岸资源。岩岸以舟山和厦门为主，舟山的岛礁众多，有多种多样的海岸，如沙滩、海礁、奇洞、悬崖、险峰等，海水将岩石冲击得形态各异。沙岸资源主要有舟山市雁荡山的"十里金沙"。

（3）气象气候

东海旅游区的气候总体为亚热带季风气候，但由于海洋的调节作用，使得其部分区域仍可作为消暑的旅游胜地，如浙江的舟山。

（四）主要代表地海洋旅游概况

1. 上海市

上海是我国最大、最繁华的商业城市，位于长江入海口，东海之滨。作为现代化大都市的上海，同时也有着丰厚的历史文化底蕴，呈现出现代与历史交融的旅游景观特点。上海海岸线长 172 公里，周围有崇明岛、长兴岛、横沙岛 3 个岛屿，为亚热带季风气候。

上海的主要海洋旅游产品有邮轮旅游、海景观光、城市游览。该市于 2019 年获批中国首个邮轮旅游发展示范区，是国内首个有国际邮轮挂靠的城市，也是目前邮轮挂靠最多的城市，有三大邮轮港口，是中国邮轮旅游的聚焦点。2018 年，上海邮轮市场规模位居全国第一，上海吴淞口国际邮轮港共接待邮轮 375 艘次，接待入出境游客总量 271.56 万人次，包括 267.22 万人次母港旅客和 4.33 万人次访问港旅客。同年，接待入境旅游者 893.71 万人次，实现国际收入 73.71 亿美元。2019 年，全市旅游总收入突破 5522 亿元，旅游产业增加值占全市国内生产总值（GDP）的比重超过 6%。受新冠疫情影响，2020 年上海接待国内游客 2.36 亿人次，国内旅游收入 2809.5 亿元，分别恢复到 2019 年的 65.3%、58.7%，复苏幅度分别比全国平均水平高 17.4 和 19.7 个百分点。

2. 舟山市

舟山是我国最大的群岛，海域辽阔，岛屿、航道众多，海岸线漫长。全市区域总面积 22216 平方公里，其中海域总面积 20959.06 平方公里，是区域总面积的 94.34%。它位于长江口南侧，有"千岛之城"的美称，具有丰富的"港、景、渔、涂、能"等自然资源。舟山有许多著名的岛屿，"海天佛国"普陀山就是其中之一。普陀山是中国佛教四大名山之一，为观音菩萨的道场，同时也是著名的避暑胜地。岛上奇岩幽洞，风景秀丽，有东海滩千步浴场、梵音洞两个地方可感受海洋旅游的魅力。"海上名山"雁荡山是舟山市的另一个著名的景点，以奇峰、瀑布著称，同时山水秀丽、名胜丰富，有着"天下奇秀"之称。国家级旅游风景区除了普陀山外，还有嵊泗列岛。省级旅游风景名胜区有岱山和桃花岛。作为华东海洋旅游最丰富的地区之一，中国海洋旅游的聚焦点，舟山吸引了无数的海洋旅游爱好者。

舟山海洋旅游业是全市经济发展的支柱之一，是浙江省海岛核心旅游区。长三角旅游网络的重要组成部分。由浙江省人民政府批准实施的《舟山市海洋功能区划》为舟山海洋旅游资源的开发利用提供了良好的条件，确定的十大风景旅游区和三个度假旅游区基本能够满足舟山海洋旅游产业发展的需要。舟山主要的海洋旅游产品有海岛旅游、海岸观光、海滩浴场、佛教文化、海洋气候。

3. 厦门市

厦门由厦门岛、鼓浪屿和九龙江北岸的沿海部分组成，是一座位于福建东南沿海地区的城市，与台湾地区隔海相望。厦门最大的特点就是"城在海上，海在城中"，故有"海上花园的美誉"。厦门风景秀丽、气候宜人，海洋旅游资源丰富，其山、海、岛、城连为一体的独特环境，吸引了许许多多的游客前来观光。

鼓浪屿是厦门最著名的景点之一，登上鼓浪屿的最高点日光岩向下俯视，只见碧海环绕、海滩流金、花木掩映，各式楼宇鳞次栉比，海涛之声不绝于耳。岛上风景秀丽、山峦起伏，碧海、白云、蓝天、绿树交相辉映。千年古刹南普陀山坐落在五老峰下，依山靠海，一直以来香火不绝，游人如织。岛上的主要景点还有港仔后滨海浴场、郑成功纪念馆、菽庄花园等。

厦门 2019 年全年旅游收入达 1655.9 亿元人民币，同比增长 18.1%；共接待国内外游客超 1 亿人次，同比增长 12.5%。厦门主要的旅游产品为海岛游览、人文景观、海洋气候、海岸浴场、海景观光。

四、南海海洋旅游区

（一）地理位置

南海，位于中国大陆的南方，是太平洋西部海域，中国三大边缘海之一，该海域面积约 350 万平方公里，其中中国领海总面积约 210 万平方公里，为中国近海中面积最大、水最深的海区，平均水深 1212 米，最大深度 5559 米。南海南北约 2000 公里，东西约 1000 公里，通过海峡或水道东与太平洋相连，西与印度洋相通，是一个东北西南走向的半封闭海。

南海中国大陆海岸线长 5800 多公里，南海旅游区包括我国广东、广西、海南和台湾。南海诸岛包括东沙群岛、西沙群岛、中沙群岛和南沙群岛。该旅游区是我国纬度最低的地区，在北回归线以南，属于热带季风气候。这里终年高温高湿，长年夏季。南海旅游区是我国海洋面积最大的区域，旅游资源丰富，不仅有风光绮丽的海岛、景色迷人的红树林海岸，还有各具特色的滨海城市。

（二）市场现状

南海旅游区包括的范围较大，自然资源和经济资源都占一定优势，包括了珠江三角洲、香港地区和澳门地区，还包括了海洋旅游资源丰富的海南岛。南海旅游区的游客量以及旅游收入更为可观，仅粤港澳大湾区 2016 年的接待游客总量达 4 亿人次，旅游总收入超一万亿人民币。在总共 1.22 亿出境游客中，有 58% 的游客选择了香港地区和澳门地区为目的地。海南的旅游发展也非常迅猛，据中国旅游研究院 2019 年发布的《全球海岛旅游目的地竞争力排名研究报告》显示海南岛在非群岛类海岛中排名第七，总体竞争力较强。2018年海南的旅游总收入达 950.16 亿元人民币，位于全国前列，特别是三亚，旅游收入占到了全省的一半左右，且拥有国内最密集的高星级酒店群。

（三）主要优势

1. 区位优势

南海旅游区依靠着世界金融中心的香港及经济高度发达的澳门两个特别行政区，以及中国最有经济活力地区之一的珠江三角洲城市群，这使南海旅游区有很好的区位优势，尤其是受到国家高度重视的粤港澳大湾区的建设正在如火如荼地进行。

2. 资源优势

南海北部沿岸海域是传统经济鱼类的重要产卵场和索饵场。南海有丰富的海洋油气矿产资源、滨海和海岛旅游资源、海洋能资源、港口航运资源、热带亚热带生物资源，是中国最重要的海岛和珊瑚礁、红树林、海草床等热带生态系统分布区。

针对生态系统保护和修复，党的二十大报告中具体指出，提升生态系统多样性、稳定性、持续性，加快实施重要生态系统保护和修复重大工程，实施生物多样性保护重大工程。因此，保护好南海区域的自然旅游资源势在必行。

（1）海洋水体

南海旅游区较好的海水资源有广西北海银滩浴场、海南海口假日海滩和三亚亚龙湾浴场等。尤其是三亚，海水全年平均气温为 18℃至 32℃，常年都适合进行海水浴。三亚蜈支洲岛及西岛发展的水上运动项目、潜水、浮潜、帆船等，都是对海洋水体较好的利用。

海南万宁、西沙群岛附近的海域未经过度开发，水体状况优良，生态环境极佳，也逐渐被越来越多的海洋旅游者所了解、青睐。

（2）海洋地质

在海南省三沙市西沙群岛永乐环礁晋卿岛与石屿之间的弯月形礁盘之间，发现了我国目前唯一已知的海洋蓝洞——三沙永乐龙洞（图 6-4）。其地理坐标为 111°46′6″ E，16°31′30″ N，距离三沙市永兴岛 70 公里，其圆形敞口宽约 130 米，深达 300.89 米，超过巴哈马长岛 202 米的海洋蓝洞，成为世界已知最深的海洋蓝洞。蓝洞（Blue Hole）是海洋中神秘的海洋地质遗迹，蕴藏着许多未解之谜，属于最重要的世界海洋自然遗产和世界地质奇迹之一，也是地球演化和人类进化的参与者和见证者，被誉为"地球给人类保留宇宙秘密的最后遗产"。目前世界上已发现并探明的海洋蓝洞有巴哈马长岛迪恩斯蓝洞、埃及达哈布蓝洞、洪都拉斯伯利兹大蓝洞和马耳他戈佐蓝洞。

图 6-4　三沙永乐龙洞鸟瞰图

由于海洋蓝洞自身的独特性，因此具有极大的旅游吸引力。就如伯利兹蓝洞内的钟乳石群和品种繁多的鲨鱼，使其成为全球最负盛名的潜水胜地之一。将来，可在不破坏永乐龙洞周围珊瑚礁生态系统的前提下逐步对其进行旅游开发，以更好发展南海海洋旅游。

（3）海岸地貌

南海旅游区有很多优质的海岸，如北海的银滩为别具特色的雪白沙滩，且是亚洲最大规模的银白沙滩。三亚亚龙湾和天涯海角的高品质的海滩加上其独特的气候，可以开发成全年度的高品质海水浴场，具有避寒的功能。海南独特的红树林景观及珊瑚礁都可以进行适当的开发，以促进当地的海洋旅游。

（4）气象气候

南海旅游区的位置都在北回归线以南，有常年夏季的气候特点，皆有一定的避寒功能，三亚、海口、北海皆是避寒胜地。尤其是海南的三亚，是著名的热带国际滨海旅游城市，每年冬季吸引大量的游客前来过冬。滨海城市空气清新湿润、阳光资源取之不尽用之不竭，为当地的海洋旅游带来很大的促进作用。

（四）主要代表地海洋旅游概况

1. 香港、澳门特别行政区

香港特别行政区位于广东省珠江东岸，由香港岛、九龙半岛、新界和260多个离岛组成。作为国际金融中心、贸易中心和世界著名的自由港的香港，素有"东方明珠""购物天堂"的美称。香港岛曲折的南部海岸线上有许多美丽的海滩，水清沙细、海滩绵长的浅水湾就是最具代表性的一个。香港还有着东南亚最大的海洋主题休闲中心——海洋公园，在这里既可以感受南中国海的怡人风情，还可以欣赏到海豚和色彩斑斓的热带鱼以及海狮的表演。香港还有世界著名的天然良港——港阔水深的维多利亚港，这里夜晚灯火辉煌，站在香港之巅太平山顶放眼望去，香港岛和九龙宛如镶嵌在维多利亚港湾的两颗明珠。

香港特别行政区2017年的旅游收入高达329亿美元，全球国家和地区旅游收入排名第九名，香港旅游人次达4444.53万人次，为2017年全球旅游人次最高的城市。香港主要的旅游产品为城市观光、邮轮旅游、免税购物等。据香港旅发局公布数据显示，2019年后，受社会不稳定因素及新冠疫情的影响，各客源市场的全年访港旅客数量均出现下跌，旅游业发展较不平稳。

澳门特别行政区位于中国大陆东南沿岸，地处珠江三角洲西岸，包括澳门半岛、氹仔岛和路环岛三个地区。澳门旅游业发达，主要的收入来自博彩业和酒店业。此外，澳门与香港因其历史原因而具有中西文化交融的背景，同享购物低税、免税政策，不仅如此，澳门还拥有良好的生态环境，著名的海洋旅游资源要数路环岛上的黑沙滩。极具特色的黑沙海滩是澳门八景之一，因其黝黑、幼滑的细沙而得名，滩面广阔、坡度平缓，是一个天然的海浴场，每逢假日，游人如织。位于路环岛南端的竹湾也是一个良好的度假胜地，这里海岸广阔、沙粒洁白，葡式别墅聚集。未来发展可充分利用海洋文化构造澳门基础。

2. 北海市

北海是一个美丽的滨海度假城市，位于广西壮族自治区南端的北部湾畔，与海南和越南隔海相望，是中国首批优秀城市之一。北海属于具有亚热带特点的海洋性季风气候，年均气温 22.6℃，夏无酷暑、冬无严寒，气候温和，四季如春。北海拥有"滨海、风光、人文、古迹"四大类旅游资源和"海水、海滩、海岛、海鲜、海珍、海底珊瑚、海洋动物、海上森林、海上航线、海洋文化"十大海洋旅游特色，集"海、滩、岛、湖、山、林"于一体，滨海自然风光和以南珠文化为代表的人文景观兼备。北海银滩东西绵延约 24 公里，具有"滩长平、沙细白、水温净、浪柔软、无鲨鱼"的特点，其水质优良，空气清新，绿植茂盛，环境宁静，是休闲度假很好的选择，被誉为"天下第一滩"；涠洲岛是中国最年轻的火山岛，岛上绿植茂密，烟波浩渺，气候宜人，尤其是地貌奇特、珊瑚成群，是海岛旅游的不二之选，该岛 2005年被《中国国家地理》评为中国最美的十大海岛第二名，2016 年入选国家海洋局评选的中国"十大美丽海岛"。北海除了银滩和涠洲岛外，还有冠头岭、星岛湖、海底世界等旅游景点，以及物美价廉的海鲜、盛产的珍珠。

据北海市旅游文体局发布的指标数据显示，2019 年旅游人数突破五千万人次，达到了 5278.85 万人次，同比增长 34.14%；同时，实现国际旅游收入8149.32 万美元，同比增长 13.14%，实现国内旅游消费 694.63 亿元，同比增长 39.02%。新冠疫情暴发后，2020 年该市旅游产业快速恢复，全年接待游客也达 4120 万人次、国内旅游消费收入 514 亿元，主要的旅游产品有海岛旅游、海滩游玩、海鲜、海景观光等。

总的来说，北海旅游的发展特点有三：第一，发展速度较快，持续增长；第二，资源丰富，文化突出；第三，基础具备，条件改善。总体来看具有一定优势，当然也存在一系列问题。比如旅游产品层次不高，目的地廉价，缺乏吸引力，难以吸引高端消费者。

3. 三亚市

三亚市是著名的国际旅游城市，位于海南岛的最南端。该市地处热带，纬度为北纬 18°，年均气温 25.4℃左右，夏季炎热潮湿、冬季凉爽湿润。三亚有着得天独厚的海洋旅游资源优势，海岸线长 200 多公里。海岸线上分布着许多优质的海湾及海滩，有被誉为"天下第一湾"的亚龙湾，有恬淡静谧的大小东海、浪漫唯美的天涯海角以及奇特的大小洞天。海岸线周围散布着大小海岛，主要海岛有 10 个，其中面积较大、开发较好的有西岛、蜈支洲岛。三亚不仅海洋旅游资源丰富，而且品质也非常高。三亚的海水水质、沙滩品质、大气质量都是世界一流标准。作为一个热带滨海城市，三亚最主要的旅游吸引物是其明媚的阳光、柔软的沙滩和碧蓝的海水。三亚的海洋旅游产业体系较为完整，有中国最密集的高档酒店群，有海上运动中心、高尔夫球场、游艇俱乐部、豪华别墅、海底世界等。蜈支洲岛上有各类海上运动、潜水、浮潜、海洋生物观光、海岛观光等，在凤凰岛邮轮码头常年有来往三沙的国内邮轮，以及冬季前往越南、菲律宾等地的国际邮轮。

据三亚市旅游文体局发布的《2018 三亚市过夜旅游接待情况统计表》显示，2018 年三亚共接待过夜游客近 2100 万人次，全年旅游总收入达 508.42 亿元。其中国内游轮游客有 7352 人次，收入累计为 1000 万元，入境国际邮轮游客有 12150 人，外汇收入为 272.08 万美元（图 6-5）。党的二十大报告指出，我国将实行更加积极主动的开放战略，构建面向全球的高标准自由贸易区网络，加快推进自由贸易试验区、海南自由贸易港建设，让共建"一带一路"成为深受欢迎的国际公共产品和国际合作平台。此外，还要加快推进高水平对外开放，依托我国超大规模市场优势，以国内大循环吸引全球资源要素，增强国内国际两个市场两种资源联动效应，提升贸易投资合作质量和水平，稳步扩大规则、规制、管理、标准等制度型开放。加快建设海南自由贸易港，实施自由贸易试验区提升战略，扩大面向全球的高标准自由贸易区网络。

总体来看，三亚的海洋旅游产品较为成熟，在国际市场上也具有一定吸引力，但从统计图来看，邮轮游客数量及外汇收入在 2013 年到达顶峰后，近几年呈现出不断下降的趋势，未来三亚应顺应海南自由贸易港建设的浪潮，抓住时代发展机遇，努力提升自身海洋旅游产品的质量和竞争力，不断扩大国际知名度和影响力，打造为世界一流的海洋旅游目的地。

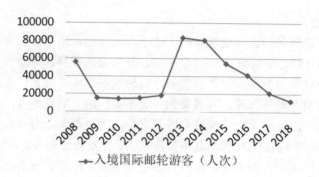

图 6-5　2008—2018 年期间三亚市入境国际邮轮游客量统计图

4. 三沙市

三沙市位于中国南海中南部，海南省南部，辖西沙群岛、中沙群岛、南沙群岛的岛礁及其海域，总面积 200 多万平方公里，其中陆地面积 20 多平方公里（含西南沙吹填陆地）。三沙市属热带海洋性季风气候。一年间受太阳2 次直射，年太阳辐射总量总辐射值 140 千卡/平方厘米。全年为夏季天气，热量和气温均为全国之冠，但由于海洋的调节，少有酷暑。三沙海域受大陆气候和陆地径流影响很小，深海盆地水体深厚、盐度较高、透明度大、水温季节变化较小。海水透明度在 20 至 30 米之间，高于中国另外 3 个海域的透明度。

三沙海区富含碳水化合物、蛋白质、脂肪、维生素和矿物质等成分的低等植物藻类有上千种，为全国四大海区之冠，被誉为"海中森林""海底草原"。海洋动物品种繁多，主要有腔肠类、棘皮类、鱼类、虾类、贝类、爬行类、哺乳类等。

三沙的地理方位，具有极大的空间优势。200 多万平方公里海域的空间资源，广袤而又富饶。其中南沙群岛岛礁面积小，数量多，多以集群形式分布，由西沙、中沙、南沙 3 个群组自北向南依次排列，为南海及诸岛开发的梯级推进提供了广阔的空间资源。三沙市的群岛散布于热带海洋之中，在自然因素的综合作用下，形成了得天独厚的热带海洋海岛自然景观，岛上陆地与附近海域非常洁净，热带海岛风光绮丽，完全具备"阳光、空气、沙滩、海水、绿色"五大旅游要素，是大陆和近海任何海岛无法替代和比拟的自然资源，发展热带海洋海岛旅游业潜力极大，是一块尚待开发的广阔的旅游处女地。未来三沙市将大力扩展旅游项目，以海岛文化和海洋文化为中心，建设富有吸引力的景点项目。充分发挥南海"祖国渔仓"和"海上丝绸之路"

的作用。然而，就目前来看，三沙旅游产品发展需要一个逐步走向成熟的过程。想要提升三沙旅游在中国旅游市场上的号召力，可将体验三沙旅游的神秘、神奇、神圣——"三神"作为旅游宣传的突破口，以找到该市在海洋旅游市场上的独特定位。

党的二十大报告将"人与自然和谐共生的现代化"上升到"中国式现代化"的内涵之一，再次明确了新时代中国生态文明建设的战略任务，总基调是推动绿色发展，促进人与自然和谐共生。目前我国生态环境保护任务依然艰巨，在美丽中国建设迈出重大步伐、绿色低碳发展取得显著进展的同时，也要看到，我国生态环境保护结构性、根源性、趋势性压力尚未根本缓解，保护与发展长期矛盾仍然存在。2023年6月8日是全球海洋日暨中国海洋宣传日，以"保护海洋生态系统，促进人类与自然和谐共存"为主题，这也再次强调了海洋旅游资源应适度和合理开发。现代海洋旅游已进入全新的发展时期，海洋旅游业在海洋产业中具有先导地位，发展潜力巨大。在海洋旅游开发上更应尊重自然规律，建设效果应遵循经济效益、社会效益与环境效益并重的原则，坚决走可持续发展道路。

思考题

1. 邮轮旅游为何成为当今追捧的旅游形式？
2. 结合各海洋旅游区及主要代表地特点，探讨海南三亚如何能利用自身优势和资源特色，打造成为世界级滨海旅游城市。

参考文献

[1]李隆华，俞树彪. 海洋旅游学导论[M]. 杭州：浙江大学出版社，2005.
[2]陈洲杰. 《舟山市海洋功能区划》实施情况评价与优化研究[D]. 舟山：浙江海洋大学，2012.
[3]刘佳. 中国滨海旅游功能分区及其空间布局研究[D]. 青岛：中国海洋大学，2010.
[4]杨德进. 海洋旅游——国家视线与实践探索[M]. 北京：中国旅游出版社，2015.

第七章　海洋旅游法规

【学习目标】
- 了解海洋旅游市场法律内容
- 掌握海洋旅游行政法规，对我国海洋旅游法律提出自己的见解
- 了解海洋旅游规章和地方性法规

【知识要点】
- 海洋旅游市场法律
- 海洋旅游行政法规
- 海洋旅游规章和地方性法规

党的二十大报告强调"维护海洋权益，坚定捍卫国家主权、安全、发展利益"。同时，将海洋作为安全保障体系建设的重要内容。当今世界正经历百年未有之大变局，全球海洋治理关键领域国际规则正在酝酿，国家管辖范围外海域生物多样性养护和可持续利用、深海采矿、北极航行等新规则呼之欲出，蓝色经济、蓝色碳汇、海洋限塑、渔业限捕和公海保护区、南极管理区等治理进程加速推进，我们迎来了新型国际海洋秩序构建的重要窗口期。此外，周边海洋形势复杂，风险持续存在。我们必须坚定不移贯彻总体国家安全观，在坚定维护国家海洋权益的同时，加快构建以国内外海洋领域前沿信息收集、战略规划研究、政策制度研究、法律法规研究、重点热点突发性问题研究五大体系为支撑的海洋战略研究框架。增强海上安全和海洋权益维护战略研究能力，提高海洋战略研究的敏感性、实用性和连续性。

第一节　海洋旅游法律

一、《联合国海洋法公约》

《联合国海洋法公约》于 1982 年 12 月 10 日在牙买加蒙特哥湾召开的第三次联合国海洋法会议最后会议上通过，1994 年 11 月 16 日生效，该公约共分 17 部分，连同 9 个附件共有 446 条。主要内容包括：领海、毗邻区、专属经济区、大陆架、用于国际航行的海峡、群岛国、岛屿制度、闭海或半闭海、内陆国出入海洋的权益和过境自由、国际海底及海洋科学研究、海洋环境保护与安全、海洋技术的发展和转让等。中国于 1982 年 12 月 10 日签署该公约，1996 年批准。

根据该公约，海域的划分以测算领海宽度的基线为起点。基线是陆地和海洋的分界线。基线向陆地一面的水域是沿海国内水的一部分，基线向海一面包括领海、毗连区、专属经济区、大陆架、用于国际航行的海峡、群岛水域、公海和国际海底区域 8 个海域。内水是领海基线向陆地一面的海域，其中包括沿海国沿岸的港口、海湾和海峡，这一海域是沿海国主权管辖部分，外国船舶和飞机非经许可不得进入。领海是沿海国领海基线向海一面一定宽度的海域，沿海国有权自行决定这一海域的宽度，有权决定采用直线基线还是正常基线。沿海国对领海享有主权，但应允许外国船舶无害通过。沿海国有权对无害通过制定法律和规章，但不应妨碍外国船舶无害通过，并应将领海内对航行有危险的情况妥为公布，《联合国海洋法公约》规定领海的宽度不应超过 12 海里（1 海里等于 1.852 公里）。毗连区是沿海国在领海范围以外行使海关、财政、移民、卫生等行政管辖权力的海域，《联合国海洋法公约》规定毗连区的宽度不超过 24 海里。专属经济区是自成一类的海域，其范围不超过 200 海里，沿海国在专属经济区内有勘探、开发、养护和管理自然资源的主权与建造人工岛屿、设施和结构及从事海洋科学研究、海洋环境的保护和保全的管辖权。大陆架是沿海国陆地领土从领海以外向海洋的全部自然延伸，扩展到大陆外缘的海底区域的海床和底土。用于国际航行的海峡在实践中是指连接两面公海或两面专属经济区且用于国际航行的海峡。群岛水域是指群岛国以连接其最外缘岛屿的直线所包围的水域，群岛国的主权及于群岛水域的上空、海床和底土及其中的资源。公海是海洋上除了专属经济区、领海、内水或群岛水域以外的全部海域。

二、《中华人民共和国领海及毗连区法》

《中华人民共和国领海及毗连区法》由 1992 年 2 月 25 日第七届全国人民代表大会常务委员会第二十四次会议通过，该法共计 17 条。

该法的立法目的是行使中华人民共和国对领海的主权和对毗连区的管辖权，维护国家安全和海洋权益。该法明确规定，中华人民共和国的陆地领土包括中华人民共和国大陆及其沿海岛屿、台湾及其包括钓鱼岛在内的附属各岛、澎湖列岛、东沙群岛、西沙群岛、中沙群岛、南沙群岛以及其他一切属于中华人民共和国的岛屿，这对维护我国岛屿的领土主权有着重要的指导意义。中华人民共和国领海的宽度从领海基线量起为 12 海里。中华人民共和国领海基线采用直线基线法划定，由各相邻基点之间的直线连线组成。中华人民共和国毗连区的外部界限为一条其每一点与领海基线的最近点距离等于 24 海里的线。在国际接轨方面，该法指出外国非军用船舶，享有依法无害通过中华人民共和国领海的权利。任何国际组织、外国组织或者个人，在中华人民共和国领海内进行科学研究、海洋作业等活动，须经中华人民共和国政府或者其有关主管部门批准，遵守中华人民共和国法律法规。在行使管理权方面，指出中华人民共和国有权在毗连区内，为防止和惩处在其陆地领土、内水或者领海内违反有关安全、海关、财政、卫生或者入境出境管理的法律法规的行为行使管制权。

三、《中华人民共和国专属经济区和大陆架法》

《中华人民共和国专属经济区和大陆架法》由 1998 年 6 月 26 日第九届全国人民代表大会常务委员会第三次会议通过，该法共计 16 条。

该法的立法目的是保障中华人民共和国对专属经济区和大陆架行使主权和管辖权，维护国家海洋权益。作为我国海洋基本法，其主要内容是关于管辖区的范围、权利义务及专属经济区和大陆架划界的规定。专属经济区是中华人民共和国领海以外并邻接领海的区域，从测算领海宽度的基线量起延至 200 海里。大陆架是中华人民共和国领海以外本国陆地领土的全部自然延伸，扩展到大陆边外缘的海底区域的海床和底土；如果从测算领海宽度的基线量起至大陆边外缘的距离不足 200 海里，则扩展至 200 海里。在专属经济区内，国家在勘查、开发、养护和管理海床上覆水域、海床及其底土的自然资源，以及进行其他经济性开发和勘查，如利用海水、海流和风力生产能等活动，行使主权。同时中华人民共和国对专属经济区的人工岛屿、设施和结构的建造、使用，以及海洋科学研究、海洋环境的保护和保全，行使管辖权。中华人民共和国主管机关有权采取必要的措施，防止、减少和控制海洋环境的污染，保护和保全专属经济区和大陆架的海洋环境。

四、《中华人民共和国海域使用管理法》

《中华人民共和国海域使用管理法》由中华人民共和国第九届全国人民代表大会常务委员会第二十四次会议于 2001 年 10 月 27 日通过，自 2002 年 1 月 1 日起施行。该法共分 8 个部分，共计 54 条，内容包括：总则、海洋功能区划、海域使用地申请与审批、海域使用权、海域使用金、监督检查、法律责任、附则。

该法的立法目的是加强海域使用管理，维护国家海域所有权和海域使用权人的合法权益，促进海域的合理开发和可持续利用。明确规定海域属于国家所有，国务院代表国家行使海域所有权。任何单位或个人不得侵占、买卖，或者以其他形式非法转让海域。单位和个人使用海域，必须依法取得海域使用权。在此基础上确定了四项基本制度：海域使用的功能控制制度；海洋有偿使用制度；海域使用权属管理制度；海域审批制度。

五、《中华人民共和国渔业法》

《中华人民共和国渔业法》由 1986 年 1 月 20 日第六届全国人民代表大会常务委员会第十四次会议通过，2013 年 12 月 28 日第十二届全国人民代表大会常务委员会第六次会议第四次修正。该法共分 6 个部分，共计 50 条，内容包括：总则、养殖业、捕捞业、渔业资源的增殖和保护、法律责任、附则。

该法是为了加强渔业资源的保护、增殖、开发和合理利用，发展人工养殖，保障渔业生产者的合法权益，促进渔业生产的发展，适应社会主义建设和人民生活的需要制定的法律，其中确立了我国渔业生产的方针是以养殖为主，养殖、捕捞、加工并举，因地制宜，各有侧重。在监督管理上实行统一领导、分级管理。对于海洋渔业，除国务院划定由国务院渔业行政主管部门及其所属的渔政监督管理机构监督管理的海域和特定渔业资源渔场外，由毗邻海域的省、自治区、直辖市人民政府渔业行政主管部门监督管理。对于养殖业，国家采取鼓励的策略，但从事养殖生产不得使用含有毒有害物质的饵料、饲料。在捕捞方面，国家对捕捞业实行捕捞许可证制度，同时根据捕捞量低于渔业资源增长量的原则，确定渔业资源的总可捕捞量，实行捕捞限额制度。在渔业资源的增殖和保护方面，县级以上人民政府渔业行政主管部门应当对其管理的渔业水域统一规划，采取措施，增殖渔业资源，在禁渔区或禁渔期内禁止销售非法捕捞的渔获物。对白鳍豚等珍贵、濒危水生野生动物实行重点保护，防止其灭绝。

六、《中华人民共和国海洋环境保护法》

《中华人民共和国海洋环境保护法》由 1982 年 8 月 23 日第五届全国人民代表大会常务委员会第二十四次会议通过，2017 年 11 月 4 日第十二届全国人民代表大会常务委员会第三十次会议第三次修正。该法共分 10 个部分，共计 97 条，内容包括：总则、海洋环境监督管理、海洋生态保护、防治陆源污染物对海洋环境的污染损害、防治海岸工程建设项目对海洋环境的污染损害、防治海洋工程建设项目对海洋环境的污染损害、防治倾倒废弃物对海洋环境的污染损害、防治船舶及有关作业活动对海洋环境的污染损害、法律责任、附则。

该法的立法目的是保护和改善海洋环境，保护海洋资源，防治污染损害，维护生态平衡，保障人体健康，促进经济和社会的可持续发展。该法作为我国海洋环境保护的基本法，确立了我国海洋环境保护的基本制度。在重点海洋生态功能区、生态环境敏感区和脆弱区等海域，国家划定生态保护红线，实行严格保护。同时国家建立并实施重点海域排污总量控制制度，确定主要污染物排海总量控制指标，并对主要污染源分类排放控制数量。在海洋环境监督管理方面，毗邻重点海域的有关沿海省、自治区、直辖市人民政府及行使海洋环境监督管理权的部门，可以建立海洋环境保护区域合作组织，负责实施重点海域区域性海洋环境保护规划、海洋环境污染的防治和海洋生态保护工作。在海洋生态保护方面，国务院和沿海地方各级人民政府应当采取有效措施，保护红树林、珊瑚礁、滨海湿地、海岛、海湾、入海河口、重要渔业水域等具有典型性、代表性的海洋生态系统，珍稀、濒危海洋生物的天然集中分布区，具有重要经济价值的海洋生物生存区域及有重大科学文化价值的海洋自然历史遗迹和自然景观。

七、《中华人民共和国海岛保护法》

《中华人民共和国海岛保护法》由中华人民共和国第十一届全国人民代表大会常务委员会第十二次会议于 2009 年 12 月 26 日通过，自 2010 年 3 月 1 日起施行。该法共分 6 个部分，共计 58 条，内容包括：总则、海岛保护规划、海岛的保护、监督检查、法律责任、附则。

该法的立法目的是保护海岛及其周边海域生态系统，合理开发利用海岛自然资源，维护国家海洋权益，促进经济社会可持续发展。该法明确规定，国务院海洋主管部门和国务院其他有关部门依照法律和国务院规定的职责分工，负责全国有居民海岛及其周边海域生态保护工作。沿海县级以上地方人民政府海洋主管部门和其他有关部门按照各自的职责，负责本行政区域内有居民海岛及其周边海域生态保护工作。国务院海洋主管部门负责全国无居民海岛保护和开发利用的管理工作，沿海县级以上地方人民政府海洋主管部门负责本行政区域内无居民海岛保护和开发利用管理的有关工作。国家对海岛实行科学规划、保护优先、合理开发、永续利用的原则。在海岛保护规划方面规定，全国海岛保护规划应当按照海岛的区位、自然资源、环境等自然属性及保护、利用状况，确定海岛分类保护的原则和可利用的无居民海岛，以及需要重点修复的海岛等。对海岛的保护包括一般规定、有居民海岛生态系统的保护、无居民海岛的保护、特殊用途海岛的保护四个方面的内容。为更好加强对海岛的保护和管理，该法规定国务院和沿海地方各级人民政府应当加强对海岛保护的宣传教育工作，增强公民的海岛保护意识，并对在海岛保护及有关科学研究工作中作出显著成绩的单位和个人予以奖励。任何单位和个人都有遵守海岛保护法律的义务，并有权向海洋主管部门或其他有关部门举报违反海岛保护法律、破坏海岛生态的行为。

八、《中华人民共和国港口法》

《中华人民共和国港口法》由2003年6月28日第十届全国人民代表大会常务委员会第三次会议通过，根据2018年12月29日第十三届全国人民代表大会常务委员会第七次会议《关于修改〈中华人民共和国电力法〉等四部法律的决定》第三次修正。该法共分6个部分，共计62条，内容包括：总则、港口规划与建设、港口经营、港口安全与监督管理、法律责任、附则。

该法的立法目的是加强港口管理，维护港口的安全与经营秩序，保护当事人的合法权益，促进港口的建设与发展。其核心内容确立了中国港口由地方政府直接管理并实行政企分开的行政管理体制；确立了政府通过对港口规划、岸线管理、合理布局，保证港口资源得到合理利用的制度；确立了多元化投资主体和经营主体建设和经营港口的制度；确立了港口业务经营准入制度和公开公平的竞争制度；确立了港口的保护和安全制度。在港口规划建设方面规定，应当根据国民经济和社会发展的要求以及国防建设的需要编制，体现合理利用岸线资源的原则，符合城镇体系规划，并与土地利用总体规划、城市总体规划、江河流域规划、防洪规划、海洋功能区划、水路运输发展规划和其他运输方式发展规划以及法律、行政法规规定的其他有关规划相衔接、协调。取得港口经营许可，应当有固定的经营场所，有与经营业务相适应的设施、设备、专业技术人员和管理人员，并应当具备法律法规规定的其他条件。在安全生产方面，港口经营人必须依照《中华人民共和国安全生产法》等有关法律法规和国务院交通主管部门有关港口安全作业规则的规定，加强安全生产管理，建立健全安全生产责任制等规章制度，完善安全生产条件，采取保障安全生产的有效措施，确保安全生产。在遇有旅客滞留、货物积压阻塞港口的情况，港口行政管理部门应当及时采取有效措施，进行疏港；港口所在地的市、县人民政府认为必要时，可以直接采取措施，进行疏港。

九、《中华人民共和国海上交通安全法》

《中华人民共和国海上交通安全法》由 1983 年 9 月 2 日第六届全国人民代表大会常务委员会第二次会议通过，自 1984 年 1 月 1 日起施行。2016 年 11 月 7 日，全国人大常委会对《中华人民共和国海上交通安全法》作出修改，将第十二条修改为："国际航行船舶进出中华人民共和国港口，必须接受主管机关的检查。本国籍国内航行船舶进出港口，必须向主管机关报告船舶的航次计划、适航状态、船员配备和载货载客等情况。"该法共分 12 个部分，共计 53 条，内容包括：总则、船舶检验和登记、船舶、设施上的人员、航行、停泊和作业、安全保障、危险货物运输、海难救助、打捞清除、交通事故的调查处理、法律责任、特别规定、附则。

该法的立法目的是加强海上交通管理，保障船舶、设施和生命财产的安全，维护国家权益。主要规定了船舶、设施和人员在海上航行、停泊和作业中必须具备的技术条件、应该享受的权益和各自承担的义务；授权中华人民共和国港务监督机构对沿海水域的交通安全的指挥管理职责等。该法规定，主管机关的主要职责是：中国籍船舶登记、发证；负责禁航区、航道（路）、交通管制区、锚地和安全作业区等水域的划定、公布和监督管理；核定船舶靠泊安全条件，核准与通航安全有关的岸线使用和水上水下施工、作业；负责海上搜寻救助组织、协调和指挥，调查、处理海上交通事故和海上交通违法案件；负责船舶和设施安全检查和日常监督，办理船舶进出港签证和进出口岸查验手续；负责船舶载运危险货物的安全监督管理；负责航海保障，通航环境管理，发布航行警（通）告，管理沉船沉物打捞和碍航物清除，维护海上交通秩序。对于管理相对人义务规定：船舶和船上有关航行安全的重要设备必须具有船舶检验部门签发的能证明其技术状况、性能符合技术标准和技术要求的法定文书；船舶、设施应当按规定配备人员；船舶、设施必须遵守中华人民共和国的有关航行、停泊、作业的法律、行政法规、规章、特别规定，以及有关国际公约的规定，办理相关手续，报告船舶动态，接受主管机关的监督检查，纠正违法行为，消除安全隐患，确保船舶、设施处于良好的技术状况；水上水下施工，岸线的使用，禁航区的设置，安全作业区、安全管制区及锚地的划定和调整等活动必须遵守主管机关的规定；船舶、设施发生交通事故，应当向主管部门机关递交事故报告书和有关资料，并接受调查处理。事故的当事人和有关人员，在接受主管机关调查时，必须如实提供现场情况和与事故有关的情节。

第二节　海洋旅游行政法规

一、《中华人民共和国渔业法实施细则》

《中华人民共和国渔业法实施细则》由国务院于 1987 年 10 月 14 日批准，1987 年 10 月 20 日由原农牧渔业部（现为农业部）发布，自发布之日起施行。根据 2020 年 3 月 27 日《国务院关于修改和废止部分行政法规的决定》修订，删去《中华人民共和国渔业法实施细则》第二十二条第一款中的"在'机动渔船底拖网禁渔区线'外侧建造人工鱼礁的，必须经国务院渔业行政主管部门批准"。该法规共分 7 个部分，共计 42 条，内容包括：总则、渔业的监督管理、养殖业、捕捞业、渔业资源的增殖和保护、罚则、附则。

该法规规定国家对渔业的监督管理，实行统一领导、分级管理。国务院划定的"机动渔船底拖网禁渔区线"外侧，属于中华人民共和国管辖海域的渔业，由国务院渔业行政主管部门及其所属的海区渔政管理机构监督管理；"机动渔船底拖网禁渔区线"内侧海域的渔业，除国家另有规定者外，由毗邻海域的省、自治区、直辖市人民政府渔业行政主管部门监督管理。渔场和渔汛生产，应当以渔业资源可捕量为依据，按照有利于保护、增殖和合理利用渔业资源，优先安排邻近地区、兼顾其他地区的原则，统筹安排。舟山渔场冬季带鱼汛，浙江渔场大黄鱼汛，闽东、闽中渔场大黄鱼汛，吕泗渔场大黄鱼、小黄鱼、鲳鱼汛，渤海渔场秋季对虾汛等主要渔场、渔汛和跨海区管理线的捕捞作业，由国务院渔业行政主管部门或其授权单位安排。养殖须申请养殖使用证，捕捞实行捕捞许可制度，同时规定在中华人民共和国管辖水域，中外合资、中外合作经营的渔业企业，未经国务院有关主管部门批准，不得从事近海捕捞业。在保护渔业资源方面规定，县级以上人民政府渔业行政主管部门，应当依照其规定的管理权限，确定重点保护的渔业资源品种及采捕标准。

二、《中华人民共和国水生野生动物保护实施条例》

《中华人民共和国水生野生动物保护实施条例》1993 年 9 月 17 日由国务院批准、1993 年 10 月 5 日由农业部发布的一项关于保护水生野生动物的行政法规，根据 2013 年 12 月 7 日《国务院关于修改部分行政法规的决定》第二次修订，其主要内容包括水生野生动物的保护、水生野生动物的管理及奖励与惩罚制度。该法规共分 5 个部分，共计 35 条，内容包括：总则、水生野生动物保护、水生野生动物管理、奖励和惩罚、附则。

该法规规定县级以上各级人民政府及其有关主管部门应当鼓励、支持有关科研单位、教学单位开展水生野生动物科学研究工作。在水生野生动物保护方面特别规定任何单位和个人发现受伤、搁浅和因误入港湾、河汊而被困的水生野生动物时，应当及时报告当地渔业行政主管部门或其所属的渔政监督管理机构，由其采取紧急救护措施；也可以要求附近具备救护条件的单位采取紧急救护措施，并报告渔业行政主管部门。已经死亡的水生野生动物，由渔业行政主管部门妥善处理。捕捞作业时误捕水生野生动物的，应当立即无条件放生。在水生野生动物管理方面规定禁止捕捉、杀害国家重点保护的水生野生动物，确需捕捉国家重点保护的水生野生动物的，必须申请特许捕捉证。县级以上各级人民政府渔业行政主管部门和工商行政管理部门，应当对水生野生动物或者其产品的经营利用建立监督检查制度，加强对经营利用水生野生动物或者其产品的监督管理。对进入集贸市场的水生野生动物或者其产品，由工商行政管理部门进行监督管理，渔业行政主管部门给予协助；在集贸市场以外经营水生野生动物或者其产品，由渔业行政主管部门、工商行政管理部门或者其授权的单位进行监督管理。

三、《中华人民共和国渔港水域交通安全管理条例》

《中华人民共和国渔港水域交通安全管理条例》是中华人民共和国国务院 1989 年发布的行政法规，自 1989 年 8 月 1 日起施行，根据 2019 年 3 月 2 日

《国务院关于修改部分行政法规的决定》第三次修订，该条例共计 29 条。

　　该法规所指渔港是指主要为渔业生产服务和供渔业船舶停泊、避风、装卸渔获物和补充渔需物资的人工港口或者自然港湾。渔港水域是指渔港的港池、锚地、避风湾和航道。渔业船舶是指从事渔业生产的船舶以及属于水产系统为渔业生产服务的船舶，包括捕捞船、养殖船、水产运销船、冷藏加工船、油船、供应船、渔业指导船、科研调查船、教学实习船、渔港工程船、拖轮、交通船、驳船、渔政船和渔监船。条例规定在渔港内新建、改建、扩建各种设施，或者进行其他水上、水下施工作业，除依照国家规定履行审批手续外，应当报请渔政渔港监督管理机关批准。渔政渔港监督管理机关批准后，应当事先发布航行通告。渔业船舶必须经船舶检验部门检验合格，取得船舶技术证书，方可从事渔业生产。渔业船舶的船长、轮机长、驾驶员、轮机员、电机员、无线电报务员、话务员，必须经渔政渔港监督管理机关考核合格，取得职务证书，其他人员应当经过相应的专业训练。因渔港水域内发生的交通事故或者其他沿海水域发生的渔业船舶之间的交通事故引起的民事纠纷，可以由渔政渔港监督管理机关调解处理；调解不成或者不愿意调解的，当事人可以向人民法院起诉。

四、《中华人民共和国海洋倾废管理条例》

　　《中华人民共和国海洋倾废管理条例》于 1985 年 3 月 6 日由国务院发布，根据 2017 年 3 月 1 日《国务院关于修改和废止部分行政法规的决定》第二次修订，该条例共计 24 条。

　　该法规的制定是为了实施《中华人民共和国海洋环境保护法》，严格控制向海洋倾倒废弃物，防止对海洋环境的污染损害，保持生态平衡，保护海洋资源，促进海洋事业的发展。其中所指"倾倒"，是指利用船舶、航空器、平台及其他载运工具，向海洋处置废弃物和其他物质；向海洋弃置船舶、航空器、平台和其他海上人工构造物，以及向海洋处置由于海底矿物资源的勘探开发及与勘探开发相关的海上加工所产生的废弃物和其他物质。该条例规定，需要向海洋倾倒废弃物的单位，应事先向主管部门提出申请，按规定的格式填报倾倒废弃物申请书，并附报废弃物特性和成分检验单。主管部门在接到申请书之日起两个月内予以审批。对同意倾倒者应发给废弃物倾倒许可证。为倾倒的目的，经过中华人民共和国管辖海域运送废弃物的任何船舶及其他载运工具，应当在进入中华人民共和国管辖海域 15 天之前，通报主管部门，同时报告进入中华人民共和国管辖海域的时间、航线，以及废弃物的名称、数量及成分。如果因为紧急避险或救助人命，未按许可证规定的条件和区域进行倾倒时，应尽力避免或减轻因倾倒而造成的污染损害，并在事后尽快向主管部门报告。倾倒单位和紧急避险或救助人命的受益者，应对由此所造成的污染损害进行补偿。

五、《中华人民共和国水下文物保护管理条例》

《中华人民共和国水下文物保护管理条例》于 1989 年 10 月 20 日由中华人民共和国国务院发布，根据 2011 年 1 月 8 日《国务院关于废止和修改部分行政法规的决定》修订，该条例共计 13 条。

该法规的制定是为了加强水下文物保护工作的管理。条例所称的水下文物，是指遗存于下列水域的具有历史、艺术和科学价值的人类文化遗产：遗存于中国内水、领海内的一切起源于中国的、起源国不明的和起源于外国的文物；遗存于中国领海以外依照中国法律由中国管辖的其他海域内的起源于中国的和起源国不明的文物；遗存于外国领海以外的其他管辖海域以及公海区域内的起源于中国的文物。前款规定内容不包括 1911 年以后的与重大历史事件、革命运动以及著名人物无关的水下遗存。水下文物的登记注册、保护管理及水下文物的考古勘探和发掘活动的审批工作由国家文物局主管。地方各级文物行政管理部门负责本行政区域水下文物的保护工作，会同文物考古研究机构负责水下文物的确认和价值鉴定工作。对于海域内的水下文物，国家文物局可以指定地方文物行政管理部门代为负责保护管理工作。条例规定水下文物的考古勘探和发掘活动应当以文物保护和科学研究为目的。任何单位或者个人在中国管辖水域进行水下文物的考古勘探或者发掘活动，必须向国家文物局提出申请，并提供有关资料。未经国家文物局批准，任何单位或者个人不得以任何方式私自勘探或者发掘。外国国家、国际组织、外国法人或者自然人在中国管辖水域进行水下文物的考古勘探或者发掘活动，必须采取与中国合作的方式进行，其向国家文物局提出的申请，须由国家文物局报经国务院特别许可。同时规定任何单位或者个人实施水下文物考古勘探或者发掘活动时，还必须遵守中国其他有关法律法规，接受有关部门的管理；遵守水下考古、潜水、航行等规程，确保人员和水下文物的安全；防止水体的环境污染，保护水下生物资源和其他自然资源不受损害；保护水面、水下的一切设施；不得妨碍交通运输、渔业生产、军事训练以及其他正常的水面、水下作业活动。

六、《中华人民共和国海上交通事故调查处理条例》

《中华人民共和国海上交通事故调查处理条例》于 1990 年 1 月 11 日由国务院批准，该条例共分 8 个部分，共计 37 条，内容包括：总则、报告、调查、处理、调解、罚则、特别规定、附则。

该法规根据《中华人民共和国海上交通安全法》的有关规定，加强海上交通安全管理，及时调查处理海上交通事故。船舶、设施发生海上交通事故，相对人必须立即用高频电话、无线电报或其他有效手段向就近港口的港务监督报告。报告的内容应当包括：船舶或设施的名称、呼号、国籍、起讫港，船舶或设施的所有人或经营人名称，事故发生的时间、地点、海况以及船舶、设施的损害程度、救助要求等。在港区水域内发生的海上交通事故，由港区的港务监督进行调查。在港区水域外发生的海上交通事故，由就近港口的港务监督或船舶到达的中华人民共和国的第一个港口的港务监督进行调查，必要时，由中华人民共和国港务监督局指定的港务监督进行调查。港务监督应当根据对海上交通事故的调查，作出《海上交通事故调查报告书》，查明事故发生的原因，判明当事人的责任；构成重大事故的，通报当地检察机关。对船舶、设施发生海上交通事故引起的民事侵权赔偿纠纷，当事人可以申请港务监督调解。调解必须遵循自愿、公平的原则，不得强迫。不愿意调解或调解不成的，当事人可以向海事法院起诉或申请海事仲裁机构仲裁。

第三节　海洋旅游规章和地方性法规

一、《中华人民共和国海洋倾废管理条例实施办法》

《中华人民共和国海洋倾废管理条例实施办法》于 1990 年 6 月 1 日经原国家海洋局第八次局务会议通过，1990 年 9 月 25 日发布施行。根据 2017 年12 月 27 日国土资源部第 4 次部务会议《国土资源部关于修改和废止部分规章的决定》第二次修正，该行政规章共计 43 条。

该办法根据《中华人民共和国海洋环境保护法》第四十七条的规定，为实施《中华人民共和国海洋倾废管理条例》，加强海洋倾废管理。任何法人、自然人和其他经济实体向海洋倾倒的废弃物及其他物质应视其毒性进行必要的预处理。办法规定海洋倾废实行许可证制度，倾倒许可证应载明倾倒单位、有效期限和废弃物的数量、种类、倾倒方法等。倾倒许可证分为紧急许可证、特别许可证、普通许可证。凡向海洋倾倒废弃物的废弃物所有者及疏浚工程单位，应事先向主管部门提出倾倒申请，办理倾倒许可证。废弃物所有者或疏浚工程单位与实施倾倒作业单位有合同约定，依合同规定实施倾倒作业单位也可向主管部门申请办理倾倒许可证。申请倾倒许可证应填报倾倒废弃物申请书，主管部门在收到申请书后两个月内应予以答复，经审查批准的应签发倾倒许可证。紧急许可证由国家海洋主管部门签发或者经海洋主管部门批准，由海区主管部门签发。特别许可证、普通许可证由海区主管部门签发。申请倾倒许可证和更换倾倒许可证应缴纳费用。

二、《海洋行政处罚实施办法》

《海洋行政处罚实施办法》于 2002 年 12 月 12 日由国土资源部第 6 次部务会议审议通过，自 2003 年 3 月 1 日起施行。该办法共分 7 个部分，共计42 条，内容包括：总则、管辖、简易程序、一般程序、听证程序、送达、附则。

该办法的制定是根据《中华人民共和国行政处罚法》及有关法律法规的规定，为了规范海洋行政处罚行为，保护单位和个人的合法权益。该办法规定了海洋行政处罚的管辖权分配范围、处理的程序等。办法的适用范围是，单位和个人违反海域使用、海洋环境保护、铺设海底电缆管道、涉外海洋科学研究管理等海洋法律法规或者规章，海洋行政处罚实施机关依法给予海洋行政处罚。除法律法规另有规定外，海洋行政处罚由违法行为发生地的实施机关管辖。对于违法事实清楚、证据确凿，情节轻微；依据海洋法律法规或者规章，对个人处以五十元以下、对单位处以一千元以下罚款或者警告的，可以适用简易程序当场作出海洋行政处罚决定。除可以当场作出的海洋行政处罚外，对其他海洋违法行为实施海洋行政处罚的，应当立案查处。海洋监察人员应当填写海洋违法案件立案呈批表，经批准后立案。在作出海洋行政处罚决定之前，应当告知当事人给予处罚的事实、理由、依据和拟作出的海洋行政处罚决定，并告知当事人享有陈述、申辩的权利。

三、《海南省实施〈中华人民共和国海域使用管理法〉办法》

《海南省实施〈中华人民共和国海域使用管理法〉办法》由 2005 年 5 月27 日海南省第三届人民代表大会常务委员会第十七次会议通过，2014 年 11月 26 日海南省第五届人民代表大会常务委员会第十一次会议通过第二次修正。该办法共计 34 条。

　　该办法的制定是为了加强海南省海域使用管理，维护国家海域所有权和海域使用权人的合法权益，促进海域的合理开发和可持续利用。在行政管辖方面规定，省人民政府对本省行政区内的海域统一行使管辖权。省人民政府海洋行政主管部门负责全省海域使用的监督管理。沿海市、县、自治县人民政府海洋行政主管部门根据授权，负责本行政区毗邻海域使用的监督管理。沿海乡镇人民政府协助市、县、自治县人民政府海洋行政主管部门对渔业养殖用海进行监督管理，调解渔业养殖用海纠纷。省和沿海市、县、自治县人民政府海洋行政主管部门会同本级人民政府有关部门，依据上一级海洋功能区划，编制本行政区域的海洋功能区划。海域使用必须符合海洋功能区划、海域使用规划、填海规划等，遵循统一规划、合理开发、综合利用与环境保护相结合的原则。省和沿海市、县、自治县人民政府审批渔业养殖项目用海，应当根据海洋功能区划和海域使用规划合理布局，科学确定养殖密度，防止造成海洋环境污染。省和沿海市、县、自治县人民政府及其海洋行政主管部门应当加强海洋生态环境的监测和保护，对受到损害的海洋生态环境，应当组织修复。对海洋生态环境受到严重破坏的海域，可以依法采取收回、置换海域使用权等方式，调整海域使用状况，恢复海洋生态环境。由于行政机关的原因给海域使用权人造成财产损失的，应当依法给予补偿。工业、商业、旅游、娱乐和其他经营性项目用海以及同一海域有两个以上相同海域使用方式的意向用海者的项目用海海域使用权，应当进入人民政府公共资源交易平台通过招标、拍卖、挂牌方式出让；其中填海项目海域使用权的招标、拍卖、挂牌出让应当进入省级人民政府公共资源交易平台进行。

四、《浙江省海域使用管理条例》

　　《浙江省海域使用管理条例》经 2012 年 11 月 29 日浙江省十一届人大常委会第 36 次会议通过，自 2013 年 3 月 1 日起施行。该条例共分 6 个部分，共计 45 条，内容包括：总则、海洋功能区划、海域使用权的取得、海域使用与保护、法律责任、附则。

　　该条例的制定结合浙江省实际，根据《中华人民共和国海域使用管理法》、《中华人民共和国海洋环境保护法》和其他有关法律行政法规的规定，为了加强海域使用管理，促进海域的合理开发和可持续利用，维护国家海域所有权和海域使用权人的合法权益。条例规定海域使用应当符合海洋功能区划，遵循统一规划、合理开发、节约集约利用和保护环境的原则，严格管理填海、围海等改变海域自然属性的用海活动。省海洋主管部门负责全省海域使用的监督管理。沿海设区的市、县（市、区）海洋主管部门负责本辖区内海域使用的监督管理。沿海县级以上人民政府有关部门按照有关法律法规规定的职责，共同做好海域使用管理的相关工作。沿海乡（镇）人民政府协助县级以上人民政府及其有关部门做好海域使用管理的相关工作。沿海设区的市、县（市）海洋主管部门应当会同同级有关部门，依据省海洋功能区划组织编制本辖区海洋功能区划，经本级人民政府审核同意后，报省人民政府批准，并报国务院海洋主管部门备案。其中，县（市）海洋功能区划在报省人民政府批准前，应当报经设区的市人民政府审核。同时规定填海形成的土地属于国家所有。通过招标、拍卖、挂牌方式取得海域使用权的填海项目，填海形成土地后，海域使用权人可以凭海域使用权证书、海域使用权（国有土地使用权）出让合同、海洋主管部门出具的填海面积和填海形成土地界址的确认文件等材料，向设区的市、县（市）国土资源主管部门提出土地登记申请，换发国有土地使用权证书。换发国有土地使用权证书，不再收取土地使用权出让金。通过申请批准方式取得海域使用权的填海项目，填海形成的土地用途符合划拨用地目录或者属于协议出让土地范围的，海域使用权人可以凭海域使用权证书、海洋主管部门出具的填海面积和填海形成土地界址的确认文件等材料，向设区的市、县（市）国土资源主管部门提出申请，办理划拨土地或者协议出让土地相关手续，换发国有土地使用权证书。其中，办理协议出让土地手续的，应当按照土地市场评估价格扣除海域使用金和实际投入的填海成本后的价格收取土地使用权出让金。条例建立了经营性用海项目海域使用权全部实行"招拍挂"管理制度。这一制度性规定，通过市场化的手段，使海域这一稀缺资源的市场价值得到充分体现，能有效避免海域资源利用率低下，甚至盲目圈海等问题，也便于促进海域使用权二级市场的建立和不断完善。

五、《福建省海洋环境保护条例》

《福建省海洋环境保护条例》经 2002 年 9 月 27 日福建省第九届人民代表大会常务委员会第 34 次会议通过，自 2002 年 12 月 1 日起施行。该条例共分7 个部分，共计 45 条，内容包括：总则、监督管理、海洋生态保护和陆源污染防治、工程建设项目污染防治、船舶及有关作业活动污染防治、法律责任、附则。

该条例的制定结合福建省实际，根据《中华人民共和国海洋环境保护法》和其他有关法律法规，为保护和改善海洋环境，保护海洋资源，防治污染损害，维护生态平衡，保障人体健康，促进经济和社会的可持续发展。该条例规定在本省行政区域毗邻海域内从事航行、勘探、开发、生产、旅游、科学研究及其他活动，或者在沿海陆域内从事影响本省行政区域毗邻海域的海洋环境活动的单位和个人，必须遵守本条例。沿海县级以上地方人民政府环境保护行政主管部门对本行政区域毗邻海域的海洋环境保护工作实施指导、协调和监督，并负责防治本行政区域内陆源污染物和海岸工程建设项目对海洋环境的污染损害。沿海县级以上地方人民政府海洋行政主管部门负责本行政区域毗邻海域的海洋环境的监督管理，组织海洋环境的调查、监测、监视、评价和科学研究，负责防治海洋工程建设项目和海洋倾倒废弃物对海洋环境的污染损害。海事管理机构依法负责所辖港区水域内非军事船舶和港区水域外非渔业、非军事船舶污染海洋环境的监督管理，并负责污染事故的调查处理，对在本行政区域毗邻海域航行、停泊和作业的外国籍船舶造成的污染事故登轮检查处理。船舶污染事故给渔业造成损害的，应当吸收渔业行政主管部门参与调查处理。沿海县级以上地方人民政府渔业行政主管部门负责所辖渔港水域内非军事船舶和渔港水域外渔业船舶污染海洋环境的监督管理，负责保护本行政区域毗邻海域的渔业生态环境工作。条例规定在保护、改善海洋环境等方面作出显著成绩的单位和个人，县级以上地方人民政府应当给予表彰和奖励。任何单位和个人都有保护海洋环境的义务，并有权对污染损害海洋环境的单位和个人，以及海洋环境监督管理人员的违法失职行为进行监督和检举，因海洋环境污染损害其权益时，有权依法要求赔偿。

思考题

1. 论述海洋旅游市场法律内容。
2. 结合我国目前的海洋旅游市场，分析海洋旅游行政法规。

第八章　海洋旅游安全

【学习目标】
- 了解海洋旅游安全事故的特征、事故类型
- 了解海洋旅游安全事故的影响因素及形成机理
- 了解海洋旅游安全管理的机构及安全管理系统
- 掌握海洋旅游安全防范措施

【知识要点】
- 海洋旅游安全事故的类型及影响因素
- 海洋旅游安全事故管理系统
- 海洋旅游安全事故防范措施

安全是开展旅游活动的前提和基本保障，旅游安全的重要性日益凸显。《"十三五"旅游业发展规划》发布以来，政府及有关旅游主管部门强化了旅游安全管理的要求，旅游业的安全问题日益受到重视。

第一节　海洋旅游安全概述

一、海洋旅游安全相关概念

安全是海洋旅游活动中最重要最基本的一个保障，是海洋旅游活动顺利开展的基本前提条件，也是海洋旅游可持续发展的重要影响因素。所谓安全问题无小事，安全是在任何生产活动中都应该被重视，都需要放在首位的一项工作。

1. 安全

根据现代汉语词典的解释，安全是指没有危险，不受威胁；不出事故。因此，能够避免危险的处境，生产生活不受到威胁，没有发生事故，没有受

到伤害或遭受损失的状态和结果就是安全的。

2. 旅游安全

早些时候的学者对旅游安全范畴的界定比较狭隘，通常把旅游安全等同于人身安全，后来才把旅游者的财产安全列入旅游安全的范畴。郑向敏认为，旅游安全除了包括旅游者人身、财产安全以外，还包括旅游者的名誉安全[①]。许纯玲的观点认为，旅游安全包括人身、财产和心理三个方面的安全。根据许纯玲的观点，旅游安全是指旅游者在整个旅游过程中人身没有受到伤害，随身携带的财物没有损失，没有受到外部的骚扰和威胁，也没有出现有惊无险的情况。这是被普遍认可和接受的观点。

实际上，旅游安全的范畴应该有广义和狭义之分。广义的旅游安全指整个旅游业的安全，其内涵不仅包括旅游者的安全，还包括整个旅游产业的安全，包括各种危机和不安全因素等，是一种宏观的视角。而狭义的旅游安全仅包含旅游者的安全。

3. 海洋旅游

所谓海洋旅游是指在滨海、近海、远海和大洋等海洋环境中开展的旅游活动，以海洋为依托，利用基岩、海水、海洋生物、海洋人文等海洋要素资源进行的旅游观光、休闲、体验等活动，如沙滩休闲、潜水、垂钓、海上拖曳伞、邮轮游艇等旅游项目和旅游活动。从广义来说，凡是涉及海的要素和资源而开展的旅游活动都属于海洋旅游的范畴。

4. 海洋旅游安全

海洋旅游安全的含义指开展海洋旅游活动的过程中能够避免危险的处境，旅游者的人身没有危险，没有受到威胁和伤害，没有遭受财产损失，在整个旅游的过程中也没有受到意外惊吓，海洋旅游活动能够顺利开展，不出事故。

二、海洋旅游安全事件的特征

海洋旅游安全具有其独特的规律，呈现出比较明显的特征。总体而言，海洋旅游安全事件具有如下特征：

1. 多样性

事故类型多样性是指从安全问题的表现形式来看，安全事故具有多种类型，呈现多样化的特点。同时，海洋旅游活动所涉及的内容又比较广泛，包

---

① 郑向敏. 国内旅游安全研究综述. 旅游科学，2005（10）.

括了邮轮游艇、帆船帆板、海钓、潜水、海上摩托艇、水上降落伞等众多项目，海洋旅游活动本身也具有多样性的特点。这两者的双重叠加之下，决定了海洋旅游安全的事故类型具有多样性的特点。

2. 全程性

海洋旅游安全事件具有全程性的特征，表现为旅游安全问题始终贯穿整个海洋旅游活动的过程。旅游者在开展旅游活动的过程中，任何时间或任何阶段出现安全问题、发生任何安全事故都会危及游客的人身或财产安全，导致旅游者的财产或精神等方面的损失，甚至最终导致整个旅游活动的失败。

3. 整体性

海洋旅游安全事件具有整体性的特征。整体性特征主要体现在两个方面：一方面，游客对海洋旅游活动的安全感知和安全体验是一种整体性的感受。整个海洋旅游活动中任何一个环节出现安全事件，都会影响旅游者的旅游体验。另一方面，安全问题不能独立于海洋旅游产品的质量孤立存在。任何安全事件的发生都会导致海洋旅游产品质量的下降，即安全事件对于游客感知和旅游产品质量的影响都是整体性的，海洋旅游安全事件随之具有整体性的特征。

4. 时空性

海洋旅游安全事件具有时空性的特征，这一特征也被称为阶段性特征。海洋旅游活动项目在不同的阶段其刺激程度或危险系数会有所不同，随着项目的开展，发生安全事故的概率会随之变化，呈现出时空性的特征。比如潜水活动，随着水下深度的变化，对人的耳膜、心脏等都会产生不适等生理影响，而这些客观环境条件造成的生理影响又会直接导致紧张之类的心理反应，潜得越深，水压越大，不适感越强，也就会越紧张，在紧张状态下的操作可能会偏离安全规范的要求，发生安全事件的概率就会增加。此外，在海洋旅游活动项目的不同阶段，可能发生的安全事件类型也不一样。总而言之，海洋旅游安全事件会随着项目的开展而发生变化，呈现出时空性和阶段性的特点。

5. 季节性

海洋旅游安全事件具有季节性的特点。海洋旅游活动本身会受到季节、气候条件的影响，在不同的季节、不同的气候条件下，发生安全事件的隐患大小程度会不同。比如，在台风多发的季节，开展海上旅游活动项目的危险性增加，发生安全事故的隐患加大。同一种类型的安全事件，在不同季节发生的频率和概率也不同。因此，海洋旅游安全事件呈现出一定的季节性特征。

三、海洋旅游安全事故类型

海洋旅游安全事故的具体表现形态多种多样，根据事故的成因大致可分为以下 5 种类型。

1. 常见事故及病状

（1）溺水

溺水指人淹没于水中，因大量的水或泥沙、杂物等经口鼻灌入肺内，造成呼吸道阻塞，引起窒息，缺氧，心跳、呼吸停止和昏迷的现象。

溺水是涉水旅游活动项目最常见也是极易发生的事故。发生溺水事件时，应及时救援，呼叫专业的救援人员，同时展开自救和互救。溺水者应尽可能保持冷静并在水中采取自救，不会游泳者自救应尽量做到：①首先要克服紧张情绪，不要害怕沉入水中，避免因紧张而本能地挣扎。②屏住呼吸，放松全身，去除身上的重物。一般情况下，屏住呼吸并放松的状态下人体会自然上浮。展开互救的时候，施救者应科学施救，充分利用救援物品；不可盲目下水，不会游泳者禁止下水施救。

（2）迷失方向

海洋旅游活动项目不同于传统的岸上活动项目，尤其在海上开展的项目，活动场所比较特殊，海上白茫茫一片，四周天水一线，没有可参照的物体，很容易迷失方向，引发安全事故。

（3）中暑

中暑是在烈日或高温环境下，体内所产生的热能不能适当向外散发，积聚而发生高热所致的病症，往往会导致体内体温调节中枢功能异常，出现头痛、眩晕、心悸、恶心等症状。

中暑是常见的安全事故类型之一，主要诱发原因是高温环境。长时间在阳光下暴晒，或者长期处在高温环境中极易诱发中暑，因此夏季是中暑的高发季节。

由于人的耐热能力存在个体差异，在同一气温环境中，中暑的发生也就因人而异，相对而言，老弱病残及孕妇、颅脑疾病患者更容易中暑。开展海洋旅游活动过程中，如发现有人中暑，应将其转移至阴凉环境，采取冷毛巾敷头、补充盐水等对症的急救措施，严重者应立即送去就医。

（4）海鲜过敏

海鲜中含有大量的异种蛋白（组织胺），少数人缺少分解组织胺的酶，吃了海鲜以后就会引起过敏。医学角度的解释是异种蛋白直接或间接地激活了人体的免疫细胞，引起一系列生物化学反应，人体继而表现出一些过敏的症状，如皮肤瘙痒、发红，脸或唇肿胀，口舌及四肢发麻等。

发生海鲜过敏，出现过敏症状以后要及时就医或在医生的指导下服用相关抗过敏药物，切记不可为了一时缓解症状而胡乱吃药。

（5）晕船

晕船是一种晕动病，是轮船在运动或受到海浪冲击时产生的摇摆、旋转等刺激人体的前庭神经而引发的上腹不适、恶心、呕吐等症状。服用晕船药，闭目仰卧，或者坐位时将头部紧靠在固定的椅背等物体上，以避免较大幅度的摇摆缓解晕船。

2. 自然灾害

海洋自然灾害是引发海洋旅游安全事故的主要因素之一，对海洋旅游活动产生重要影响。海洋自然灾害主要包括风暴潮、海啸、海浪、赤潮等。

（1）风暴潮

风暴潮亦称"风暴海啸""气象海啸"，是由热带风暴、温带气旋或冷锋过境等天气过程引起的海面异常升高或降低的现象。风暴潮是一种自然灾害现象，会造成沿海地区的安全事故，导致生命财产的损失。

风暴潮根据风暴的性质，通常分为由台风引起的台风风暴潮和由温带气旋引起的温带风暴潮两大类。

① 台风风暴潮

台风风暴潮来势凶猛，大多数台风风暴具有速度快、强度大、破坏力强等特点，所造成的安全事故往往后果严重，损失惨重。夏季和秋季是台风风暴潮高发的季节，遭受台风影响的海洋国家和沿海地区往往也会遭受台风风暴潮的袭击。

② 温带风暴潮

通常情况下温带风暴潮增水的过程往往比较平缓，增水的高度也要比台风风暴潮要低，因此破坏力不如台风风暴潮。春季和秋季是温带风暴潮的多发季节，中纬度的沿海地区是温带风暴潮的多发地区。

风暴潮发生的频率比较高，一年四季均有发生，由其引发的灾害位居海洋灾害之首。当风暴潮过境的时候不宜开展海上及岸边的活动项目，应及时撤离，避免安全事故的发生，危及游客的生命财产安全。

（2）海啸

海啸就是由海底地震、火山爆发、海底滑坡或气象变化产生的破坏性海浪，海啸的波速可达 700～800 公里每小时，传播速度很快，到达海岸浅水地带时，形成含有巨大能量的水墙，造成极大的破坏力。

根据海啸的形成原因主要分为地震海啸、火山海啸、滑坡海啸和核爆海啸四类，其中核爆海啸是在水下进行核爆炸引起的海啸，属于人为制造的海啸。

收到海啸预警信号或发现海啸前兆迹象（如动物的异常行为和海上水位的异常变化）时，应立即远离海岸，跑向海滨高地；船只应尽快驶向深海区，因为海啸在深海区对船舶的破坏力远比在岸边时小得多。

（3）海浪

海浪是发生在海洋中的海水波动的现象，通常指海洋中由风产生的波浪。主要包括风浪、涌浪和海洋近海波。由于海水的波动能够产生巨大的动能和势能，因此海浪蕴含着巨大的能量，能够形成巨大的冲击力和破坏力，受到海浪的冲击会导致安全事故的发生。开展海上旅游活动应随时关注海浪警报和相关信息，服从相关部门的安排，避免和减少海洋旅游安全事故。

（4）赤潮

赤潮也叫红潮，是指由于海洋富营养化，使某些浮游生物暴发性繁殖和高度密集所引致的海水变红的现象，多发生在近海海域。赤潮并不一定是红色的，其颜色是由引发赤潮的生物种类决定的，有时候也会呈现黄色、绿色、褐色等不同颜色。

海水的富营养化、海水温度、海水的化学因子（如盐度），以及海水养殖自身的污染等是诱发赤潮的条件和因素。

赤潮的危害主要体现在以下3个方面：①对渔业和水产资源的破坏；②对海洋生态环境生态平衡的破坏；③对人类健康和生命的威胁。有些赤潮生物分泌赤潮毒素，鱼和贝类摄食了这些有毒生物以后又被人食用的话，就可能引起人体中毒。据有关资料显示，目前已确定有十几种贝毒——由赤潮引发的赤潮毒素，其毒素比眼镜蛇毒素高80倍，比一般的麻醉剂如普鲁卡因、可卡因还强10万多倍，可使人出现头晕、恶心、胸闷、站立不稳、腹痛、呕吐等中毒症状，严重者会昏迷、呼吸困难，甚至死亡。

3. 意外事故伤害

（1）海上碰撞

海上碰撞是指船舶等在海上由于遭遇自然灾害或其他意外事故引发触礁、碰撞等海难事故。海上碰撞包括船舶之间的碰撞及船舶与固定物之间的碰撞。在国际海事组织备案的世界海难数据中，碰撞是引发海难事故的首要因素。海上环境复杂特殊，极易引发海上安全事故；恶劣天气、能见度、船舶自身适航条件、航区条件（如海底地形、水下障碍物），以及人为因素（如驾驶员的失误或安全意识薄弱和对仪器设备、装置的使用不规范等）都可能导致海上安全事故的发生，造成严重的财产和生命损失。

（2）海洋生物袭击

海洋中的生物物种丰富，种类繁多，有一些属于掠食性动物，具有较强的攻击性，而有一些含有剧毒。相对于陆地而言，人类对海洋及海洋生物的探索和了解非常有限，在海里开展的活动项目充满了未知的危险，隐藏着巨大的风险。进行潜水和海底探险活动的时候，会扰动海洋生物的栖息环境，或者跟它们"狭路相逢"，刺激它们发起对游客的攻击，造成伤害。开展海洋旅游活动的过程中，遭受鲨鱼、水母等海洋动物袭击伤害的事件时有发生，甚至比较友好可爱的海狮都有袭人的案例。

（3）设备设施故障

设备设施故障是安全事故的高发诱因之一。设备设施故障引发安全事故有两方面的原因：一方面是设备设施本身的问题，比如设备太过陈旧、遭到毁损、不完善不齐全等；另一方面是人为操作不当或使用不规范等原因导致安全事故。设施设备故障引发的安全事故大多直接威胁生命安全，对此类安全事件不容忽视。

对此类安全事故的防范，应制定相应的安全管理制度并严格按照安全管理制度规定执行，比如对设备的定期维护保养，每次使用前的安全检查，在使用过程中严格按照规范操作等。此外，开展活动之前还要检查相关设备装置是否齐全。比如潜水活动，出发前除了检查潜水服、氧气瓶是否完好无损外，还要检查氧气瓶里的氧气是否充足，以及所需装备是否完备无遗漏。

（4）火灾

火灾是比较常见的意外灾害事故，直接威胁人的生命和财产安全。海洋旅游活动中，由于火灾引发的安全事故也并不少见。海上航行的邮轮游艇，除了其他类型的安全事故，火灾是其最常见的安全事故之一。近年来邮轮因火灾引发的安全事件屡有发生。

邮轮游艇等在航行的过程中一旦发生火灾，其后果和影响要比陆地上的火灾严重得多。因为在海面上获得外部救援的难度比较大，同时，邮轮的内部结构比较复杂，查明火源和灭火工作的难度也都比较大。

4. 社会公共安全事件

社会公共安全事件引发的旅游安全事故是常见的事故类型之一，主要包括社会治安问题、文化习俗冲突、恐怖主义活动和政治局势动荡。

（1）社会治安问题

旅游目的地的社会治安状况（犯罪率）对旅游业、对整个旅游活动过程都会产生重要的直接的影响。游客面临的社会治安方面的安全事故主要表现为遭遇偷盗、抢劫、骚扰、绑架等。良好的社会治安环境是顺利开展旅游活动的基本保障；反之，会阻碍旅游活动的顺利进行，甚至造成人身伤害和财产损失，影响旅游者的安全感知和旅游体验，对旅游目的地形成一种负面的影响。对于此类型的安全事故需要当地政府加强治安管理，加大打击违法犯罪的力度，创造安全和谐的社会环境，维护安全的旅游目的地形象。

（2）文化习俗冲突

旅游活动本身也是一种文化交流活动，是旅游者所代表的文化和旅游目的地文化的沟通交流，也是不同文化的接纳、融合过程。

文化习俗的差异会引起误会、纠纷和冲突，旅游活动中，旅游者和旅游目的地居民因为文化习俗的差异导致纠纷冲突的事件也层出不穷，严重者还会升级为暴力犯罪事件。不同地域不同民族的文化习俗千差万别，各有禁忌，每个身处其中的人都会受到影响。旅游者和目的地居民，包括旅游接待服务人员，各自的成长背景、文化环境和习俗禁忌不尽相同，因此也会形成不同的行为习惯，有着不同的禁忌。开展旅游活动过程中，如若某一方因为不了解而没有顾及对方的文化习俗禁忌，就很容易引发冲突导致旅游安全事故。现实中由于游客缺乏对旅游目的地习俗禁忌的了解而冒犯当地居民的案例数不胜数。此类安全事故微观上对旅游者的人身财产安全造成威胁，宏观上对旅游目的地的形象、旅游业的发展也会造成冲击。避免此类事件的发生需要增进了解和扩大文化的包容性；需要当地政府、旅游企业、旅游从业人员等共同努力，需要政府加大宣传力度对外宣传当地的文化，需要提高旅游企业和从业人员在旅游者和当地居民之间的沟通协调能力，以及对旅游者事前提醒等。

（3）恐怖主义活动

恐怖主义活动属于比较极端的社会安全事件，与其他类型的旅游安全事故对比而言，此类安全事故虽频率不高，但破坏力巨大，所造成的损失和影响非同寻常，直接影响海洋旅游活动的进程和发展，导致整个旅游业的危机。遏制和打击恐怖主义活动是旅游业和经济发展的需要，更是人类社会和平稳定的需要，需要全人类共同努力。

（4）政治局势动荡

旅游活动对社会政治环境的依赖性比较强，或者说旅游活动、旅游业的发展对社会政治环境比较敏感。不稳定的社会环境、政治局势将影响旅游活动的开展，严重制约旅游业的发展。政治局势动荡造成旅游安全事件的具体诱因包括战争、武装冲突事件、国际关系危机及大规模罢工等。

5. 医疗卫生及其他

医疗卫生方面的因素，如旅游目的地的医疗卫生条件和流行传染病的暴发，是引发旅游安全事故的常见诱因，是比较常见的海洋旅游安全事故类型。由于海洋旅游的特殊性，此类安全事故对海洋旅游活动的影响比对其他类型旅游活动的影响要更大一些。例如2020年暴发的新冠疫情，病毒在邮轮上传播得更迅速，游客感染的风险更大，生命安全受到的威胁也更大。因此众多的旅游业态中，邮轮旅游受到疫情的冲击也相对更大。

除此以外，疟疾、食物中毒、海鲜过敏等也是引发海洋旅游安全事故的诱因。

四、海洋旅游安全事故影响因素及形成机理

（一）海洋旅游安全事故影响因素

影响旅游安全事故的因素非常多，人员因素、社会因素、环境因素、管理因素等都会影响海洋旅游的安全。

1. 个人因素

（1）人口学特征方面的因素

旅游者的性别、年龄、教育背景等都会对旅游安全产生影响。一般情况下，年轻人更偏好冒险，天不怕地不怕，对安全的重视程度相对要小一些，而年龄越大往往越谨慎，越重视安全问题；女性较男性更谨慎更关注旅游活动的安全问题；学历、教育背景、职业和家庭结构、家庭收入等也会影响旅游者对安全的关注度。对安全的关注度越高，或者越重视安全问题，开展旅游活动的整个过程中就会更加注意防范和规避，如事先会做好充分的安全准备，做好应急预案，活动进行时会严格按照安全规范要求执行和操作等。总之，年轻人比老年人更偏好探险冒险，更缺乏安全意识，也更容易放松警惕；男性比女性更偏好探险冒险，更缺乏安全意识，也更容易放松警惕。

（2）对旅游目的地和旅游活动项目的熟悉程度

旅游者对旅游目的地的熟悉程度和对海洋旅游活动项目的熟悉程度是影响旅游安全的一个重要因素。此外，海洋旅游的经验是否丰富也是不可忽视的影响因素。通常熟悉程度越高，经验越丰富，就越了解旅游安全的注意事项，越清楚哪些地方哪些问题容易导致安全事故。

（3）个人的健康状况

个人的健康状况对于旅游安全事故的影响不可忽视，是引发旅游安全事故的常见因素。突发疾病或活动过程中体能不足、体力不支都有可能导致旅游安全事故，是最常见的影响因素。有一些旅游活动项目明确规定年龄的限制，以及禁止患有某些特定疾病的游客参加，正是基于这种考虑，减少旅游安全隐患。

2. 活动前的安全培训

活动前的安全培训对于旅游安全至关重要。在体验海洋旅游项目前对游客进行安全培训，提醒游客注意一些安全事项，要求其掌握一定的安全防范措施，可以提高游客的安全认知水平，可以消除旅游安全事故隐患，降低海洋旅游安全事故发生率。尤其一些特殊的旅游活动，或者用到一些专门的特殊设备的旅游活动，需要了解和掌握一些专门的操作技能和注意事项，在开展海洋旅游活动前要对旅游者进行培训和安全提示，可以防患于未然，避免安全事故的发生。比如潜水，需要了解基本的常规的安全知识和操作规范要求，因为在水下，不能像平时一样用语言交流，只能使用手语或打手势，潜水教练要事先向游客交代沟通交流的手势，如感到不舒服了需要上浮要比画什么手势，或者继续下潜又是什么手势等。

3. 安全认知和安全意识

认知是心理学范畴的一个概念，安全认知是一种对安全信息加工的过程。海洋旅游的安全认知可以狭义地界定为游客对海洋旅游活动的安全感知、认识、关注和反映，是游客结合自身条件、个人经验和环境情况所产生的安全态度、观念和安全意识[①]。安全认知、安全意识是海洋旅游安全事故的一个重要的直接影响因素。安全认知和安全意识决定了人们对安全事故的态度，认知水平越高，安全意识越强，态度越端正，越重视安全防范和消除隐患，防范的措施越到位。因此，安全认知水平越高，海洋旅游安全事故的风险越低，事故造成的财产和生命的损失就会越小。

旅游活动所涉及的人员、部门的安全认知水平和安全意识都会影响海洋旅游安全。旅游安全认知不仅是游客个人的安全认知，还包括海洋旅游服务人员、旅游企业和相关管理部门等的安全认知，海洋旅游产业链上任何一个环节的参与主体的认知水平都将对旅游安全产生影响。

除了人口学特征的个人因素外，活动前的安全培训、媒体对安全事件的

---

① 杨德进. 强化游客安全认知 保障海洋旅游安全. 中国海洋报，2018-9-13（002）.

报道、外部环境的安全标识和安全警示、安全管理制度、相关法律法规的健全程度等也会影响人们的安全认知，进而影响海洋旅游安全。

4. 游客拥堵与承载力

海洋旅游的环境空间承载力一般有一定的限度，存在一定的临界值，当游客流量和聚集度超过一定的限度，就会形成拥堵，游客的拥堵程度达到临界状态或超过环境承载力时，往往会造成水体污染、设备毁损，甚至发生踩踏事件，继而发生海洋旅游安全事故。

5. 文化习俗差异

游客与目的地的文化习俗差异是海洋旅游安全事故的诱发因素之一，也是重要的影响因素之一。文化习俗的差异容易产生误会、冒犯，进而影响旅游活动的安全。

6. 设施设备

设施设备方面的因素是影响旅游安全的常见因素。设施设备的完善程度，会直接影响海洋旅游安全事件发生的概率。一旦发生安全事故，设施设备的因素也可能影响救援工作。比如在海上发生安全事故，通信设备、定位系统对于救援活动至关重要，如果这些设施设备不完善，可能耽误救援时间，延误救援时机，从而造成损失。

7. 治安状况

海洋旅游目的地的治安越良好，则游客的人身财产安全越有保障，对海洋旅游活动的顺利开展越有保障，即海洋旅游安全越有保障。

8. 突发自然灾害

自然灾害引发的海洋旅游安全事故是重要的事故类型之一，自然灾害对海洋旅游安全的影响非同小可。自然灾害越频繁，对海洋旅游活动安全的威胁越大。

9. 环境污染

环境污染问题对于海洋旅游安全事故存在一定的相关性，也是一个不可忽视的影响因素。环境污染越严重，往往海洋旅游安全事故的隐患越大。比如海水的污染，往往会破坏海洋生物环境和海洋生态系统，引发赤潮等，而这些都有可能引发海洋旅游的安全事故。

10. 医疗卫生条件

医疗卫生条件包括流行疾病的暴发直接威胁游客的健康和生命安全，直接影响海洋旅游活动能否正常顺利地开展。目的地的医疗卫生条件对于医疗卫生类型安全事故的救援、灾后重建也将产生影响。

11. 交通事故

交通事故影响海洋旅游活动的安全。如海上碰撞、船体触礁等，直接导致海洋旅游安全事故，影响海洋旅游活动的正常顺利开展。因为交通事故引发旅游安全事故造成生命财产损失的案例每年都在上演。

12. 安全管理因素

海洋旅游安全管理方面的因素有很多，包括管理制度是否健全，管理的机制是否完善，程序是否合理规范，监督机制是否完善、到位；户外活动的管理制度是否完善等；组织开展海洋旅游活动的企业是否具备一定的资质，管理部门是否出台制定相应的资质认证机制等。这些管理方面的因素直接影响着海洋旅游的安全，管理的缺失将增加安全事故的隐患和发生的概率。

13. 社会性安全问题

社会性安全问题如战争、恐怖主义活动、政治动荡等对于海洋旅游安全的影响显而易见。这些因素影响旅游目的地的是否具备和平稳定的社会环境，影响开展海洋旅游活动的基本前提保障。

14. 其他

除了前面列举的因素外，其他的一些因素也会影响海洋旅游安全，比如技术条件、安全救援的机制、快速反应能力、多部门协调联动机制等。

（二）海洋旅游安全事故形成机理

根据事故因果连锁理论，海洋旅游安全事故的发生，往往不是孤立的事件，而是一系列因素相互作用、共同影响的结果。海洋旅游安全事故是旅游环境的不安全状态和人的不安全行为在同一时间、同一空间重叠，同时发生、共同作用的结果，而管理失误、管理缺失会加剧不安全的状态和不安全的行为从而导致安全事故的发生。人的不安全行为包括旅游企业及从业人员失职、监管部门失职和旅游者失误等。

从时间上看，海洋旅游安全事故的形成机理，主要包括出游前的准备阶段（安全隐患）、旅游活动的体验阶段（事故发生）、事故发生后的救援和恢复阶段3个阶段，即存在隐患—引发事故—救援和恢复的过程。

1. 出游前的准备阶段

旅游者出游前的准备其实也是一个旅游决策的过程。在这个过程中，旅游者会根据他的旅游需求、经验和他所了解掌握的信息，选择旅游目的地、旅游项目和旅游产品。这一阶段相关各方的失误都将埋下安全隐患：①旅游者方面，旅行经验不足、出游准备不充分、安全意识不够等；②旅游企业（旅游项目组织者）方面，不具备相关认证资质、管理不严格、操作不规范等；

③从业人员方面，没有经过专门培训、麻痹大意等；④监管部门方面，监管不到位或监管缺失，如允许不具备资质的企业组织开展海洋旅游活动等。这一阶段一般不会发生旅游安全事故，但是各方在这一阶段的行为会埋下安全隐患，提高旅游安全事故发生的概率。

2. 海洋旅游活动的体验阶段

海洋旅游活动的体验项目众多，海洋旅游产品类型丰富，安全事故的诱发因素多而杂，人为的因素、环境的因素、管理的因素等都可能成为海洋旅游安全事故的导火索，海洋旅游安全事故的发生往往集中在这一阶段。

3. 海洋旅游事故发生后的救援和恢复

事故发生后的救援行动是对事故损失的补救和挽回，快速有效的救援可以减少事故的损失。但是如果救援反应不够迅速、救援指挥不当，或者由于通信信号不佳、信息沟通不通畅、环境交通限制等因素导致救援不及时，也可能加大事故的损失，或者造成二次事故。

第二节　海洋旅游安全管理体系

旅游业是一个综合性的行业，涉及的部门和领域众多，旅游安全不仅仅是旅游部门的事，而且需要多部门协调、共同努力才能保障旅游安全。根据《中华人民共和国旅游法》的规定，旅游安全工作由县级以上人民政府统一负责，有关部门依照法律法规履行旅游安全监管职责。因此，海洋旅游安全管理形成"政府统一领导、部门依法监管、企业全面负责"的管理体系。

一、海洋旅游安全管理机构

海洋旅游安全管理涉及的部门和机构很多，主要包括以下几类机构和部门。

（一）综合性的安全管理机构

综合性的安全管理机构包括国务院应急管理办公室、食品安全卫生部门、安监部门、公安部门、海洋海事局等。

国务院应急管理部的主要职责为：组织编制国家应急总体预案和规划，指导各地区各部门应对突发事件工作，推动应急预案体系建设和预案演练。建立灾情报告系统并统一发布灾情，统筹应急力量建设和物资储备并在救灾时统一调度，组织灾害救助体系建设，指导安全生产类、自然灾害类应急救援，承担国家应对特别重大灾害指挥部工作。发生特别重大灾害时，应急管理部作为指挥部，组织和指挥应急处置工作。

食品卫生安全部门负责综合协调食品安全管理工作，食品卫生安全方面的因素引发海洋旅游安全事件时，负责组织对此类事故的调查和处理，负责此类事故的应急工作、应急预案及制定相关政策措施。

中华人民共和国海事局为交通运输部直属行政机构，实行垂直管理体制，履行水上交通安全监督管理、船舶及相关水上设施检验和登记、防止船舶污染和航海保障等行政管理和执法职责。海事局的主要职责包括：①拟订和组织实施国家水上交通安全监督管理；②统一管理水上交通安全，调查、处理水上交通事故、水上交通违法案件等；③管理通航秩序、通航环境，维护水上交通秩序，管理沉船沉物打捞和碍航物清除，管理和发布全国航行警（通）告等；④负责航海保障工作，管理沿海航标、无线电导航和水上安全通信，承担水上搜寻救助组织、协调和指导的有关工作。

公安部门负责维护社会治安秩序，打击违法犯罪行为，保护公民的人身安全和财产安全，为旅游活动顺利开展提供安全保障。

（二）旅游行业安全管理机构

我国旅游行业的安全管理组织有国家、省、地市、县等几个层级，各级旅游行政管理部门设立相应的安全管理科室或办公室，没有设立专门安全管理机构的一般由管理科或综合办公室负责。根据《旅游安全管理办法》第三条，各级旅游主管部门应当在同级人民政府的领导和上级旅游主管部门及有关部门的指导下，在职责范围内，依法对旅游安全工作进行指导、防范、监管、培训、统计分析和应急处理。

国家旅游行业安全管理机构为文化和旅游部的市场管理司，市场管理司负责承担旅游经济运行监测、假日旅游市场、旅游安全综合协调和监督管理。国家旅游行政管理部门安全管理工作的职责包括：①制定国家旅游安全管理规章，并组织实施；②会同国家有关部门对旅游安全实行综合治理，协调处理旅游安全事故和其他安全问题；③指导、检查和监督各级旅游行政管理部门和旅游企事业单位的旅游安全管理工作；④负责全国旅游安全管理的宣传、教育工作，组织旅游安全管理人员的培训工作；⑤协调重大旅游安全事故的处理工作；⑥负责全国旅游安全管理方面的其他有关事项。

县级以上（含县级）地方旅游行政管理部门的职责包括：①贯彻执行国家旅游安全法规；②制定本地区旅游安全管理的规章制度，并组织实施；③协同工商、公安、卫生等有关部门，对新开业的旅游企事业单位的安全管理机构、规定制度及其消防、卫生防疫等安全设施、设备进行检查，参加开业前的验收工作；④协同公安、卫生、园林等有关部门，开展对旅游安全环境的综合治理工作，防止向旅游者敲诈、勒索、围堵等不法行为的发生；⑤组织和实施对旅游安全管理人员的宣传、教育和培训工作；⑥参与旅游安全事故的处理工作；⑦受理本地区涉及旅游安全问题的投诉；⑧负责本地区旅游安全管理的其他事项。

（三）旅游救援机构

旅游安全救援机构可以是专门的救援组织机构，也可以由政府部门牵头，协同医院、公安机关、消防部门、武警部门等与救援行动直接相关的机构组成专门的联合救援小组。

1. 国际性救援机构——国际 SOS 救援中心

国际 SOS 救援中心的前身是创建于 1985 年的亚洲国际紧急救援中心（Asia Emergency Assistance，AEA）。1998 年 7 月，AEA 全面兼并国际 SOS 救助公司（International SOS Assistance），创建了世界上第一家国际医疗风险管理公司——国际 SOS 救援中心。如今国际 SOS 救援中心已经成为全球最大的医疗救援公司，拥有 2 个总部、9 个区域总部、28 个报警中心、51 个国际诊所、10 架配有全套重症监护设备的空中救援飞机，在 60 多个国家和地区设有机构，拥有 70 多种语言能力（表 8-1）。

表 8-1　国际 SOS 救援中心机构分布

2 个总部	新加坡、伦敦
9 个区域总部	费城、伦敦、新加坡、悉尼、约翰内斯堡、东京、雅加达、巴黎、莫斯科
28 个报警中心	奥克兰、巴厘岛、曼谷、北京、哈博罗内、日内瓦、河内、胡志明市、香港、雅加达、约翰内斯堡、喀隆坡、伦敦、马德里、马尼拉、莫斯科、新德里、巴黎、费城、布拉格、首尔、上海、新加坡、斯图加特、悉尼、台北、东京、温得和克、仰光
51 个国际诊所	阿拉木图、阿特劳、巴库、北京、河内、胡志明市、雅加达、库塔、拉格斯、莫斯科、南京、恩贾梅纳、金边、哈阔港、天津、乌兰巴托、仰光、南萨哈林斯克、罗安达、里约热内卢、新德里、达曼等

2. 国内救援机构

国内的救援机构主要由官方的应急管理部门和民间的救援组织构成。官方的救援机构主要是中华人民共和国应急管理部及各所辖部门、各省区市的应急管理厅等；专业化程度较高、比较有名的民间救援机构有蓝天救援队、公羊队等。

（四）其他相关机构

除了上述管理机构和救援机构以外，海洋旅游安全管理的相关机构还包括旅游企业的安全管理小组、旅游安全培训机构、旅游保险公司等。旅游企业的安全管理小组是旅游企业设立的专门负责旅游安全工作的组织，目的是有效防范和应对旅游安全事件。旅游安全培训机构是专门对旅游从业人员和旅游者进行培训的组织机构，目的在于培养并提高其安全管理水平和旅游安全知识、技能，有效避免旅游安全事故；培训机构可以由政府组建，也可以由市场化的企业经营。

二、旅游安全政策法规系统

旅游安全政策法规是旅游安全管理的法律依据，也是保障旅游安全的基础。政策法规具有权威性和强制性，能够有效地约束和规范旅游企业、从业人员和旅游者等各方的行为，增强安全意识，有效地防范旅游安全事故的发生。旅游安全政策法规系统包括对旅游安全进行规范的法律、法规、条例、规章制度、标准等内容。

1. 旅游安全相关法律

我国的法律形式包括宪法、法律、行政法规、行政规章和规范性文件等层级。从法律效力的阶位看，阶位和法律效力从高到低依次为：宪法、法律、行政法规、行政规章。宪法具有最高的法律效力，是我国的根本大法，由全国人民代表大会经过严格的立法程序制定和修改，任何法律法规都不能与宪法相违背。其次是法律，法律的地位和效力仅次于宪法，包括基本法律和一般法律，基本法律由全国人民代表大会制定，一般法律由全国人大常委会制定。第三是行政法规，行政法规仅次于宪法和法律，由国务院制定。行政法规通常以"条例""规定""办法"等为题。第四是行政规章，包括部门规章和地方性规章，部门规章的阶位和法律效力仅次于行政法规，部门规章是由国务院组成部门及直属机构在本部门的权限范围内制定的规范性文件，是法律法规的补充，其法律效力低于法律法规。

我国规范旅游市场秩序、保障旅游者和旅游经营者合法权益的法律有《中华人民共和国旅游法》（以下简称《旅游法》），《旅游法》第六章规定了旅游安全的相关条款，对旅游安全作出了相应的要求和规范。《旅游法》对监管部门和旅游经营者在旅游安全工作和职责方面都分别作了相关的规定。

《旅游法》第七十六至七十八条规定了旅游安全工作由县级以上人民政府统一负责，县级以上人民政府有关部门依照法律法规履行旅游安全的监管职责，应将旅游安全作为突发事件进行监测和评估，制定应急管理体系，制定应急预案，建立旅游安全突发事件应对机制；旅游安全突发事件发生后应当采取措施开展救援等。

《旅游法》第七十九条规定：旅游经营者应当严格执行安全生产管理和消防安全管理的法律法规和国家标准、行业标准，具备相应的安全生产条件，制定旅游者安全保护制度和应急预案。第八十条的规定要求旅游经营者应事先将设备设施的使用方法、必要的安全防范和应急措施、不适宜参加相关活动的群体、可能危及旅游者人身财产安全的情形等旅游安全相关事项向旅游者说明或警示。

除了《旅游法》，旅游安全管理工作还应遵守《中华人民共和国安全生产法》《中华人民共和国消防法》《中华人民共和国突发事件应对法》等法律规定。

2. 行政法规

《安全生产事故报告和调查处理条例》对事故调查、事故处理作出了规定，旅游安全事故的调查、报告、事故的应急处理、救援等方面工作应当遵守本条例的规定。

3. 部门规章

文化与旅游的部门规章有《旅游安全管理办法》《旅游行政许可办法》《导游管理办法》《旅行社条例实施细则》《娱乐场所管理办法》等。其中，2016 年 12 月 1 日开始实施的《旅游安全管理办法》，是专门针对旅游安全管理作出规定的部门规章，对经营安全、风险提示、安全管理等作出了规定。

《旅游安全管理办法》第三条及第四章对监管部门的旅游安全工作作出了具体的规定。第三条规定：各级旅游主管部门应当在同级人民政府的领导和上级旅游主管部门及有关部门的指导下，在职责范围内，依法对旅游安全工作进行指导、防范、监管、培训、统计分析和应急处理。根据第四章（第二十二至第三十二条）的规定，旅游主管部门应当履行监管的职能，承担旅游安全的管理工作，应当督促旅游经营者贯彻执行安全和应急管理的有关法律法规，并引导其实施相关国家标准、行业标准或地方标准，提高其安全经营和突发事件应对能力；指导旅游经营者组织开展从业人员的安全及应急管理培训，组织开展旅游安全及应急知识的宣传普及活动。地方各级旅游主管部门应当根据有关法律法规的规定，制定、修订本地区或本部门旅游突发事件应急预案；旅游突发事件发生后，发生地县级以上旅游主管部门应当根据同级人民政府的要求和有关规定，启动旅游突发事件应急预案，以及参与旅游突发事件的调查。

《旅游安全管理办法》第四条和第二章（第六至第十五条）对经营者的经营安全做了具体的规定。第四条规定：旅游经营者应当承担旅游安全的主体责任，加强安全管理，建立、健全安全管理制度，关注安全风险预警和提示，妥善应对旅游突发事件。第二章（第六至第十五条）规定：服务场所、服务项目和设施设备要符合有关安全法律法规的要求；须配备必要的安全和救援人员；建立安全管理制度和责任体系；制定突发事件的应急预案；对从业人员进行安全教育和培训等。

此外，国家建立旅游目的地安全风险（以下简称风险）提示制度，旅行社及其他旅游经营者应当根据风险提示的级别采取相应的安全防范措施，旅游者应当加强个人的安全防范并配合国家及有关部门、机构或经营者采取相应的安全防范措施和应急措施。

三、旅游安全宣传教育系统

旅游安全的宣传教育和培训是提升旅游活动各方参与者的安全认知，加强其安全防范意识和提升其应急技能的重要途径和手段。应当建立旅游安全的宣传教育体系，为海洋旅游安全提供思想保障，提供科学知识和技能支持。

根据《旅游安全管理办法》的规定，旅游主管部门应当指导旅游经营者组织开展从业人员的安全及应急管理培训，组织开展旅游安全及应急知识的宣传普及活动；旅游经营者应当对从业人员进行安全生产教育和培训，保证从业人员掌握必要的安全生产知识、规章制度、操作规程、岗位技能和应急处理措施，知悉自身在安全生产方面的权利和义务。地方政府、主管部门、企业、从业人员等各方都应该参与到旅游安全宣传教育系统的工作中，各司其职，各负其责。政府和主管部门作为监管者，可以采用的方式有：①定期组织培训，要求行业相关人员参加学习，并贯彻落实相关要求；②利用媒体机构加大宣传力度，同时规范媒体对安全事故的报道，向广大民众传播科学、正确的安全知识。旅游企业方面，应当强化培训，组织员工参加旅游安全的培训和学习，进行岗前培训，确保员工掌握相关的安全知识，熟悉操作规程，掌握应急措施等，切实增强员工的安全意识和应对能力。旅游从业人员应当主动学习和掌握旅游安全相关知识和技能，增强安全防范意识。

四、旅游安全预警系统

旅游安全预警系统是安全管理体系的一个子系统，其职能是预判风险、发布旅游安全提示、预控旅游安全。旅游安全预警系统的具体功能包括搜集旅游安全信息、分析旅游安全信息及风险级别、制定旅游安全对策、发布旅游安全信息等。旅游安全预警系统应该由政府及相关职能部门、旅游部门、公安部门、安全部门、卫生防疫部门等多个部门和机构联合协同。

根据旅游安全预警系统的功能，旅游安全系统应该包括信息搜集、信息分析、对策制定和信息发布 4 个组成部分。

1. 旅游安全信息搜集机构

旅游安全信息搜集机构的主要功能是通过多种渠道、采用多种手段搜集旅游安全的相关信息。所搜集的旅游安全相关信息，区域范围包括国内的安全信息和境外的安全信息；内容包括各个旅游目的地的社会治安状况、政治态势、疫情灾情等。

2. 旅游安全信息分析机构

旅游安全信息分析机构的主要功能是对信息搜集机构所搜集到的安全信息进行科学全面分析，进行安全风险的预判，并划定安全级别，为制定旅游安全对策提供依据。

3. 旅游安全对策制定机构

在搜集机构和分析机构对旅游安全信息加工处理的基础上，旅游安全对策的制定机构根据旅游安全的风险级别，按照一定的决策程序运用一定的方法制定出相应的应对对策与措施。

4. 旅游安全信息发布机构

旅游安全信息发布机构的主要功能是向公众发布旅游安全信息，为旅游企业和旅游者的旅游活动提供决策的依据，起到提示和警示作用，防范旅游安全事故的发生，减少旅游安全事故的损失。

五、旅游安全控制（监控）系统

旅游安全的控制是旅游行政主管部门、旅游企业、旅游者及其他社会机构之间通过制度、政策控制和利益协调而相互影响、相互作用的管理过程[①]。旅游安全控制系统包括安全指标控制、安全自控、安全互控 3 个子系统。

---

① 郑向敏，卢昌崇. 论我国旅游安全保障体系的构建. 东北财经大学学报，2003（6）：16-20.

1. 旅游安全指标控制系统

旅游安全指标体现了主管部门的安全要求和监管力度，旅游主管部门通过发布或制定指标体系来达到对行业对市场的监管规范和要求，实现对旅游安全的防范和监控。旅游安全指标体系包括宏观指标和微观指标两大类。宏观的旅游安全管理指标主要包括重大事故件数、险性事故件数、旅游者伤亡人数、员工伤亡人数、安全经济损失率、接待事故率、团队事故率等；微观指标包括旅游安全货币投入量、旅游安全人员投入量等①。

2. 旅游安全自控系统

旅游安全自控系统是旅游企业在相关法律法规的要求下，为了满足自身需要，为了实现安全生产、安全运营的目标而自觉设置的安全防控管理体系，包括制定企业的安全管理和安全监控制度，设置安全管理机构、配备专门的安全工作人员，配备齐全的安全设备设施，制定安全操作规则和安全奖励制度等。

3. 旅游安全互控系统

旅游安全互控系统是由与旅游安全相关的各主体间通过相互制约、相互协调、相互联系，达到对旅游安全进行控制与管理的开放性系统②。

互控主体包括旅游管理机构、安全机构、旅游企业、旅游者和其他组织。旅游管理机构通过发布各种旅游安全相关的政策法规、条例等实现对旅游安全的管理和控制。安全机构如公安、消防，也是通过发布各种旅游安全相关的政策法规、条例等实现对旅游安全的控制和保障。旅游企业则通过制定规范的操作程序、制定安全制度，切实贯彻落实各种相关的旅游安全法律、法规、条例等来实现对旅游安全的控制。

六、旅游安全救援系统

旅游安全救援系统指为实施旅游救援而建立的、涉及旅游安全各相关层面的组织机构，以及旅游救援的分工、协作的工作体系。旅游安全救援系统涉及旅游企业、救援中心、医疗、保险、武警公安、消防、通信、交通等多个部门，是多部门、多人员参与的一个社会联动系统。根据各部门的职能和在救援工作中的作用，可将救援系统的构成划分为旅游安全救援核心机构、旅游安全救援机构、旅游安全救援直接外围机构和间接外围机构。

---

① 郑向敏，卢昌崇. 论我国旅游安全保障体系的构建. 东北财经大学学报，2003（6）：16-20.

② 郑向敏，卢昌崇. 论我国旅游安全保障体系的构建. 东北财经大学学报，2003（6）：16-20.

1. 旅游安全救援核心机构——旅游救援指挥中心

旅游救援指挥中心是旅游安全救援的核心机构，其地位相当于旅游安全救援系统的大脑，负责对整个旅游安全救援工作的开展、统筹和协调工作，一般由政府牵头组织。

2. 旅游安全救援机构

旅游安全救援机构是救援行动的执行者，在救援系统中扮演着重要的角色，直接影响救援行动的效率和效果。救援机构可以是由政府、医院、卫生防疫、公安机关、消防部门、武警部门等与救援行动直接相关的机构组成的救援小组，也可以是专门的救援组织机构如 SOS 救援中心等。

3. 旅游安全救援直接外围机构

旅游安全救援直接外围机构指与旅游安全事故的发生有直接关系，但是与旅游安全救援工作没有直接关系的机构，包括存在旅游安全隐患的旅游景点景区、旅游企业、旅游管理部门和社区等。

4. 旅游安全救援间接外围机构

旅游安全救援间接外围机构是指本身不是旅游安全事故的现场，也不参与救援工作，但是却有可能影响救援工作的开展或能提供重要帮助的机构，主要包括旅游地、保险机构、新闻媒体和通信部门等。

第三节　海洋旅游安全事故防范与应对

党的二十大报告中指出：提高公共安全治理水平；坚持安全第一，预防为主，建立大安全大应急框架，完善公共安全体系，推动公共安全治理模式向事前预防转型。推进安全生产风险专项整治，加强重点行业、重点领域安全监管。提高防灾减灾救灾和重大突发公共事件处置保障能力，加强国家区域应急力量建设。

旅游安全问题不容忽视，对旅游安全事故的防范不可或缺。旅游安全事故的防范与应对，工作从时间上应包括前、中、后三个阶段的防范与应对。事故发生前，重在预防、消除隐患；事故发生时，重在跟踪监控，及时展开救援，尽量减少损失；事故发生后，则应将重心放在灾害重建，以及总结经验教训，进一步加强预防措施以避免再次发生同类事故。具体包括但不限于以下五个方面的工作：

一、增强旅游安全防范意识，提高安全防范能力

政府通过电视、网络、报纸、网络平台等媒体向广大群众进行旅游安全的宣传教育，普遍提升民众的安全认知能力；主管部门定期组织培训讲座等，提高旅游从业人员和旅游者的旅游安全意识和防范能力。从思想认知上为旅游安全构筑一道防线，为旅游安全提供思想保障。

二、了解相关注意事项及常备药品

通过岗前培训或专项培训等方式，让从业人员或旅游活动的服务人员掌握和了解具体旅游活动项目相关的安全注意事项，了解和掌握一定的基本医疗常识。每次开展海洋旅游活动前，备足常用的药品，如晕车晕船药、止泻药、退烧药、创伤跌打药等。

三、掌握事故求救知识和基本自救技能

采用播放视频或培训讲座等方式，向旅游者和旅游服务人员展示一些基本的事故求救和自救的知识和技能。旅游服务人员和旅游者掌握自救知识和技能，能够有效地避免恐慌，避免由于恐慌造成的二次事故及二次伤害，减少事故造成的伤亡和损失，有利于救援工作的顺利进行。

四、建立健全旅游安全防范及应对机制

切实贯彻执行相关法律法规、条例等的旅游安全管理要求，要将旅游安全事故的防范工作落到实处，制定相应的管理制度和管理机制，形成安全管理的政策。

（一）健全和完善政策法规等旅游安全法律系统

完善旅游安全相关的法律、行政法规条款，完善安全标准，形成较完善的法律体系，保障海洋旅游安全管理工作有法可依。

（二）建立和完善旅游安全管理系统

建立海洋旅游安全管理系统，包括设置专门的管理机构，配备专门的人员和设施设备，建立和完善旅游安全的预警子系统、安全监控子系统和救援子系统等。

（三）建立和完善旅游安全管理的机制

建立和完善安全管理的机制，充分发挥安全管理系统的各项职能，制定应对海洋旅游事故的应急预案及解决方案，形成优质的管理，包括建立监测

预警机制、建立快速响应机制、强化应急救援机制、建立恢复提升机制、创新旅游安全巡查的机制等。

（四）因地制宜、因时制宜防控

根据海洋旅游活动的特点、活动场所的特殊性，制定差异化的防控策略；根据淡旺季的差异、时间季节的差异，同时特别关注特殊时间节点，制定因时而动的防控策略和防控工作部署。

五、一些常见安全事故的防范应对

（一）风暴潮的防范

风暴潮引发的海洋旅游安全事故发生频率较高，而且一年四季均有发生。为了保障海洋旅游活动的安全，有必要了解风暴潮的基本防范知识：①开展海洋旅游活动前关注了解旅游目的地的天气情况，查询了解风暴潮的预报信息。②当风暴潮过境的时候应迅速撤离港口、海堤，不要不外出；若必须外出，则应做好防水防雨的保护，穿上雨衣雨鞋等，行走时身体尽量紧缩成一团并放低重心，扣好衣服扣子减少受风面积。③储备一定的水和食物。

（二）海洋生物侵袭的防范

防范海洋生物的侵袭，需要注意以下一些事项：①带齐装备，做好安全防护；②不要给海洋生物喂食；③尽量避开陌生的或危险的水域；④不要轻易将手放入海底的洞穴或裂缝内；⑤遇到海洋生物的袭击应尽快上岸并及时就医。

（三）海鲜过敏和食物中毒的防范

一些过敏体质的人食用海鲜会出现过敏现象，对海鲜的处理不当或食用了有毒的鱼类贝类，也会引起过敏或中毒。此类事故的防范措施有：①不食用海鲜的内脏和卵；②不食用受赤潮污染海域的鱼类贝类；③不食用腐败变质的螃蟹；④食物要彻底煮熟才吃。

（四）消防事故的防范

消防事故的基本防范措施有：①建立健全消防安全管理制度；②保持消防通道的通畅；③配备完善的消防设施设备；④消除消防安全隐患；⑤禁烟禁火的区域要严格遵守规定；⑥吸烟后要掐灭烟头的火才丢弃；⑦掌握基本的灭火方法。

思考题

1. 列举几个你所熟悉的海洋旅游安全事故。
2. 论述海洋旅游安全事故的影响因素及形成机理。
3. 结合本章内容，对海南海洋旅游提出几点安全防范措施。